The History Of Oversea Trade In England
(13th—15th Century)

英格兰对外贸易史
(13—15世纪)

蒋继瑞 著

知识产权出版社
全国百佳图书出版单位
—北京—

图书在版编目（CIP）数据

英格兰对外贸易史：13—15世纪 / 蒋继瑞著. —北京：知识产权出版社，2019.11
ISBN 978-7-5130-6468-2

Ⅰ.①英… Ⅱ.①蒋… Ⅲ.①对外贸易 – 贸易史 – 英国 – 13世纪-15世纪 Ⅳ.①F755.619

中国版本图书馆CIP数据核字（2019）第206401号

内容提要

本书以13—15世纪为时代背景，从生产与消费、交通运输条件、英格兰政治经济格局、工商业发展状况、行会制度等角度深入剖析中世纪英格兰对外贸易发展状况，资料丰厚，内容充实。

责任编辑：李　婧　　　　　　　　　　　　　　责任印制：孙婷婷

英格兰对外贸易史（13—15世纪）

YINGGELAN DUIWAI MAOYISHI（13—15 SHIJI）

蒋继瑞　著

出版发行：	**知识产权出版社**有限责任公司	网　址：	http：// www.ipph.cn
电　话：010 – 82004826			http：// www.laichushu.com
社　址：北京市海淀区气象路50号院		邮　编：100081	
责编电话：010 – 82000860转8594		责编邮箱：lijing@cnipr.com	
发行电话：010 – 82000860转8101		发行传真：010 – 82000893	
印　刷：北京中献拓方科技发展有限公司		经　销：各大网上书店、新华书店及相关专业书店	
开　本：720mm×1000mm　1/16		印　张：14	
版　次：2019年11月第1版		印　次：2019年11月第1次印刷	
字　数：181千字		定　价：58.00元	

ISBN 978 – 7 – 5130 – 6468 – 2

序　言

徐　浩

蒋继瑞博士于2012—2016年在中国人民大学攻读博士研究生，学位论文题目为《中世纪英格兰对外贸易研究》。毕业后她在山西太原师范学院经济系从事经济史的教学与科研工作，历经数年完成该文修改。现在，《英格兰对外贸易史（13—15世纪）》即将付梓，作者望我为其新书作序。作为其博士生导师，我首先祝贺她的大作顺利出版，郑重地向学术界推荐这部新作；其次，拟就中世纪英国对外贸易史的几个问题简单谈谈自己的想法，以期引起更多人的兴趣。

一、中世纪英国对外贸易史研究及其意义

中世纪英国（这里谈的英国主要指英格兰，下同）对外贸易史研究始于19世纪以来职业经济史学家的开拓性工作，阿什利的《英国经济史和经济理论导论》上部，利普森的《英国经济史》（第一卷）均设有中世纪对外贸易史的章节。此后，这种做法一直延续不断，克拉潘的《简明不列颠经济史：从最早时期到1750年》，以及20世纪下半叶出版的波斯坦的《中世纪的经济与社会：中世纪不列颠经济史》、博尔顿的《中世纪英国经济：1150—1500》

等莫不如是。❶

与作为经济史组成部分的对外贸易史不同，从罗杰斯开始，工商业史独立于经济史，他的《英国工商业史》，坎宁安的《英国工商业的发展》便是这种探索的最初尝试。❷20 世纪早期，商业史与工业史分离，贸易史应运而生。1931 年，萨尔兹曼的《中世纪英国贸易》出版，成为该领域第一部断代史专著。作者认为，以往的贸易史大多属于经济史的"分支"，他的著作以一种新的、原创性的方式研究了中世纪英国贸易史，内容涉及货币、信用、度量衡等贸易工具，作为贸易中心的城市，城市中的外地与外国商人，城市中的市场与市集，贸易中心施用的商法（Merchant Law，或称商事法），陆路、河流和海洋等对外贸易商品的分销方法，进出口贸易的地区与商品，以及从事对外贸易的英国商人等❸，对中世纪英国对外贸易史进行了系统性和综合性的研究。

20 世纪下半叶以来，中世纪英国对外贸易史研究日益专门化和碎片化，某个城市和某种商品的对外贸易史等专题著作大量涌现，目前，此类研究的发展势头仍如火如荼（详见蒋继瑞新书导论中的文献综述部分）。

在上述三类对外贸易史中，作为经济史分支的对外贸易史具有综合性的优点，但限于篇幅往往内容不够系统详实。某个城市和商品等的对外贸易史

---

❶ ASHLEY W. J. An Introduction to English Economic History and Theory, Part I, The Middle Ages [M]. Fourth Edition, London: Longmans, Green, and Co, 1909; E. Lipson, The Economic History of England, Volume I, The Middle Ages[M]. Ninth Edition, London: A&C Black, 1947;约翰·克拉潘. 简明不列颠经济史:从最早时期到 1750 年[M]. 范定九,王祖廉,译. 上海:上海译文出版社,1980; M. M. Postan. The Medieval Economy and Society: An Economic History of Britain in the Middle Ages[M]. Middlesex: Penguin Books Ltd, 1972; J.L. Bolton. The Medieval English Economy(1150—1500)[M]. London: J. M. DENT & SONS LTD, 1980.

❷ JAMES E. Thorold Rogers, The Industrial and Commercial History of England[M]. London: T. Fisher Unwin, 1892; W. Cunningham. The Growth of English Industry and Commerce, During the Early and Middle Ages[M]. Cambridge: Cambridge University Press, 1896.

❸ SALZMAN L. F. English Trade in the Middle Ages[M]. Oxford: The Clarendon Press, 1931; Preface vi-vii.

虽较为详细深入，但通常缺少综合性，从中难窥全豹。由此，断代（指整个中世纪，也包括中世纪的特定时期或朝代等）贸易史则成为必要补充。令人遗憾的是，萨尔兹曼以后，国外新的中世纪英国贸易史著作鲜有出版。

改革开放以来，我国学者对中世纪英国对外贸易史已有不少专题探讨，但系统性和综合性研究还相对不足，迄今为止尚无此类专著问世。蒋继瑞的新书共计六章，分别讨论了中世纪英国的生产与消费、对外贸易条件、进出口商品、商人与商业资本、对外贸易的管理以及对外贸易对英国的影响等。应该说，这部在体例上与萨尔兹曼类似的专著的出版具有显而易见的学术价值。此外，进入 21 世纪，全球化日新月异，对外贸易成为全球化的重要内容。加入 WTO 以来，对外贸易已经成为拉动中国经济增长的三驾马车之一（另外两架马车分别是投资和消费），在改革开放和现代化建设中处于举足轻重的地位，关系到我国的民生福祉和前途命运，以及全球化的未来走向。应该说，从贸易保护到开放市场是所有贸易强国必然经历的蜕变过程，英国早在通过鸦片战争强行打开清朝市场大门的大约五六百年前已经开始逐步开放市场。借鉴发达国家特别是英国中世纪以来从贸易保护到逐渐开放市场的经验教训，对中国对外贸易的未来发展具有十分重要而迫切的现实意义。

二、中世纪英国与欧洲大陆贸易的长程发展

英国地处欧洲西隅，其古代和中世纪的主要对外贸易对象是欧洲大陆。罗马不列颠时期，英国已存在不少进出口贸易。进口商品有酒类、油类、金属器皿、陶器和奢侈品等，出口商品包括牲畜、兽皮、奴隶、猎犬、铁和谷物等。进入中世纪，史料中较早明确提到的英国出口商品是呢布。法兰克国王查理曼（742—814 年）曾致信英国的麦西亚国王奥发（757—796 年），"要求按照老式的尺寸制造从他国境内所输出的'加沙'。'加沙'通常译为'斗篷'，意指查理曼大帝军队所用的斗篷。"这种斗篷当由呢布制成，是英国当时通过弗里斯兰人（Frisians）出口到欧洲大陆的为数不多的工业品。除此之

外，英国还向欧洲大陆出口奴隶，以及粮食和原材料，包括谷物、铅、锡、羊毛、兽皮、皮革和食盐等。[1]从欧洲大陆进口的商品多为制成品。在成书于公元1000年左右的爱尔弗里克的《对话集》中，作者以商人口吻写道："我到海外去，去买紫色布帛和丝绸、宝石和黄金，彩色衣服和染料、酒类和油类、象牙和黄铜、紫铜和锡、硫磺和玻璃，以及其他类似的货品。"此外，来自欧洲大陆的进口品还包括香料、鱼、木料、盐、兽皮和奴隶等。[2]

中世纪早期前半段，从事英国对外贸易的商人包括外国人和英国人。6—8世纪定居在莱茵河口的日耳曼部落的弗里斯兰人在英国对外贸易中最为活跃，他们由于居住地的土壤多沙且含水量高，不宜农耕，因而主要从事乳制品业、捕鱼业、航海业和贸易。在法兰克王国的墨洛温王朝和加洛林王朝，弗里斯兰商人充当南北欧贸易的中间人，故而可以将上述英国的呢布甚至其他商品运往法国北部。弗里斯兰人还在伦敦和约克经商，但在9世纪随着维金人的扩张，他们的贸易活动戛然而止。此外，英国还有来自鲁昂（Rouen）、列日（liege）、佛兰德尔、诺曼底和斯堪的纳维亚等地的商人，以及犹太商人。[3]

毋庸置疑，在中世纪早期后半段英国商人也从事对外贸易。据史料记载，8世纪时一个英国商人居住在马赛。显然，盎格鲁撒克逊商人经常到访位于查理曼王室领地上的鲁昂、圣丹尼斯（S.Denys）、特鲁瓦（Troyes）或其他地方的市集。有鉴于此，查理曼在致英国的麦西亚国王奥发的书信中承诺给予在法兰克王国境内的英国商人公正审判和保护，该信已成为英国最早的商业条约。此外，盎格鲁撒克逊商人还与罗马教廷保持频繁交往，以至于

---

[1] 约翰·克拉潘.简明不列颠经济史：从最早时期到1750年[M].范定九,王祖廉,译.上海:上海译文出版社,1980:50-51,92.

[2] 约翰·克拉潘.简明不列颠经济史：从最早时期到1750年[M].范定九,王祖廉,译.上海:上海译文出版社,1980:90.

[3] POSTAN M. M. The Medieval Economy and Society：An Economic History of Britain in the Middle Ages[M]. Middlesex：Penguin Books Ltd,1972:209-210.

889年英国编年史家将英国商人没有到访罗马作为一件非同寻常的事件记录下来。❶诚然，中世纪早期英国的主要贸易关系还主要集中在欧洲北部地区。查理曼时期英国和高卢保持着贸易关系。维金人入侵和卡纽特（1016—1035年）征服迫使英国与波罗的海建立了商业联系。截至公元1000年，伦敦港征收的商品通行税表明，英国与低地国家、诺曼底、法国北部和德国（特别是科隆控制下的莱茵兰地区，位于莱茵河左岸）保持着贸易联系。❷

中世纪中晚期英国与欧洲各地的贸易关系得到加强与多样化。盎格鲁-斯堪的纳维亚贸易的重要性一直维持到13世纪，随后落入德国商人手中。盎格鲁-科隆贸易在亨利一世（1100—1135年）时仍保持重要地位，但13世纪科隆商人已经不敌波罗的海港口的商人，通过汉萨同盟继续与英国贸易。12和13世纪佛兰德尔日益依赖英国出口产品特别是羊毛，因而从赫尔（Hull）到伊普斯威奇（Ipswich）的英国东部沿海港口建立起与荷兰和布拉班特的密切商业关系。此外，诺曼征服强化了与诺曼底和法国北部的商业联系，它们没有因为1204年英国失去诺曼底和后来的英法冲突而中断。中世纪中晚期英国还与法国南部和意大利城市建立起商业关系。英王亨利二世（1154—1189年）迎娶法国阿奎丹公国的埃莉诺，由此加斯科尼从1154年到15世纪一直属于英王领地，盎格鲁-波尔多贸易成为南欧贸易的主轴，并在13世纪扩大到与西班牙、葡萄牙、图卢兹和普罗旺斯等整个西南欧乃至地中海以外地区的贸易。截至13世纪末，意大利商人与英国建立了海上直接贸易关系，14世纪中叶威尼斯、热那亚的大帆船定期到访南安普顿、桑威奇（Sandwich）和伦敦。❸在与欧洲大陆贸易联系加强和多样化的过程中，中世纪晚期英国逐

---

❶ CUNNINGHAM W. The Growth of English Industry and Commerce, During the Early and Middle Ages [M]. Cambridge:Cambridge University Press,1896:84-85.

❷ Edward Miller and John Hatcher. Medieval England——Rural Society and Economic Change(1086—1348)[M]. London and New York:Longman Group Limited,1978:79.

❸ Edward Miller and John Hatcher. Medieval England——Rural Society and Economic Change(1086—1348)[M]. London and New York:Longman Group Limited,1978:79-80.

渐完成从依赖羊毛出口到主要出口呢布、从在对外贸易中严重依赖外国商人到英国商人崛起的根本转变，跻身于欧洲的制造业和贸易强国。

三、中世纪早中期英国奉行的贸易保护政策

中世纪晚期英国对外贸易发生如此巨变与许多因素有关，例如生产、贸易工具和航海造船技术等的显著进步，但贸易政策同样十分重要，甚至在所有因素中处于主导地位。在对外贸易中，中世纪英国国王和城市在不同时期出于各自目的实行了不同的贸易政策。中世纪早中期英国主要奉行贸易保护政策。出于治安原因，盎格鲁撒克逊时期的法律规定外国商人进入英国时必须以明显声音引起英国人的注意，使其有所警觉与防范。克拉潘对此做了十分生动的描述："这些'远方'的商人在入境时必须大声呼叫或吹号角，如果他们希望不致被误认为强盗或敌人的话——乘船而来的诚实商人也可能是唱着某种颂歌，这可以发生同样的效用。这些是确实记载下来的例证。当'洛林商船'上的商人载着莱茵河的葡萄酒，沿着泰晤士河溯流而上，到达'新闸口'时，他们升起了商旗，如果他们高兴的话，还唱颂歌，一直唱到伦敦桥。我们所引证的这一事实的记载大约是在公元1130年，可是这种传统的仪式，在被记载下来之前，必然已经奉行很久了。"❶

此外，为了保护本国生产者获得较高利润，英国的威塞克斯国王埃德加（959—975年）的法律规定了英国出口商品的最低价格，例如每半袋羊毛（约合28或30英石，每英石大约相当于12.5磅）售价120便士；如果低价出售，那么买卖双方要向国王缴纳46先令的罚金。再比如，英王忏悔者爱德华（1042—1066年）的法律规定，在英国的外国商人只能以批发形式出售商品（出售的胡椒和香料每次不少于12磅，丝绸、呢布和亚麻布则要整匹出售），禁止他们在从事市民经常做的任何工作或者从事零售贸易时妨碍英国人的

❶ 约翰·克拉潘. 简明不列颠经济史：从最早时期到1750年[M]. 范定九，王祖廉，译. 上海：上海译文出版社，1980：88,89.

工作。❶

中世纪中期以来英国城市成为工商业中心，市民以工商业为生，为此他们实行贸易垄断，对城墙以外的所有人奉行贸易保护政策。中世纪中期英国城市贸易保护政策适用于所有的外地人（Foreigner）。正如萨尔兹曼所说，对于中世纪英国市民而言，"Foreigner"不是外国人（Alien），只是一个来自自治城市（Borough）及辖区以外的人。他认为，我们谈论12世纪的英国或英国人，但直到百年战争将英国融为一个与法国对立的整体以前，伦敦、约克、埃克塞特（Exeter）或纽卡斯尔的市民认为自己不是英国人，而是来自了不起的城市（A Citizen of No Mean City）的一位市民。对于一个陌生者，中世纪市民的态度是妒忌和猜疑的，因而在国王授予一个城市的商人行会或汉萨（Hanse，即行会）权利的特许状中，包括贸易保护的条款，例如非商人行会成员禁止在该城市从事贸易活动等不一而足。❷外国人同样是中世纪中期城市制定的贸易垄断政策的受害者。阿什利认为，在英国的外国商人经常遭受猜疑，因此他们必须服从由市政当局起草和实施的最严厉的法规：他们仅能从市民那里购买自己的商品；他们的商品只能卖给市民，而且贸易活动必须在市场交易日即在完全公开的场合进行；他们不能从事零售业；他们不许携带商品进入内地；为了确保他们在规定的区域内活动，他们不能在英国滞留40天以上；为了便于监督，他们必须寄宿在市民家里等。尽管1215年的《大宪章》中的两个条款规定，应该让外国商人安全地往返英国，禁止向他们征收过高关税，但这些条款只是模糊的和不明确的承诺，绝非提供贸易自由。❸应该说，中世纪中期城市已取代国王成为英国最主要的贸易保护主义者，贸易垄断制约了市场和对外贸易的发展。

---

❶ CUNNINGHAM W. The Growth of English Industry and Commerce, During the Early and Middle Ages [M]. Cambridge:Cambridge University Press, 1896:130-131.

❷ SALZMAN L. F. English Trade in the Middle Ages[M]. Oxford:The Clarendon Press, 1931:83.

❸ ASHLEY W. J. An Introduction to English Economic History and Theory, Part I, The Middle Ages [M]. Fourth Edition, London:Longmans, Green, and Co, 1909:104-105.

四、中世纪中晚期英国逐渐开放市场的举措

从根本上说，中世纪晚期与欧洲大陆贸易范围的扩大，以及呢布和英国商人在对外贸易中地位的上升，在很大程度上受惠于英国因时制宜地逐渐开放市场。应该说，中世纪中期城市的贸易垄断政策遭到利益攸关方的反对。首先，市民贸易垄断权损害了大贵族的利益。后者认为，如果与外国商人直接交易，不经过英国的中间人，他们可以以更高价格销售自己庄园的产品，同时以更便宜的价格购买国外奢侈品，作为最大土地所有者的英王本人也持有同样观点。❶其次，城市的贸易垄断政策令外国商人忍无可忍。萨尔兹曼认为，在英外国商人的历史是一部漫长的商业企业的斗争史，他们反抗妒忌、猜疑、骚扰和令人愤怒的限制，14和15世纪尤其如此。❷

面对各方反对，作为英国最大贸易中心城市、同时也是贸易保护政策大本营的伦敦较早开始主动采取措施减少贸易壁垒。早在亨利三世（1216—1272年）时期，由于法国南部和意大利等地的外国商人大量涌入，对外国商人的限制有所放松。在英的外国商人无须寄宿在市民家里，可以拥有货栈和自己的住宅等。当然，这些放松不是无偿的。如同中世纪农奴的自由（即拥有各种权利）往往须要通过赎买方式获得一样，在英外国商人最初也向所在城市的市民购买自己的权利。1237年，法国的亚眠（Amiens）、科尔比（Corbie）和内勒（Nesle）的商人通过捐款方式获得伦敦市民放松管制。例如缴纳100英镑，以便在住地安装来自'泰本泉'的输水管道。缴纳50英镑，可以每年3次到访圣艾夫斯（S.Ives）、霍兰德（Holland）和温切斯特等市集。从此以后，他们可以携带除了葡萄酒和谷物以外的任何商品到访英国各地，随心所欲地贸易。与此同时他们可以在伦敦将靛蓝、大蒜和洋葱等商品出售给

❶ CUNNINGHAM W. The Growth of English Industry and Commerce, During the Early and Middle Ages[M]. Cambridge: Cambridge University Press, 1896: 105.

❷ SALZMAN L. F. English Trade in the Middle Ages[M]. Oxford: The Clarendon Press, 1931: 97.

非市民。❶

13世纪晚期和14世纪以来，英王与城市的贸易垄断权进行了不懈斗争，逐步在全国减少贸易保护。1285—1298年，爱德华一世（1272—1307年）利用与伦敦市民争吵的机会收回授予他们的自治权，将伦敦置于其任命的督察员（Warden）的管理下。在此期间，外国商人（Foreign Merchant）首次可以在伦敦居住40天以上，并从事零售贸易。英国商人在议会反对爱德华一世的政策，不久后伦敦市民重获自治权，更新和加强以往的贸易垄断。1303年，爱德华一世授予外国商人《商人特许状》（Carta Mercatoria）。作为增加关税的回报，国王废除以往对外国商人实施的有关停留时间、居住地点和商品销售对象的种种限制。尽管市民仍然垄断大部分商品的零售权，但外国商人可以零售日益重要的香料和布匹。与此同时，国王还对那些拒绝公平对待外国商人的城市当局予以严厉惩罚，要求在涉及本国和外国商人的诉讼中一半的陪审员应来自外国商人所在的城市。❷

14世纪英国对外贸易的巨大发展迫使国王在政策上进行取舍，要么采取裕民政策(Policy of Plenty)或自由贸易政策，要么推行权力政策（Policy of Power）或贸易保护政策。尽管不断出现反复，但总的来说，爱德华三世（1327—1377年）和理查德二世（1377—1399年）实行了裕民政策，通过放宽对外国商人的限制来吸引商业。例如，黑死病爆发后的1350年，为稳定生活必需品的价格，爱德华三世撤销伦敦和其他自治城市的贸易垄断权，谕令非交战国的所有外国商人均可在伦敦或其他城市批发和零售商品。1378年，理查德二世宣布，外国商人可以在国王保护下到访英国，批发和零售食品、香料、水果、毛皮以及丝绸等不重要布类，但对葡萄酒和呢布、亚麻布和帆布等重要布类只有批发权，市民则拥有零售权。1390年，一个提交议会的请

---

❶ ASHLEY W. J. An Introduction to English Economic History and Theory, Part I, The Middle Ages [M]. Fourth Edition, London: Longmans, Green, and Co, 1909: 105-106.

❷ ASHLEY W. J. An Introduction to English Economic History and Theory, Part I, The Middle Ages [M]. Fourth Edition, London: Longmans, Green, and Co, 1909: 106-107.

愿书要求在英外国商人应享受与英国商人同等待遇❶，当然这种要求在中世纪不可能完全实现。在15世纪经济形势不利的情况下，英国城市和议会的贸易保护主义重新抬头。受此制肘，除了理查德三世（1483—1485年）将外国商人在英滞留时间从传统的40天延长到8个月外，兰开斯特、约克和都铎几朝的国王在减少城市贸易垄断和继续开放市场方面再未取得更大进展。❷不过，中世纪中晚期英国对外贸易已经迈出开放市场的第一步。这意味着，坚冰已经打破，自由贸易来日可期。

以上只是笔者对中世纪英国对外贸易史的点滴看法，不当之处欢迎指正。在结束本文前，我衷心希望蒋继瑞博士在此领域继续探索，再创佳绩。

2019年9月7日

❶ SALZMAN L. F. English Trade in the Middle Ages[M]. Oxford：The Clarendon Press，1931：99-100.

❷ LIPSON E. The Economic History of England，Volume I[M]. Ninth Edition，London：A&C Black，1947：526-527.

目　录

导　论

一、选题界定和选题依据

中世纪贸易主要分为对外贸易（Oversea Trade）和国内贸易（Inland Trade）。比利时学者皮朗提出的"远距离贸易（Long-distance Trade）"，与"对外贸易"的范畴有一定程度的重合性，但是不完全一致。为保持概念统一，本书使用"对外贸易"一词。

虽然有学者指出英格兰的贸易活动可以追溯到7世纪甚至更早，但是真正通过海洋实现的对外贸易，从13世纪开始逐渐发展起来，对当时英格兰的经济社会乃至整个西欧经济结构产生影响。因此，本书主要研究13—15世纪英格兰的对外贸易，且对象是英格兰地区，不包括苏格兰、威尔士等近现代意义上的英国区域。

本书的研究依据如下。

第一，羊毛、呢布、葡萄酒等在中世纪西欧社会生活中是重要的物质，也是英格兰中世纪对外贸易的重要商品。厘清这些大宗商品的贸易轨迹，可以更加深刻地理解中世纪经济社会发展。

第二，关于中世纪经济史的研究，学者更多地关注以地中海地区为主的欧洲南部经济、贸易发展，以及在经济发展过程中意大利商人、信用体系等方面的研究，而以英格兰、低地国家和斯堪的纳维亚半岛为主要内容的北方经济和贸易发展，也对当时的社会发展产生了深远的影响。理查德·布里特奈尔在《不列颠和爱尔兰（1050—1530）》中提到："英格兰在1050—1300年的远距离贸易，是城市发展的显著动力。"❶而爱德华·米勒和约翰·哈彻在《中世纪英格兰：城镇、商业和手工业（1086—1348）》中认为："在对外贸易作用下，英格兰与更大范围的西方经济建立了紧密的联系。"❷从这一个角度来看，研究中世纪欧洲北部的经济和贸易，探究其在中世纪的发展具有重要的历史意义。

第三，中世纪英格兰的对外贸易，与生产和消费紧密结合。贸易与生产、经济与社会的关系网不断发展，形成了契合度很高的、具有积极意义的贸易体系。在11世纪之前的奢侈品贸易过程中，控制整个贸易的王权和贵族也强调在整个贸易过程中对于生产技术的引进问题。

第四，英格兰王室于1275年颁布法令成立国家海关（the English National Customs），征收关税，由此开始对进出口贸易进行国家层面的管理。因此，海关账册、政府办公文件、议会文档等资料中都有关于贸易的资料。20世纪国外学者不断利用这些资料对中世纪英格兰的贸易进行研究。

因此，梳理英格兰中世纪对外贸易的线索，从对外贸易的角度重新审视中世纪的生产消费、社会阶层发展、经济区域化发展等，其必要性不言而喻，且对于当代中国的经济发展，也具有一定的借鉴意义。

二、文献综述及档案材料说明

（一）文献综述

国外学者很早就开始关注英格兰贸易及其相关问题了，他们的研究最早

---

❶ BRITNELL R. Britain and Ireland（1050—1530）[M]. New York：Oxford University Press，2004：118.

❷ MILLER E，HATCHER J. Medieval England：Towns，Commerce and Craft（1086—1348）[M]. London and New York：Longman，1995：182.

见于德意志学者斯卡兹《英国中世纪的商业政策》❶。下文所涉及的学者大部分都是英国学者，当出现其他国家的学者时，会另外说明。20世纪70年代之前，为研究的早期阶段，学者们主要是对于中世纪拉丁文或者古英文资料的翻译、整理以及对贸易的宏观概述和研究。

　　例如，昂温在《爱德华三世时期的财政和贸易》❷一书中认为，爱德华三世时期的贸易与王室政府密切相关，爱德华三世一些关于财政的措施对当时的贸易有决定性的影响。坎宁安的《英国工商业发展》❸则对贸易中的诸多问题进行了分别的讨论，包括伦敦的贸易、伦敦的商人补助金、意大利商人的兴起和衰落、羊毛出口税以及商人财产、羊毛集中地和与加斯科尼的酒贸易问题。西蒙❹通过王室档案等材料，将中世纪英格兰的葡萄酒的进口和分销进行了系统的整理，并讨论了英格兰国内的葡萄酒的消费分层。他提出，所有的对外贸易都是两个团体的自然争斗。格拉斯在1918年出版的《早期英国海关制度》❺一书中，整理了大量的海关数据，进而讨论中世纪英格兰的贸易规模和管理体系。1929年，在希尔顿的专著❻中，有讨论羊毛出口的问题。而格雷在《14世纪英国羊毛织品的生产及出口》❼中认为，14世纪的羊毛出品和织品和生产，对英格兰工业发展有积极的推动意义。

　　鲍尔是这一时期研究中世纪经济史最具影响力的学者，她的研究主要围

---

❶ SCHANZ G. Englische Handelspolitik Gegen Ende Des Mittelalters [M]. Leipzig: Duncker Press, 1881.

❷ UNWIN G. Finance and Trade under Edward Ⅲ [M]. Manchester: Manchester University Press, 1918.

❸ CUNNINGHAM W. The Growth of English Industry and Commerce [M]. Cambridge: Cambridge University Press, 1896.

❹ SIMON A. L. The History of the Wine Trade in England [M]. London: Wyman & Sons Limited, 1906: 133.

❺ GRAS N. S. B. The Early English Customs System [M]. London, Humphrey Milford: Oxford University Press, 1918.

❻ HEATOON H. The Yorkshire Woollen and Worsted Industries [M]. Oxford: Clarendon Press, 1920.

❼ GRAY H.L. The Production and Exportation of English Woollens in the Fourteenth Century [J]. The English Historical Review, 1924(39): 13-35.

绕着羊毛和羊毛制品展开。1926年，她发表了《爱德华四世时期的英国羊毛贸易》❶一文，讨论羊毛集中地贸易及其与政府的关系、羊毛贸易的技术和经济组织、个人参与羊毛生产和贸易的情况。她认为，英格兰羊毛贸易在15世纪开始衰落，但商业模式趋于多元，当贸易市场不稳定或者衰落的时候，商人们则寻求其他获利途径。1941年她在福特讲堂的演讲稿出版，即《中世纪英国羊毛贸易史》❷，全书论述了在整个中世纪的经济发展中羊毛贸易的发展和衰退、组织化的出口贸易及非组织化的羊毛工业等。书中认为，羊毛生产中心对于织工的发展及当时欧洲的经济和政治都有重要的影响。羊毛得以大规模出口，得益于"自由贸易"形态及低税率的环境，还有外国商人在英国羊毛贸易过程中的自身优势。而14—15世纪羊毛出口的稳定性，则意味着少数英国商人对于羊毛贸易的垄断。她与波斯坦于1933年合著的《十五世纪英国贸易研究》❸一书中，对15世纪的英格兰贸易进行了更加系统的整理和研究。书中涉及15世纪的贸易情况、汉萨的参与及冰岛和布里斯托尔的对外贸易等。附录有港口进出口总统计表，涉及十几个较大的港口。

20世纪30年代，学者开始将"贸易"作为专题进行研究。代表著作是萨尔兹曼的《中世纪的英国贸易》❹，他提出，相较于地中海贸易，"北方"贸易更加具有探究意义。从诺曼征服到1558年加莱的衰落，信用、市场、集市、贸易组织等都经历了复杂的过程。书中论述了英格兰贸易和国家在整个欧洲贸易中的作为以及贸易原则中关于政府管理和教会参与的问题。

20世纪中叶，史学界对于贸易的主要关注点是走私贸易和逃税贸易，海关账册在很大程度上被学者忽视。但1953年拉姆齐的《亨利七世时期的对外

---

❶ POWER E. The English Wool Trade in the Reign of Edward IV [J]. Cambridge Historical Journal, 1926(2):17-35.

❷ POWER E. The Wool Trade in English Medieval History [M]. Oxford：Oxford University Press, 1941.

❸ POWER E, POSTAN M. M, eds. Studies in English Trade in the 15th Century [M]. Manchester：Manchester University Press, 1951.

❹ SALZMAN L. F. English Trade in the Middle Age [M]. Oxford：Oxford University Press, 1931.

贸易——据海关账册研究》❶一文充分肯定了海关账册的史料意义。他认为，即使中世纪许多商人迫于禁令等政治原因进行走私贸易，但是从海关账册和国王财政账册中仍然可以看出当时贸易发展的趋势。

20世纪60年代以后，卡勒斯和科尔曼《英格兰出口贸易（1257—1547）》❷将海关账册中与羊毛和呢布出口相关的数据进行了整理。作者以各个征税的大事件作为时间的节点，对出口贸易进行了系统梳理。通过数据，可以明确地开展1257—1547年几个世纪之间出口的研究。但书中缺乏关于商品种类、数量的具体分类统计。维尔的《中世纪晚期英国毛皮贸易》❸，论述了包括毛皮商的经营、13—14世纪占主导地位的毛皮贸易的组织和结构、皮革商公会的兴衰等。作者认为导致毛皮贸易衰落的原因有来自汉萨的竞争、皮毛进口地区之间的争端、移民和波罗的海文化的影响等。卡勒斯在《中世纪后期布里斯托尔的对外贸易》一书❹中的统计数据大部分出自国家档案馆，除了鲍尔和波斯坦已经统计的数据外，还增加了一些特殊账册的数据。全书梳理了中世纪后期布里斯托尔的基本贸易情况，以及该港口1303—1481年的羊毛、宽幅布出口总量统计，葡萄酒的进口量统计等。与布里斯托尔港往来比较密切的主要是爱尔兰及法国西部沿海、冰岛等地。

从20世纪70年代开始，贸易史相关的论著，在数量上和研究领域方面均有突出发展，贸易史的研究渐趋完善。学者们开始划定贸易种类、地点或时间的界限进行研究，他们不再把对外贸易作为一个不可拆分的整体进行研究，而是更多地关注贸易内部的贸易组织原则、参与贸易的商人、贸易的工

---

❶ RAMSEY P. Overseas Trade in the Reign of Henry VII: The Evidence of Customs account[J]. The Economic History Review, 1953(6): 173–182.

❷ CARUS-WILSON E. M, COLEMAN O. England's Export Trade(1257—1547)[M]. Oxford: Clarendon Press, 1963.

❸ VEALE E. M. The English Fur Trade in the Later Middle Ages[M]. Oxford: Clarendon Press, New York: Oxford University Press, 1966.

❹ CARUS-WILSON E. M. The Oversea Trade of Bristol in the Later Middle Ages[M]. London: The Merlin Press, 1967.

具等。

首先，以贸易商品种类为对象进行研究。詹姆斯《中世纪葡萄酒贸易研究》❶，集中讨论14世纪的葡萄酒贸易、1390年代伦敦商人的贸易活动、15世纪贸易额下降、货船的运输方式和运输成本、英格兰港口在贸易当中的意义等问题。作者认为葡萄酒的贸易高峰出现在1303年之后的几年，低点在15世纪中期、百年战争的后期。作者还论述了国家间葡萄酒贸易联系和组织、战时的经济风险等。罗斯的《中世纪欧洲的葡萄酒贸易（1000—1500）》❷，将葡萄酒贸易的范围扩大到了整个欧洲，上文提到的詹姆斯的论著是其主要的参考文献，同时还参考了沃德的《中世纪船长的世界：法律、商业和海洋（1350—1450）》❸、科布的《南安普顿本地港口》❹等。作者在第四章指出，当时葡萄酒贸易商在交换过程中不仅需要耐心和毅力，同时需要强大的硬件条件和好的运气。书中除了酒贸易的内容外，还包括酒文化、酒的消费、酒的生产、酒的长线贸易和短线贸易等。

哈彻在《1550年以前的英国锡的生产与贸易》❺中研究中世纪的锡的生产和锡贸易。作者在附录中不仅整理汇编了萨尔兹曼、布里德伯里的统计，还增加了作者自己的统计数据，涉及锡金属使用的扩展和合金技术。劳埃德的《中世纪英国羊毛贸易》❻在之前学者的研究基础上进行深入探讨。该书

---

❶ JAMES M. Studies in the Medieval Wine Trade[M]. Oxford：Clarendon Press，New York：Oxford University Press，1971.

❷ ROSE S. The Wine Trade in Medieval Europe（1000—1500）[M]. London and New York：Continuum，2011.

❸ WARD R. The World of the Medieval Shipmaster：Law，Business and the Sea c.（1350—1450）[M]. Woodbridge：Boydell Press，2009.

❹ COBB H. The Local Port Book of Southampton（1443—1444）[M]. Southampton：Southampton University Press，1961.

❺ HATCHE J. English Tin Production and Trade before 1550[M]. New York：Oxford University Press，1973.

❻ LLOYD T. H. The English Wool Trade in Middle Age[M]. Cambridge：Cambridge University Press，1977.

试图将羊毛贸易放入一个经济网络中审视，探究羊毛贸易与羊毛生产、羊毛出口与造船工业的关系等。其研究重点是13世纪晚期至14世纪，论述的重点集中于贸易组织、贸易方式、贸易政策、大宗羊毛集中地贸易等。

其次，以具体港口为对象进行研究。普拉特的《中世纪南安普顿：港口和贸易共同体（1000—1600）》❶，提出南安普顿在中世纪是一个依靠经济贸易的港口城市，城市政府与商人行会有紧密的联系，港口的贸易长期掌握在外国商人的手中。科布在1978年发表了题为"15世纪晚期和16世纪早期南安普顿和伦敦的呢布出口"❷一文，他认为这一时期以伦敦为代表的呢布出口总体趋势是缓慢下降的，但是南安普顿的呢布出口则呈上升趋势，其中的一个原因是国内外商人在南安普顿港口的活动增加。里格比主编的《理查二世时期波士顿的对外贸易》❸，统计了包括贸易货物、数量、征税关口等方面的数据，阐述了波士顿在这个时代的海关行政建制，相关征税官的信息及呢布工业的转变对于地区经济的重要影响。1383—1384年商人们主要从低地国家进口染料、白矾及油，从波罗的海进口木材和铁。主要的出口商品，是羊毛、呢布、小牛皮及少量金属，汉萨60%的呢布出口。埃莫在《中世纪晚期的伊普斯维奇》❹中认为，伊普斯维奇在中世纪晚期成为一个发展比较成功的工业城镇。书中主要讨论了这个城镇在1396至1398年间和1440年代的贸易和工业，到15世纪中期，伊普斯维奇成为呢布出口和葡萄酒进口的重要港口，很多伦敦商人在这里经营贸易活动。书中还提到了贸易与市镇、贸易与商人、地区的兴衰等问题。

❶ PLATT C. Medieval Southampton：The Port and Trading Community（1000—1600）[M]. Boston：Routledge and Kegan Paul，1973.

❷ COBB H. S. Cloth Exports from London and Southampton in the Later Fifteenth and Early Sixteenth Centuries：A Revision[J]. The Economic History Review，1978（31）：601–609.

❸ RIGBY S. H，ed. The Oversea Trade of Boston in the Reign of Richard Ⅱ[M]. Woodbridge：Boydell Press，2005.

❹ AMOR N. R. Late Medieval Ipswich[M]. Woodbridge：Boydell Press，2011.

最后，将贸易与其他重要的经济元素结合，进行问题式的讨论。具有代表性的著作是芒罗的《羊毛、呢布和黄金：盎格鲁-勃艮第贸易中的金银斗争（1340—1478）》❶。这本书讨论贸易中的货币政治，以及它们在14世纪经济中扮演的角色。书中提到从1433年开始，英格兰开始强化加莱法令，以确保英国在羊毛出口方面的垄断地位。

前文已经提到的波斯坦，除了主持编写《剑桥欧洲经济史》以外，20世纪70年代还就"中世纪经济"出版了一系列的著作，其中涉及贸易的有两本。《中世纪经济与社会》❷，在"贸易与工业"一章中认为中世纪英格兰本身的生产和经营结构，是利于发展贸易的。在工业革命之前，英格兰的经济和社会结构已经发生了比较明显的变化，贸易有效地沟通了国王与商人、国王与社会的关系。《中世纪贸易与财政》❸，打破经济学和经济史的界限，讨论了中世纪北海和波罗的海诸地区的贸易往来情况。他认为，中世纪晚期的欧洲北方贸易，基本被汉萨同盟和英格兰商人公会控制。

布里特奈尔先后出版了很多与贸易相关的论文集，包括与哈彻合编的《中世纪英格兰的进步和问题》❹，相关主题有：11—13世纪，英格兰北部的贸易、14世纪英格兰的呢布出口贸易、中世纪晚期切斯特的贸易。《英格兰和欧洲的市场、贸易和经济发展（1050—1550）》❺，集合了1970年代至21世纪初发表的21篇相关论文。除了部分与上一本书重合之外，另收录了13世纪英格兰商人在远距离贸易当中的角色问题、14世纪英格兰与北意大利之间的经济联系、城市经济管理与经济道德等方面的改进。他2004年出版的

---

❶ MUNRO J. H. Wool, Cloth, and Gold: the Struggle for Bullion in Anglo-Burgundian Trade (1340—1478)[M]. Toronto: University of Toronto, 1973.

❷ POSTAN M. M. The Medieval Economy and Society[M]. London: Weidenfeld and Nicolson, 1972.

❸ POSTAN M. M. Medieval Trade and Finance[M]. Cambridge: Cambridge University Press, 1973.

❹ BRITNELL R, HATCHER J, eds. Progress and Problems in Medieval England: Essays in Honour of Edward Miller[M]. Cambridge: Cambridge University Press, 1996.

❺ BRITNELL R. Market, Trade and Economic Development in England and Europe (1050—1550)[M]. Farnham: Ashgate, 2009.

《不列颠和爱尔兰（1050—1530）》❶，强调经济史的研究应当更多地参考这一时期的相关政治角色。以1300年为分界，分别论述了不列颠和爱尔兰的商人和贸易，城镇、工业和本地贸易，乡村迁徙和社会发展等问题。作者认为这一时期城市的发展，与对外贸易有密切的联系。

20世纪70年代之后，一个对外贸易史研究的明显趋势是，研究的对象出现了越来越细致的划分，例如以集市为对象的、以国别贸易为对象的、以商团为对象的、以通行费与贸易的关系为对象的等。

摩尔的《中世纪英格兰的市集》❷将讨论的重点放在英格兰的集市上，作者认为12世纪、13世纪集市逐渐成为本地和国际市场的重要贸易中心，通过对市集的研究可以有效地了解王室的贸易情形、商业行会的规则、对于特殊集市的行政管理等。全书模糊了本地贸易和对外贸易的界限，整理了大量关于集市的账册和城镇的账册。作者试图证明，集市能够通过很多方式沟通乡村和城镇居民，以及地区间的经济交流。奇尔德《中世纪晚期盎格鲁-卡斯提尔贸易》❸，主要研究13世纪中期至15世纪中后期英格兰与葡萄牙安达卢西亚的贸易，其主要的资料来源是布里斯托尔的海关账册。劳埃德《英格兰和汉萨（1157—1611）》❶，主要论述中世纪中后期汉萨在英格兰的贸易和商业外交。其中阐述了汉萨在英格兰享有的特权以及1437—1474年汉萨所参与的商战。

随着学者对于中世纪英格兰对外贸易研究的深入，概论性质的研究基本完成。20世纪90年代以来，学者们开始以不同的视角讨论对外贸易的某个因

---

❶ BRITNELL R. Britain and Ireland(1050—1530)[M]. New York：Oxford University Press，2004.

❷ MOORE E. W. The Fair of Medieval England[M]. Toronto：Pontifical Institute of Medieval Studies，1985.

❸ CHILD W. R. Anglo-Castilian Trade in the Later Middle Ages[M]. Manchester：Manchester University Press，Totowa，N. J.：Rowman and Littlefield，1987.

❶ LLOYD T. H. England and the German Hanse(1157—1611)[M]. New York：Cambridge University Press，1991.

素的影响和意义。

由丹麦学者柏格伦、海波尔、兰登编写的《成本、货物和贸易：欧洲北部海运大宗贸易（1150—1400）》❶论及英格兰海上贸易，13世纪进口贸易，波罗的海和北海的贸易，运输线路、13—14世纪的石灰岩贸易，14世纪呢布贸易，13—14世纪谷物贸易等。由阿姆斯特朗等主编的《欧洲中世纪晚期的财富、市场和贸易》❷，涉及13世纪中心城市的信用交易、国际性市集与乡村的纺织品工业的发展等。作者认为，英格兰与佛兰德过度集中的贸易限制了债权人在地方的发展。考沃勒思奇认为，中世纪英格兰王室的力量不容忽视，在西部港口城市的发展中，它们往往是推动其发展而不是使其穷困的力量。15世纪意大利商人在参与英格兰出口贸易主要是因为这种贸易更利于国际交换。南丁格尔的《中世纪英格兰的贸易、财富和权力》❸集中探讨贸易和财富是如何影响中世纪英格兰经济发展的，以及这些影响对于当时英格兰政治权力的改变。作者将税务、海关、债务等多方面的因素进行综合考虑。书中的一个核心观点是在国际贸易中，货币体系急需强化，这种强化对于中世纪集市经济和城镇发展有着必要的润滑剂式作用。同时，在地区性的对外贸易中，货币体系和政治权力是影响贸易的两个重要因素。奥格尔维《制度与欧洲贸易（1000—1800）》❹认为，行会是一种自我服务的垄断性组织，对自由且开放的市场进行谨慎的阻止，从而限制商业发展的内在潜力。作者分别将行会的各个要素进行了讨论，并强调了行会在对外贸易中的重要地位。

---

❶ BERGGREN L, HYBEL N, LANDEN A, eds. Cogs, Cargoes and Commerce：Maritime Bulk Trade in Northern Europe（1150—1400）[M]. Toronto：Pontifical Institute of Medieval Studies, 2002.

❷ ARMSTRONG L, ELBL I, ELBL M. M, eds. Money, Market and Trade in Late Medieval Europe[M]. Leiden and Boston：Brill Academic Pub, 2006.

❸ NIGHTINGALE P. Trade, Money and Power in Medieval England [M]. Oxford：Oxford University Press, 2007.

❹ OGILVIE S. Institutions and European Trade（1000—1800）[M]. New York：Cambridge University Press, 2011.

米德尔顿《中世纪早期港口关税、通行费和外贸控制》❶一文主要研究中世纪早期港口贸易的状况和组织情况，以通行费、关税、贸易活动和对外国商人的控制等方面的档案为研究基础，资料涉及罗马和拜占庭世界。洛克《英国和苏格兰的对外贸易（1300—1600）》一文❷认为英格兰和苏格兰羊毛出口的下跌虽然出现在同一时期，但是导致它们下跌的原因却不同，英格兰主要是因为转换了出口商品，改为大量出口呢布，而苏格兰则更多的是因为内部呢布质量差，城市工业模式落后。

国内一些学者也关注中世纪及近代早期的贸易及相关问题，如马克垚在《英国封建社会研究》❸中对贸易活动、贸易管理等进行了宏观的论述。赵立行的《商人阶层的形成与西欧社会转型》❹，讨论了商人的经济影响与社会发展的关系。刘景华的《外来因素与英国的崛起：转型时期英国的外国人和外国资本》❺论及在英格兰进行对外贸易的德意志商人、意大利商人和尼德兰商人的情况，施诚的《中世纪英国财政史研究》❻虽着重讨论税收体系，但也论及与税收紧密相关的贸易。徐浩的《中世纪西欧工商业研究》❼在城市化水平、货币与货币化、行商与商人法及商事法庭、市场和市集的制度、市场治理、借贷市场、工匠等章节，提及与英格兰贸易相关的问题。

（二）档案材料说明

中世纪英格兰对外贸易的相关数据和材料，主要参考英格兰海关档案、

❶ MIDDLETON N. Early Medieval Port Customs, Tolls and Controls on Foreign Trade[J]. Early Medieval Europe, 2005(13):313-358.

❷ RORKE M. English and Scottish Overseas Trade(1300—1600)[J]. Economic History Review, 2006(59):265-288.

❸ 马克垚. 英国封建社会研究[M]. 北京：北京大学出版社,2005.

❹赵立行. 商人阶层的形成与西欧社会转型[M]. 北京：中国社会科学出版社,2004.

❺刘景华. 外来因素与英国的崛起：转型时期英国的外国人和外国资本[M]. 北京：人民出版社,2010.

❻施诚. 中世纪英国财政史研究[M]. 北京：商务印书馆,2010.

❼徐浩. 中世纪西欧工商业研究[M]. 北京：生活·读书·新三联书店,2018.

王室档案、议会档案及《英国历史文献》丛书。

首先，海关档案，是英国国家档案馆（Public Record Office）的馆藏档案。记录从13世纪末开始的羊毛的出口税，到14世纪，诸如呢布、蜡、葡萄酒的关税，陆续被记入档案。

在英国国家档案馆内，海关档案分布在C66、C60、E122、E101、E356、E372、E352、E364等编号档案中。❶

E122是财政档案。以港口为单位，按照日期记录。是比较系统的英格兰海关统计账册。另外，档案中还有特别海关档案，记录海关关税和羊毛附加税，小关税、吨税和镑税。

E101是较早的一个系列档案，包括国家财政账册、国家货币统计、部分海关账册以及少量的法庭卷册。具体包括爱德华一世时期的葡萄酒吨税，波尔多的葡萄酒海关档案，以及其他与法国相关的关税记录。另外还包括羊毛附加税（Ulnage）等。

1323年之前，部分海关档案记录在E372档案里，副本记录在E352里。从1323年开始，部分"特殊"档案和海关档案被记录在E356中。同时，E356也能够提供一些海关档案的背景信息。E364主要记录1466—1531年的羊毛集中地商人的羊毛关税和羊毛补助金。

国家档案馆的材料非常丰富，由于卷帙浩繁，也有学者不使用以E开头的记录方法，而是直接将卷册的内容置于国家档案馆的缩写之后，如P.R.O. Chancery Miscellanea等。

其次，王室档案也是英国国家档案馆的馆藏档案。中书省作为中世纪英格兰最主要的王室档案机构，下发大量王室令状、特许状和专利许可证等文书，因此,中书省档案（Calendar of Chancery Rolls），是重要的王室档案。中

---

❶海关档案的介绍，主要参考http://www.nationalarchives.gov.uk。也有学者将公函档案和罚金档案中的相关内容列入海关档案。C66是公函档案(Patent Rolls)，其中记录了王室授权的海关口岸——收税员、检验员、以及审计员定期登记的相关档案。C60罚金档案(Fine Rolls)则包括一些涉及新提出的关税的参考文献，例如亨利三世时期的罚金档案，即是典型的包括关税参考文献的罚金档案。

书省档案具体包括公函卷轴（Patent Rolls）、密函卷轴（Close Rolls）、罚金卷轴（Fine Rolls）、令状卷轴（Liberate Rolls）、特许状卷轴（Charter Rolls）。❶在这些档案中，包含许多与贸易相关的材料。

公函卷轴是国王或首席大臣向个人或团体授予公职、专卖权、头衔等的法律文书。据考证最早出现于1201年。密函卷轴是对特许状的收录，通常也包括国王与大臣之间保密性的行政命令。大多数学者认为它最早出现于1204年。罚金卷轴中的"罚金"，是指贵族或平民为获得国王的许可、赦免或其他恩惠而支付给国王的罚金。大约出现在12世纪70年代。令状卷轴记载王室财政开支，包括外交、战争以及王室的衣食住行等诸多方面，最早出现于1200年，是了解当时王室财政状况必不可少的史料。特许状卷轴是中书省对自己签发的王室特许状的收录，包括王室有关土地权、市场许可权、豁免权、免税权、建立自治市和自治镇等权利的赠与，本质上是记录国王授予封臣经济权益的一种法律文书。同时，卷轴中也收录大量私人特许状。最早出现于1199年。

第三，议会档案。2005年由威尔森等学者联合编写的《中世纪英格兰议会档案（1275—1504）》❷，对1275—1504年的议会材料进行汇编，分16卷，以时间为线索。系统的收录了从爱德华一世时期至亨利七世时期的议会档案，档案的整理和翻译工作从1997年开始，于2004年结束。从第四卷（1327—1348）开始，与对外贸易相关的材料逐渐增多。整体而言，档案中关于"贸易"的词条共计676条，关于"商人"的词条共计1724条，关于"羊毛"的词条有4796条，关于"呢布"的词条有2704条，关于"集中地"的词条有3124条，关于"补助金"的词条有3155条。在这一部档案出版之前，学者引用的议会档案通常缩写为Rot.Parl。

---

❶参考金德宁：中世纪英格兰王室档案的认识与利用——以十三世纪的中书省卷轴为例[J]. 古代文明，2018（1）：67-79.

❷WILSON C.G et al, ed. The Parliament Rolls of Medieval England（1275—1504）[M]. Woodbridge：Boydell Press，2005.

第四，《英国历史文献》❶收录从500年开始的，与英国相关的文献材料。与本书的研究相关的，是其中的第二、三、四册。第二册汇集1042—1189年的材料，包括编年史材料、政府和行政管理、教会、土地和人口、城镇五部分，其中第二、三、五部分都有对外贸易活动的一些材料。第三册汇集1189—1327年的材料，内部分类与第二册类似，另外增加了托马斯·阿奎那等人对这一时期法律、政府和税务等的看法和讨论。第四册汇集1327—1485年的材料，内部分类出现一些变化，分为政治、政府管理、教会和教育、经济和社会发展。在"经济和社会发展"部分，系统地汇总了羊毛和呢布贸易、对外贸易、城镇生活和行会的材料。

三、本书内容框架

本书主要分六章进行讨论。

第一章讨论中世纪英格兰的生产与消费，考察英格兰的地理和物产、羊毛和呢布的产量等，同时讨论当时英格兰社会对外来商品的消费情况。当时主要消费的外国商品是葡萄酒、食物以及染料。为进一步的进出口贸易做必要的背景论述。

第二章讨论对外贸易活动的条件，包括交通运输、支付方式和贸易场所。交通主要包括水路和陆路交通。支付方式主要涉及货币、信用及度量衡问题。贸易场所主要涉及市场、市集和城镇。

第三章讨论在13—15世纪欧洲区域化生产有所发展的情况下，英格兰对外贸易的发展轨迹。英格兰的对外贸易作为当时欧洲贸易圈内的重要一环，发挥政治、经济等多方面的作用。同时，地区间的供需也是促进对外贸易迅

---

❶分别是 DOUGLAS D, GREENAWYA G, eds. English Historical Documents（1042—1189）[M]. London：Eyre Methuen；New York：Oxford University Press, 1981. ROTHWELL H, eds. English Historical Documents（1189—1327）[M]. London：Eyre and Spottiswoode, 1975. MYERS A, ed. English Historical Documents（1327—1485）[M]. London：Eyre and Spottiswoode, 1969.

速发展的动因。这一时期英格兰的出口贸易主要包括羊毛、呢布、矿产等，进口贸易主要包括葡萄酒、谷物、染料、皮革等。

第四章讨论与对外贸易密切相关的商人问题，当时在英格兰活动的商人主要有意大利商人、佛兰德商人、德意志商人和英格兰商人。在讨论他们参与贸易活动的同时也讨论他们在获利后的资本流向问题，资本流向在一定程度上影响着商人商业活动的生命力。

第五章讨论在对外贸易活动中，王室及地方各级政府、议会、行会等对对外贸易的管理和控制。国家权力对本国商人从事贸易及其他商业活动的鼓励和推动，是英格兰扩张海外市场以及近代早期凭借其经济实力广泛影响周边地区和国家的重要因素之一。

第六章将"对外贸易"看作一个整体，讨论它在城镇发展、商人团体经济扩展等方面的意义。

第　一　章
中世纪英格兰的生产与消费

中世纪的英格兰，"社会中存在两类人无法自给，一类是种植经济作物的农民，如种植葡萄的农民及种植橄榄的农民，另一类是养羊的牧民。"[1]他们对生活必须品的交换需求，催生了地区间的交换活动。而这种地区间的交换就是贸易活动的最初形式，这种交换也带动了生产市场和消费市场的出现和发展。

生产市场，首先受限于地理环境。著名地理学家麦金德（H.J.Mackinder）指出，英格兰东南部和西北部在地理上有明显的差异，这种差异影响着英格兰的生产方式与生产能力。而米勒（E.Miller）在《中世纪英格兰：城镇、商业和手工业》中也明确地提出，由于中世纪生产技术的相对原始性，不同区域的土地和生产能力差异对中世纪的生产表现出严重的限制。"市场往往与地区产出有紧密的联系。人们在水源丰富的肥沃土地上耕种，而在山地上放牧，并且发展得越来越专业化。"[2]

英格兰的地理环境为中世纪英格兰的生产专业化奠定了基础，进而为英

---

[1] POWER E. The Wool Trade in English Medieval History [M]. Oxford：Oxford University Press，1941：3.

[2] MILLER E，HATCHER J. Medieval England：Towns，Commerce and Crafts（1086—1348）[M]. New York：Longman，1995：137.

格兰的对外贸易提供了必要的条件。英格兰本土的羊毛和呢布的生产以及矿产的开采，与对外贸易关系紧密。

首先，采矿业方面，萨尔兹曼（L.Salzman）在《中世纪英格兰的工业》中指出，英格兰的矿区主要分布在德文郡、康沃尔郡、希罗德郡。与对外贸易相关的矿产包括锡、铅、煤和铁。由于锡和铅涉及各国的造币，因此是重要的贸易金属。煤和铁，则与工业、制造业相关，随着采矿技术的发展，产量增加，逐渐成为重要的出口矿产。

第二，羊毛生产方面，养羊业与羊毛生产，是英格兰农业的重要组成部分。波斯坦曾说："这个国家（英格兰）的许多地方，畜牧业可能是当地居民主要的或惟一的职业，或者在这些地方，畜牧业在当地不同的混合农业经营中一定起了举足轻重的作用。"❶英格兰的羊毛生产，在中世纪完成了发展壮大的过程。在经历了11世纪和12世纪的发展后，"到13世纪，毫无疑问英格兰是欧洲生产羊毛产品最多的国家。"❷而这些羊毛的商品化程度也非常高。"最重要的羊毛中心，在13—14世纪超过其他地区的是不列颠（英格兰）的产地。13世纪后半叶，英格兰的年平均出口量达到了30000袋以上，重量约1100万磅。其中部分出口到意大利，但是大部分出口到北方。"❸

第三，呢布生产方面，呢布生产从亨利一世时期开始蓬勃发展。尤其是在爱德华三世时期，"大量的佛兰德的纺织工人、染匠、漂洗工等迁入英格兰，使呢布业在全英格兰扩展开来。"❹米勒和弗里德（E.Fryde）在不同的论文中对中世纪纺织业的发展有不同的论述，米勒认为，在13世纪初，斯坦福德呢布已经在意大利市场热销，而弗里德则认为到15世纪，英格兰出口的呢布始终以粗呢为主。波斯坦与米勒的观点类似，他认为英格兰的呢布在欧洲甚至更远的地方占据传统的呢布市场，"14世纪晚期英国和荷兰布开始大量

---

❶ 波斯坦.剑桥欧洲经济史·中世纪的农业生活[M].郎丽华,译.北京:经济科学出版社,2002:476.

❷ DARBY W. D. Wool, the World's Comforter[M]. New York：Dry Goods Economist, 1922：12.

❸ 波斯坦.剑桥欧洲经济史·中世纪的贸易和工业[M].王春法,译.北京:经济科学出版社,2004:148.

❹ DARBY W. D. Wool, the World's Comforter[M]. New York：Dry Goods Economist, 1922：22.

出现在大陆上时，它自然跟随佛兰德的出口流入，但逐渐地在所有最古老贸易路线上代替了它们。"❶

从消费角度来说，英格兰本土大量需求却无法生产和加工的物产，主要有葡萄酒、谷物、染料等。

英格兰与法国，由于葡萄酒而形成了稳固的贸易往来。"葡萄酒是加斯科的主要产品，但它在食物和主要织物方面不能自给自足，而英国是欧洲葡萄酒的一个主要进口国，能够给加斯科供应谷物——在丰收的年成用它自己的谷物，在歉收的年成把从波罗的海进口的谷物出口到该地。"❷西蒙（A.Simon）在《英格兰葡萄酒贸易史》中提出，每一个英格兰社会阶层都对葡萄酒有一定量的消费。

在谷物消费方面，斯顿（D.J.Ston）指出，14世纪初英格兰生产的谷物无法满足当时人口的日常消费，进而就会有谷物贸易的产生。但是谷物是基本民生产物，英格兰通常在歉收年大量进口，而在丰收年则允许部分谷物出口。靛蓝等染料作为当时英格兰重要的纺织工业原材料，其消费也受到很多关注，波斯坦指出，"英国所用的靛蓝大量地从图卢兹经波尔多运来"❸。

第一节　地理和物产

一、地理条件

英格兰位于苏格兰以南，威尔士以东，从地形条件来看西北高东南低，地理历史学家常常以英格兰西南康沃尔半岛上的埃克塞河口至英格兰东北部的梯斯河口为界将英格兰分为高地带和低地带。这种地形条件，加之气候原因，高地带和低地带人类农业生产方面明显不同。"而英格兰的气候，东南

---

❶ 波斯坦.剑桥欧洲经济史·中世纪的贸易和工业[M].王春法,译.北京:经济科学出版社,2004:146.

❷ 波斯坦.剑桥欧洲经济史·中世纪的贸易和工业[M].王春法,译.北京:经济科学出版社,2004:46.

❸ 波斯坦.剑桥欧洲经济史·中世纪的贸易和工业[M].王春法,译.北京:经济科学出版社,2004:149.

和西北也有明显的不同，英格兰的西部和北部是多雨气候，而东南平原常常是干燥的"❶。相比较而言，东南部商业更加繁荣，而西北部由于拥有丰富的矿藏，发展成了矿区。

西北部高地带，有奔宁山脉、康沃尔半岛及伊登河等河谷地带。奔宁山沿线的矿藏丰富，在中世纪甚至更早的时间，昆伯兰、兰开斯特等郡已有关于采矿的记录。而东南部低地带，海拔较低，地形复杂，包括穿插分布的谷地、平原及盆地等。谷地主要分布在林肯、贝德福德、牛津等郡。而平原主要是中部平原和兰开斯特低地平原，中部平原又叫做"米德兰"，是"以伯明翰为中心的平原，分别延伸至布里斯托尔、利物浦，以及从特伦特河和约克郡的乌斯河到迪斯河河口。"❷兰开斯特低地平原位于奔宁山脉和爱尔兰海之间，土地同样肥沃。另外在伦敦和切斯特之间，是对中世纪英格兰对外贸易有重要影响的伦敦盆地。泰晤士河斜向流经该盆地，"农用地的质量主要依地表组成物质而异，农业利用比较困难，同时重粘土亦不利于发展种植业"❸。

英格兰的地理环境为中世纪英格兰的生产专业化奠定了基础。而从整个欧洲的地理分布上来看，英格兰所处的地理位置也为其发展对外贸易提供了至关重要的条件。

"大不列颠最大的地理特点，是其岛的东南角能够便利地与欧洲大陆连结，肯特郡是英格兰世界视角的窗口。而加莱往东，是日耳曼人，包括佛兰德人、荷兰人、弗里斯兰人、汉萨人、维京人。加莱往西则是法国、西班牙和意大利。"❹英格兰以这种地理位置为基础，在中世纪不断地扩展往来于欧洲大陆的贸易。"14世纪末至15世纪，他们向西到达诺曼底和布列塔尼。与法国大西洋沿岸的葡萄种植园的联系不断紧密，英格兰在一定程度上开始

❶ MACKINDER H. J. Britain and the British Seas[M]. Oxford：Clarendon Press，1907：163.

❷ MACKINDER H. J. Britain and the British Seas[M]. Oxford：Clarendon Press，1907：83.

❸ 曾尊固. 英国农业地理[M]. 北京：商务印书馆，1990：30.

❹ MACKINDER H. J. Britain and the British Seas[M]. Oxford：Clarendon Press，1907：9-10.

依赖进口谷物和其他食品来推动本国的工业发展。从14世纪末开始，冰岛、波罗的海沿岸和普鲁士等地，也被纳入英格兰的贸易圈。"❶

二、矿藏及其采矿业发展

中世纪英格兰已经被探明的矿藏主要有锡、铅、银、铁、煤等，这些矿产是欧洲的矿产贸易中的重要组成部分。下文将依次介绍这几种矿产及其采矿业发展。

锡是中世纪集中地制度❷中规定的、由国家管理和控制的商品。根据乔治·里维斯的《锡矿》❸一书的材料，锡在罗马时代甚至更早就已经出现。公元前8年，已有大量的锡被从不列颠的岛屿带至高卢。❹从7世纪开始，英格兰的西南地区开始出产锡产品。9世纪前后，已有相当数量的锡被铸造成为盎格鲁-撒克逊币。❺

12世纪，定量的统计数据出现。"1156年英格兰产出70吨锡矿，1171年产出350吨，到1214年增长到600吨。到1337年，产出达到700吨。"❻从表1-1可见，锡矿从12世纪上半叶已有相关规模的产量。13世纪初，由于德意志的锡矿还没有被发现和开发，欧洲大陆对于英格兰的锡产品需求量很大，尤其是科隆和位于佛兰德金属工业中心的于伊、迪南、那慕尔和

---

❶ POWER E，POSTAN M. M，eds. Studies in English Trade in the 15th Century[M]. Manchester：Manchester University Press，1951：preface.

❷ 1313年有爱德华三世建立的集中出口英格兰商品的制度，羊毛是主要的集中地商品，因此也被叫做羊毛集中地制度。集中地商品除了羊毛还有锡、铅等。

❸ Stannaries，1908.

❹ HATCHE J. English Tin Production and Trade before 1550[M]. New York：Oxford University Press，1973：12.

❺ HATCHE J. English Tin Production and Trade before 1550[M]. New York：Oxford University Press：1973：7.

❻ 具体数据见里维斯Stannaries.cit.，SALZMAN L. F. English Industries of the Middle Ages[M]. London：Constable and Company，1913：73–74.

列治。大量的锡也出口至法国。[1]到14世纪，康沃尔郡的锡矿开采，进入大发展时期。"1338年的产量比1301年增长了一倍多。14世纪30年代，德文和康沃尔，在高产年份的总产量达到700吨。相较于12世纪中期几乎增长了10倍。"[2]

表1-1　1199—1540年英格兰锡的产量统计

单位：吨

时间	产量	时间	产量	时间	产量	时间	产量
1199年	483	1301年	329	1448年	566	1495年	702
1200年	432	1303年	459	1450年	487	1496年	662
1201年	433	1355年	266	1455年	429	1504年	680
1206年	325	1379年	485	1469年	540	1517年	898
1209年	328	1400年	854	1472年	586	1518年	903
1211年	436	1412年	757	1477年	476	1524年	895
1212年	537	1435年	469	1478年	547	1530年	906
1214年	642	1443年	453	1489年	565	1540年	905

注：单位为吨，每吨约为2240磅。

资料来源：LEWIS G. R. The Stannaries, cit., MITCHELL B. R. Abstract of British Historical Statistics [M]. Cambridge：Cambridge University Press，1962：153.

从表1-1可知，13世纪是锡产量呈现波动的时期。平均年产达到384.75吨。同时，锡是中世纪造币过程中不可或缺的重要成分，因此从当时的造币量中也可以看出锡矿的开采规模之大。据统计，"1243年德文郡总造币量为89352磅，到1291年增至105325磅"[3]。14世纪康沃尔郡也开始大量铸币。

[1] Chancellor's Roll, 8 Ric. I, cit., POOLE A. L. From Domesday Book to Magna Carta（1087—1216）[M]. Oxford：Oxford University Press，1958：83.

[2] 波斯坦. 剑桥欧洲经济史·中世纪的贸易和工业[M]. 王春法，译. 北京：经济科学出版社，2004：586.

[3] HATCHE J. English Tin Production and Trade before 1550[M]. New York：Oxford University Press，1973：155-156.

1301年两郡的造币总数达到623935磅，到1332年，铸币量高达1643548磅。这种高铸币量一直持续到1340年代。但到14世纪下半叶，锡矿开采呈现停滞甚至有一定程度的衰退迹象。1450—1489年的产量，均没有达到600吨。"一个曾经有超过三千矿工的康沃尔的锡矿，到1315年，仅剩下不到500名矿工。"[1]但从1495年开始，锡矿产量趋于稳定。

矿区的发展，与锡矿开采基本同步，同样是从12世纪开始。"1198年锡工业从州长控制转为由政府部门委派的专属区长控制，引进了相应的管理体系，包括详尽的称重、检查、标记程序，并颁布特许状保护锡矿工的权利。"[2]

矿工身份特殊，单独纳税。他们不受普通法约束，而是根据矿区法审判，他们有自己的法庭、议会。[3]14世纪的康沃尔，超过2000人被雇用为锡矿工。[4]

中世纪最早关于铅矿的记录出现在9世纪的一份租借合同中。"835年，在德比郡雷普顿女修道院长与汉波特伯爵签订的租借合同中，提到位于威克斯沃斯的铅矿。882年在格洛斯特也出现类似的记录。"[5]关于铅的贸易的记录，则出现在12世纪。"1179年有100车铅从纽卡斯尔出口至莱茵港口然后转运至巴黎，用于克莱尔沃修道院的修建，2年后又有大量的铅运入。1184年有20辆装载着铅的车辆从波士顿出口至莱茵，然后通过陆路运至维克

❶ FHILLIPS S, ed. The Parliament Rolls of Medieval England（1275—1504）[M]. Woodbridge, London: Boydell Press, 2005:100.

❷ POOLE A. L. From Domesday Book to Magna Carta（1087—1216）[M]. Oxford: Oxford University Press, 1958:83.

❸ V. C. H. Corum., i.523cit., SALZMAN L. F. English Industries of the Middle Ages[M]. London: Constable and Company, 1913:71.

❹ BRITNELL R. The Commercialisation of English Society（1000—1500）[M]. Cambridge: Cambridge University Press, 2009:114.

❺ SALZMAN L. F. English Industries of the Middle Ages[M]. London: Constable and Company, 1913:39.

桑城堡。"❶

　　铅和银由于属性原因通常被同时开采，因此史料上常常出现"铅银矿"这样的统称。矿区主要分布在坎伯兰郡、约克郡和诺森伯兰郡三郡交界处的阿斯顿摩尔（Alston Moor）和德比郡。阿斯顿摩尔，在王室特权的保护下产量稳定，而德比郡的产量则波动较大。"1292—1297年间，其产量为价值4046镑的银和价值360镑的铅，1298年的银产出值高达1450镑。1305年产出价值1773镑银和价值180镑铅，但是到1347年仅出产价值70镑的银和铅。之前矿区国属，其后矿区几经易手，到1447年仅产出价值17镑的铅银。"❷从铅银的产量来看，12世纪中后期铅银采矿业开始进入发展繁荣期。

　　铅银矿的开采需有特许状，管理非常严格。矿区一旦拥有了开采矿藏的特许，矿区工人也会相应获得特权。他们可以"自由地选择坑口进行探矿，只要是以开矿为目，他们拥有可以就近使用木材的权力。在昆伯兰郡，虽然木材严重缺乏，但是矿工仍然有权砍伐当地树木"❸。由于铅银矿的开采量不稳定，该矿也被作为集中地商品限制出口。

　　中世纪出现的最早关于使用煤炭的记录，出现在12世纪末❹，煤炭被用于制盐和染布。❺13世纪上半叶，有苏格兰煤炭运至伦敦的记录。"1243年出现关于煤炭开采的记录。"❻1260年代，希罗普郡的沃尔特（Walter de Cifford）

　　❶ Pipe Rolls22, Hen. Ⅱ, pp.137, 141; 25 Hen. Ⅱ, pp. 27, 30; 27Hen. Ⅱ, pp. 47, 65. Rot. Scac. Norman. ed. Staplenton, i. 70. Pipe Roll 30 Hen. Ⅱ, p. 29, and Rot. Scac. Norman., p. 111. cit., POOLE A. L. From Domesday Book to Magna Carta（1087—1216）[M]. Oxford: Oxford University Press, 1958:82.

　　❷ Exch. K. R. Accts., 265, no. 9, no. 10.cit., SALZMAN L. F. English Industries of the Middle Ages[M]. London: Constable and Company, 1913: 57.

　　❸ SALZMAN L. F. English Industries of the Middle Ages[M]. London: Constable and Company, 1913: 46-47.

　　❹ 书名为"Boldon Book"。

　　❺ SALZMAN L. F. English Industries of the Middle Ages [M]. London: Constable and Company, 1913: 1-3.

　　❻ Assize R., 223, m. 4cit., SALZMAN L. F. English Industries of the Middle Ages[M]. London: Constable and Company, 1913: 5.

授权约翰（John de Halston）开采克里森林的煤矿。❶对于煤炭在中世纪的使用，学者们有不同意见，米勒和哈彻认为："煤炭在13世纪上半叶仅作为备用燃料被使用，到14世纪初则逐渐成为燃料的主力。14世纪上半叶，间或有少量煤运至东部和南部海港用于出口。"❷但也有学者认为当时的煤炭出口数量非常大。例如，波斯坦提出："煤，可以肯定的是在13世纪都在诺森博兰郡生产，从那里经海运到伦敦和低地国家。"❸

相较于锡矿和铅矿，煤炭矿区的管理较松散，到14世纪才出现相关材料。1356年的一份主教与开矿承租人的协议显示，承租人需要支付500马克矿区使用费，将日开采量控制在20吨之内，且需确保工人不得任意离开，不得随意勘探新的矿井或在附近城镇出售煤炭。在高温天气，为了防止意外发生还需酌情减少每日的开采量。❹相较于其他矿工，煤矿工人拥有的特权非常少。这也使得"矿区不断出现缺少工人的现象，尤其是黑死病之后，例如1580年的一个记录，在威兰顿（Winlaton），由于缺少工人开采煤矿，他们甚至需要雇工妇女来采矿，但是即使这样，依然缺少足够的劳动力"❺。

中世纪关于铁矿的最早的记录，是689年肯特国王授权坎特伯雷的圣彼得到一个叫做兰姆（Liminge）的地方，据说这里有一个铁矿。❻在诺曼征服前后出现关于使用铁产品的材料。"在忏悔者爱德华时期有36狄克（Dickers）

❶ V. C. H. Shorps., i. 449.cit., SALZMAN L. F. English Industries of the Middle Ages[M]. London：Constable and Company, 1913：5-6.

❷ PRO, SC6/824/7; NCH, I, P. 152.cit., MILLER E, HATCHER J. Medieval England：Towns, Commerce, and Crafts（1086—1348）[M]. New York：Longman, 1995：64-65.

❸波斯坦. 剑桥欧洲经济史·中世纪的贸易和工业[M]. 王春法，译. 北京：经济科学出版社，2004：149.

❹ V. C. H. Druham., ii. 324. cit., SALZMAN L. F. English Industries of the Middle Ages[M]. London：Constable and Company, 1913：17.

❺ Exch.Dep. by Com, 29 Eliz, East.4. cit., SALZMAN L. F. English Industries of the Middle Ages[M]. London：Constable and Company, 1913：11.

❻ Kemble, Cod. Dipl., no. 30.cit., SALZMAN L. F. English Industries of the Middle Ages[M]. London：Constable and Company, 1913：22.

生铁和100个铁棒用于生产国王建造船只所需的铁钉。"❶

英格兰铁矿出产和铁制品的生产非常有限，到14世纪初，铁矿开采始终无法满足国内市场的需求，致使当时英格兰每年从国外进口总量超过1000吨的铁制品。❷这种情况到15世纪末逐渐好转，"随着1470年代东北矿区的开发，铁矿的产出至少增加了50%"❸。

政府严格控制铁矿出口，同时也控制矿工在矿区内停留的时间。在允许私人开采的铁矿区，承租人仅能雇佣家族内部人员或学徒工进行工作，政府严禁矿工拥有自己的法庭。❶

中世纪英格兰的煤矿和铁矿，开采量受到自然条件等方面的限制，产量并不稳定，因此矿业出口也不稳定，有些年份能够出口，有些年份却需要进口。

第二节　羊毛、呢布的生产

一、羊毛的生产

中世纪英格兰的羊毛，按照产地主要分为两种：第一种是小型羊生产的短羊毛，经过梳理后用于生产需要漂洗的厚呢布。这种小型羊集中生长在威尔士和苏格兰边界、约克的荒野上及南部低洼地区的草场、山坡、荒野上。第二种是大型羊生产的长羊毛，用于生产轻质呢布以及其他不需要漂洗的呢

---

❶ POOLE A. L. From Domesday Book to Magna Carta（1087—1216）[M]. Oxford：Oxford University Press, 1958：81.

❷ CHILDS W. R. England's iron trade in the fifteenth century[J]. The Economic History Review, 1981 (34)：39-41.

❸ BRITNELL R. The Commercialisation of English Society（1000—1500）[M]. Cambridge：Cambridge University Press, 2009：195-196.

❶ SALZMAN L. F. English Industries of the Middle Ages[M]. London：Constable and Company, 1913：34-35.

布。这种大型羊主要生活在英格兰中南部的科茨沃尔德郡和北部的林肯郡这类拥有富饶的草场或沼泽的地区。另外，莱斯特是中部英格兰的主要出产羊毛的地区。15世纪，莱斯特超过科茨沃尔德成为最主要的羊毛出产地。❶

随着羊毛商品化进程加快，大量羊毛出口分为修剪过的羊毛（Wool）和连皮羊毛（Wool-Fell）。前者以"袋"为单位出口，后者以"张"计数，海关规定240张连皮羊毛计为1个纳税单位。另外，还有少数羊毛在出口时被细分为"羔羊毛""羔羊连皮羊毛""羊胎毛（一种未出生的羊的皮毛）"及"死羊毛（夭折的羔羊毛）""由于疾病及外伤而死去的羔羊毛"。❷

当时养羊业有两种组织方式，领主组织放牧和佃农组织放牧。前者是指由地区的的领主伯爵、修道院长或者大主教等主导，进行大规模的放牧。"温彻斯特主教、伊萨贝拉公爵、兰开斯特伯爵都拥有广阔的土地和草场。在这些土地上，有专门的工作人员负责羊的养殖及羊毛的售卖。羊群被细致地分为母羊群、阉羊群、一岁以上的小羊群、满一岁的羊群、羔羊群。"❸后者是指由佃农进行的小规模放牧，他们在放牧的同时，也进行羊毛的生产。"根据1225年南部威尔特郡三个教区的资料来看，超过55%的佃农拥有羊群。在南达莫汉（South Domerham），198名村民共拥有3760只羊，领主格拉斯顿修道院则拥有570只羊。在贝里克郡，佃农拥有484只羊，如果加上后来属于威尔顿修道院的24名佃农所拥有的羊，共有890只羊。在梯斯伯里和西哈兹（Tisbury and West Hatch），佃农拥有1333只羊，相较于领主所拥有的250只，佃农这一时期的牧羊规模已经非常可观。在另外两个村（Dinton and Teffont）佃农拥有1181只羊，而修道院仅拥有378只。"❹佃农无法进行规模化

---

❶ POWER E. The Wool Trade in English Medieval History [M]. Oxford：Oxford University Press，1941：21-22.

❷ POWER E，POSTAN M. M，eds. Studies in English Trade in the 15th Century [M]. Manchester：Manchester University Press，1951：51.

❸ POWER E. The Wool Trade in English Medieval History [M]. Oxford：Oxford University Press，1941：24.

❹ POWER E. The Wool Trade in English Medieval History [M]. Oxford：Oxford University Press，1941：30-31.

生产，但是由于当时英格兰社会对拥有羊的规定并不严格，大量的佃农将羊毛生产作为重要的副业。

"随着12世纪到13世纪的养羊业规模的扩大和养羊技术的发展，13世纪末、14世纪初成为英格兰羊毛生产的繁荣期。1259年温彻斯特主教拥有29000只羊，圣斯威辛主教在这一时期拥有20000只。1303年，林肯郡的亨利伯爵拥有13400只羊。"❶同时，羊毛作为出口商品，商业化程度不断提高。"到1330年代，大部分牧场生产的羊毛都用于出售。"❷"在14世纪从事羊的养殖，可以在很大程度上扩展土地、实现温饱并获得额外的存款。"❸

14世纪后半叶，羊毛产量开始下降。学者指出了两方面的原因：其一，政府在羊毛出口上的过度征税，羊毛生产者的负担过重，导致很多佃农和领主逐渐放弃羊毛的生产。❹其二，"私有领地陆续破产，将土地变卖或出租，土地被分割为小户经营，虽然这方面耕地的影响更为严重，但是牧场也受到相应的影响。"❺虽然羊毛生产有所下降，但是由于其前期坚实的发展基础，到了中世纪末，其生产规模仍然不小。以1498—1499年为例，"平均每只羊生产1.5至2磅的羊毛"❻，即约546只羊生产的羊毛可打包成1袋羊毛。当年出口羊毛6261袋❼，相当于3418506只羊所生产的羊毛。

---

❶ POWER E. The Wool Trade in English Medieval History[M]. Oxford：Oxford University Press，1941：34-35.

❷ BRITNELL R. The Commercialisation of English Society（1000—1500）[M]. Cambridge：Cambridge University Press，2009：123.

❸ MCKISACK M. The Fourteenth Century（1307—1399）[M]. Oxford：Clarendon Press，1959：323.

❹ 政府在1275年规定每袋出口羊毛征税6先令8便士，在13世纪末征收"恶税"。由于战争需要而征收的各种附加税虽然是面向商人征收，但是商人们通过各种手段把税收负担转嫁给羊毛生产者。

❺ POWER E. The Wool Trade in English Medieval History[M]. Oxford：Oxford University Press，1941：38-40.

❻ HANHAM A. The Celys and Their World，an English Merchant Family of the Fifteenth Century[M]. Cambridge：Cambridge University Press，1984：112.

❼ 参考CARUS-WILSON E. M，COLEMAN O. England's Export Trade[M]. Oxford：Clarendon Press，1963：70.

二、呢布的生产

英格兰的呢布生产，在中世纪发展之初就具备两方面的优势。其一，原料充足。由于本地养羊业的发展，本地原料供应价格相对较低，呢布的成本相较于那些需要从英格兰进口羊毛的佛兰德等地区来说要更低。其二，政治稳定。英格兰强大的王权给呢布生产提供了重要的保障。与英格兰形成鲜明对比的是佛兰德，政局的动荡致使大量呢布工匠移民英格兰，导致佛兰德呢布工业走向衰落。波斯坦指出，"诺曼国王的强有力统治，授予皇室领土上的城镇和商人以特权，政府稳定的制度逐渐出现，所有这些都有利于羊毛工业的发展"[1]。

生产呢布一般要经过分类、染色、梳理和纺纱、纺织、漂洗、上浆和整理七个步骤。"分类"是将优质羊毛和劣质羊毛区分开，优质羊毛用于标准呢布的生产，劣质的用于粗呢的织造。多地不允许使用未分类羊毛进行纺织"除了在德文郡生产的一种必须使用混合羊毛的呢布外，其他情况的混纺都是被明令禁止的"[2]。

"染色"是将媒染剂与染料混合，进行染色。矾和靛蓝是最常见的组合，在中世纪英格兰这两种材料都依赖进口，南安普顿是进口这两种材料的主要港口。染料以粉状交易，使用时溶于水，加入发酵粉，几天之后表层温度上升至人体无法碰触，搅拌使其发酵，将呢布放入，染色工序完成。

"梳理和纺织"两道工序主要由家庭为单位完成，大比例的城镇居民参与其中。织机主要分为两种，一种大型织机，用于纺织粗呢，每年需支付5先令的使用费，小型织机用于纺织高级呢布（Chalons），根据呢布尺寸每年需支付6便士至12便士不等的费用。高级呢布主要分为三种尺寸，分别是4

---

[1] 波斯坦.剑桥欧洲经济史·中世纪的贸易和工业[M].王春法，译.北京：经济科学出版社，2004：526.

[2] SALZMAN L. F. English Industries of the Middle Ages[M]. London：Constable and Company，1913：143-144.

厄尔长乘2码宽、3.5码长乘1.75码宽、3厄尔长乘1.5厄尔宽。1442年出现了新的尺寸，14码乘4、12码乘3、10码乘2.5[1]。作为整个纺织工序中最核心的步骤，无论是国家还是地方政府、行会，对纺织的规格、品质等的规定都非常严格，行会规定禁止夜间工作、在节日期间减少工作量等。

"漂洗"是将纺织好的呢布进行清洗和敲打的工序。通常由男性从事这一工序，在13世纪以前它是一项纯人力的工序，13世纪随着"漂洗石"和用以敲打呢布的轴承的出现，利用水力磨坊进行漂洗逐渐普及。"上浆和整理"工序时常被认为可有可无，但是其工艺却一直延续到了近代。内容主要是对呢布进行打蜡、整理和保护，使呢布的卖相更好。

随着英格兰呢布业的发展，呢布的产业化生产逐渐出现。亨利一世时期，伦敦、牛津和坎特伯雷地区生产密绒粗呢（Burel）、黄褐色呢布（Russet）及其他低质呢布，科尔切斯特在1240年代也出产类似呢布。莱斯特、贝佛利和约克主要产出黄褐色呢布和中等质量的呢布。林肯和斯坦福德从12世纪开始持续出产高质量的红色呢布（Scarlets）[2]。"深红色呢布于1182年从林肯郡送至王室，以每厄尔[3]6先令8便士的价格出售。同时代的毛毯布和绿呢价格为每厄尔3先令，灰呢为1先令8便士。"[4]

米勒认为，随着海外市场的商业扩展，英国的"斯坦福德"的呢布已经在欧洲很多地区占据市场。"英国斯坦福德的呢布于1254年出现在热那亚，1265年出现在威尼斯和蒙彼利埃。1261年约克呢布出口至热那亚，约克、斯坦福德、贝弗利的高级呢布在1271年出口至西班牙，在1305年出现在比

---

[1] Statutes, 20Hen. VI. cit., SALZMAN L. F. English Industries of the Middle Ages[M]. London: Constable and Company, 1913: 138-139.

[2] MILLER E. The Fortunes of the English Textile Industry during the Thirteenth Century[J]. The Economic History Review, 1965(18): 64-82.

[3] 厄尔，ell，约等于45英尺。

[4] Pipe Roll, 28 Hen. II .cit., SALZMAN L. F. English Industries of the Middle Ages[M]. London: Constable and Company, 1913, 136.

萨。"❶从1265年一个威尼斯商人的进口商品列表当中可以看出，其中有"英国斯坦福德（English stamfords）""染色斯坦福德（Dyed Stamfords）"以及"莫扎的米兰斯坦福德（Milanses Stamfords of Monza）"，从最后这一种呢布可以推断，当时已经有国外纺织单位模仿英格兰呢布了。❷

14世纪是呢布业快速发展的时代。"在1366—1368年，英格兰每年织造14000匹布，在14世纪末，呢布的产量几乎是1347—1348年的10倍，在1392—1395年年平均产出约为43000匹。"❸生产效率的提高带动产量的提高。以萨福克和埃塞克斯郡为例，这里生产的窄幅布以"打"进行包装，每打12匹，共24码的呢布。"1395年，在萨福克，120个纺织工人生产733匹呢布，约300人每年生产9200打呢布，每15人生产120至160打。在埃塞克斯，1200匹窄布仅由9个工人就得以完成，其中生产量最高的前三个工人分别生产了400打、250打和200打呢布。在布伦特里，8个纺织工共生产2400打呢布。"❹

在大量出口的呢布中，满足人们日常生活的粗呢占很大比重。有材料显示，"1439—1441年，意大利商人（Bertuccio）购买英格兰呢布，共计价值2384英镑，其中大部分是粗羊毛或者低质羊毛，仅有136英镑是比较贵的每匹价值2英镑13先令4便士的科尔切斯特呢布、每匹3英镑的鲁得罗（Lud-low）呢布及每匹4英镑的北安普顿呢布。"❺

❶ MILLER E. The Fortunes of the English Textile Industry during the Thirteenth Century[J]. The Economic History Review,1965(18):64-82.

❷ SALZMAN L. F. English Industries of the Middle Ages[M]. London:Constable and Company,1913:138.

❸ 波斯坦. 剑桥欧洲经济史·中世纪的贸易和工业[M]. 王春法,译. 北京:经济科学出版社,2004:565.

❹ SALZMAN L. F. English Industries of the Middle Ages[M]. London:Constable and Company,1913:157.

❺ PRO,E101,E122. cit.,FRYDE E. B. The English Cloth Industry and the Trade with the Mediterranean[M]//Studies in Medieval Trade and Finance. London:The Hambledon Press,1983.

第三节　葡萄酒、食品、染料等的消费

一、葡萄酒的消费

葡萄酒是中世纪英格兰社会生活中重要的消费品。从13世纪开始，英格兰的葡萄种植规模逐渐下降，本地供应葡萄酒的能力随之下降，英格兰开始与法国主要葡萄酒产区展开密切往来。葡萄酒的消费群体，主要包括王室和贵族、神职人员以及城镇市民。

首先，王室消费。中世纪的王室和贵族是葡萄酒的主要消费人群，具体又可分为三部分。

生活消费。1275年国王分别在威斯敏斯特和伦敦贮藏100桶葡萄酒。两天后又有10桶进贡给国王的葡萄酒从波士顿运往林肯，后又有20桶酒以同样的目的运往柴郡。[1]从各年的王室法庭档案记录中可以找到很多王室、贵族消费进口葡萄酒的记录。"1396年，肯特的托马斯伯爵，拥有一个特许状，他可以在不支付任何关税和其他税的情况下，两年内自由地进口葡萄酒至英格兰的任何港口。"[2]同时代，王室下令伦敦的动产税征收官员"不得征收阿基坦和兰开斯特的约翰伯爵的葡萄酒的进口税费，即60桶葡萄酒共计9英镑的费用"[3]

军队需要。"1231年8月，国王派遣使者通知温彻斯特、沃彻斯特、布里斯托尔、布列格诺斯[4]、南安普顿、格洛斯特的官员，禁止任何酒馆私自售卖葡萄酒，所有的葡萄酒都需用作英格兰在威尔士的军需。"[5]14—15世纪，

[1] SIMON A. L. The History of the Wine Trade in England[M]. London：Wyman & Sons Limited，1906：341.

[2] SIMON A. L. The History of the Wine Trade in England[M]. London：Wyman & Sons Limited，1906：347.

[3] SIMON A. L. The History of the Wine Trade in England[M]. London：Wyman & Sons Limited，1906：347.

[4] Bridgenorth.

[5] SIMON A. L. The History of the Wine Trade in England[M]. London：Wyman & Sons Limited，1906：337–338.

有王室不断地调拨葡萄酒至军营的记录。"1352年，有104桶葡萄酒运至多佛要塞的军营。1418年，价值3英镑8先令4便士的80大桶甜葡萄酒运至对战苏格兰的军营。"❶

宗教团体和公务人员的消费。"曾授权给马修（Matthew de Columbariis），允许他将国王及其侍从在南安普顿进口的葡萄酒以年为单位分发至国王属下的教区和修道院，作为庆祝之用。"❷1280年，国王赏赐给其管家计2英镑6先令7.5便士的葡萄酒。1409年，王室为了奖赏伦敦公务人员对抗外敌的功绩，发给他们2桶葡萄酒。❸

其次，神职人员。神职人员对于葡萄酒的消费。"13世纪的资料显示，当时著名的消费葡萄酒的神职人员是斯温菲尔德主教，以及约克的亨利大主教，每年的红葡萄酒消费量为8桶。"❹从表1-2可以看出，罗伯特·温切尔西大主教的葡萄酒消费量也很可观。

表1-2　1295年罗伯特·温切尔西大主教的葡萄酒消费量统计

种类	合计
红葡萄酒（Red Wine）	24英镑0先令0便士
波尔多红酒（Claret Wine）	14英镑13先令4便士
白葡萄酒（Choice White Wine）	3英镑6先令0便士
烹饪用酒（White Wine for Cooking）	3英镑0先令0便士
马尔瓦西酒（Malvoisie）	4英镑0先令0便士
奥塞酒（Ossey）	3英镑0先令0便士
莱茵白葡萄酒（Rhine Wine）	14英镑6先令0便士

❶ HALL H. A History of the Custom-Revenue in England［M］. London：Paternoster Row，1885：69.

❷ Calend. Patent Rolls，7 Ed. Ⅰ.，m. 24. cit.，SIMON A. L. The History of the Wine Trade in England［M］. London：Wyman & Sons Limited，1906：345.

❸ HALL H. A History of the Custom-Revenue in England［M］. London：Paternoster Row，1885：69.

❹ SIMON A. L. The History of the Wine Trade in England［M］. London：Wyman & Sons Limited，1906：354.

续表

种类	合计
合计	66英镑5先令4便士

资料来源：Archæologia，Vol.i.，p.330.cit.，SIMON A.L. The History of the Wine Trade in England［M］. London：Wyman & Sons Limited，1906：354.

修道院也有消费葡萄酒的材料。"在拉姆齐，周年庆和盛典节日时，每个修士每天会收到用于庆祝的半加仑葡萄酒。"[1]1232年，赫里福郡的修道院长和教士派人去布里斯托尔购买他们需要的葡萄酒。[2]

最后，市民消费。消费葡萄酒的市民早期主要集中在英格兰各大贸易中心和港口，他们所处的城镇使得他们可以通过便宜的价格获得葡萄酒。到13世纪，英格兰大部分的城镇市民都可以购买到葡萄酒了。"1221年，每加仑葡萄酒仅售6便士。这个价格在33个城镇中都相差无几。"[3] "即使是在1300—1301年这样收成不佳的年份，伦敦仍然消耗3600吨来自加斯科的葡萄酒，是波士顿、布里斯托尔和桑维奇的两倍，是南安普顿的三倍。整个14世纪，在进口葡萄酒中，有1/4是伦敦消耗的。"[4]伦敦市民成为中世纪最大的葡萄酒消费群体。

二、食品和染料的消费

中世纪的谷物消费主要通过三种食物，面包、麦芽酒和浓汤。这三种食物都为当时的民众提供最基本的能量。根据比例计算，"12蒲式耳的谷物[5]，

[1] SIMON A. L. The History of the Wine Trade in England［M］. London：Wyman & Sons Limited，1906：356.

[2] Cal. of Close Roll，17Hen Ⅲ.，m. 16. cit.，SIMON A. L. The History of the Wine Trade in England［M］. London：Wyman & Sons Limited，1906：358.

[3] 这些城镇包括Seaford、Chichester、Shoreham、Pevensey、Hastings、Winchelsea、Rye. 引自SIMON A. L. The History of the Wine Trade in England［M］. London：Wyman & Sons Limited，1906：360.

[4] BOLTON J. L. The Medieval English Economy（1150—1500）［M］. London：Dent，1980：173-174.

[5] 谷物包括小麦和大麦。

可以加工成1.5磅或1.75磅面包，1.75磅面包约可提供2000卡路里热量，基本可以满足一个老人的日常活动，但是青壮年劳动力每天则约需2.5磅面包。"❶

从13世纪开始，英格兰的谷物生产已经无法满足人口的增长及人口对谷物消费的增长。小麦在很多地方歉收，即使在丰年，收获的小麦质量也参差不齐。"在萨福克郡米尔登霍尔的丰收年，谷物产品大部分是混麦和黑麦，在另一个郡产出的主要是黑麦和大麦。"❷在温彻斯特主教区，从使用教会磨坊的记录中可以看出，1301—1302年，共有158蒲式耳混麦，而仅有2蒲式耳小麦。❸从表1-3中可以看出，13世纪以来英格兰的谷物经常出现歉收状况。

表1-3　1208—1520年英格兰歉收年统计

时间	歉收谷物	时间	歉收谷物	时间	歉收谷物
1224—1225年	全部谷物	1343—1344年	全部谷物	1409—1410年	小麦、大麦
1226—1227年	全部谷物	1346—1347年	全部谷物	1416—1417年	小麦、大麦
1246—1247年	小麦、大麦	1349—1350年	全部谷物	1418—1419年	全部谷物
1247—1248年	小麦、大麦	1350—1351年	全部谷物	1420—1421年	全部谷物
1256—1257年	小麦、大麦	1351—1352年	全部谷物	1428—1429年	小麦、大麦
1257—1258年	小麦、大麦	1352—1353年	大麦	1429—1430年	小麦
1274—1275年	小麦	1362—1363年	全部谷物	1432—1433年	全部谷物
1276—1277年	大麦	1363—1364年	小麦	1437—1438年	小麦
1283—1284年	所有谷物	1367—1368年	全部谷物	1438—1439年	小麦、大麦

❶ DYER C. Standards of Living in the later Middle Ages：Social change in England［M］. Cambridge：Cambridge University Press，1989：153.

❷ STON D. J. The Consumption of Field Crops in Late Medieval England［J］. WOOLGAR C. M，SERJEANTSON D，WALDRON T. Food in medieval England［M］. Oxford：Oxford University Press，2009：11-26.

❸ STON D. J. The Consumption of Field Crops in Late Medieval England［M］//WOOLGAR C. M，SERJEANTSON D，WALDRON T. Food in medieval England. Oxford：Oxford University Press，2009：11-26.

续表

时间	歉收谷物	时间	歉收谷物	时间	歉收谷物
1290—1291年	所有谷物	1369—1370年	全部谷物	1439—1440年	小麦、大麦
1293—1294年	小麦、大麦	1370—1371年	小麦	1447—1448年	全部谷物
1294—1295年	小麦、大麦	1374—1375年	全部谷物	1460—1461年	小麦、大麦
1295—1296年	小麦、大麦	1381—1382年	全部谷物	1461—1462年	小麦、大麦
1310—1311年	所有谷物	1390—1391年	小麦、大麦	1481—1482年	小麦、大麦
1316—1317年	所有谷物	1396—1397年	全部谷物	1482—1483年	小麦、大麦
1321—1322年	小麦、大麦	1400—1401年	小麦、大麦	1483—1484年	小麦、大麦
1322—1323年	小麦、大麦	1401—1402年	全部谷物	1502—1503年	小麦
1331—1332年	小麦、大麦	1406—1407年	全部谷物	1504—1505年	大麦
1339—1340年	全部谷物	1408—1409年	小麦		

注：在温彻斯特的数据调查中，收成低于15%的，视为歉收。1225—1300年和1465—1520年的数据，低于26%的视为歉收。其他年份也同样参考26%的比例。统计年以9月29日至次年的9月28日为一年。"全部谷物"包括小麦、大麦、燕麦等基本谷物。

资料来源：DYER C. Standards of Living in the later Middle Ages：Social change in England[M]. Cambridge：Cambridge University Press，1989：262-263.

进口谷物是当时解决谷物不足的主要途径。虽然在丰收的年份英格兰会出口一部分谷物，但是在更多的年份，大量谷物从欧洲东部运至英格兰。"作为日耳曼人对易北河以远地区殖民化的结果，大量新的农业资源被开发，13世纪末开始，东德意志和波兰的黑麦流入西方。"❶

鱼类的消费在《末日审判书》中已有记载："鲱鱼捕鱼场存在于东盎格利亚郡、肯特郡、萨里郡和苏塞克斯郡。"但这些渔场的产出有限，而随着城镇的发展，鱼类消费的群体却在扩大。"在1000年前后，城市对鲱鱼和鳕

---

❶ 波斯坦.剑桥欧洲经济史·中世纪的贸易和工业[M]. 王春法，译.北京：经济科学出版社，2004：144.

鱼的需求出现明显增加，尤其是在大型城市。"❶ "到11世纪，鲱鱼已经成为英格兰人普遍消费的鱼类，它在内陆地区的普及程度与沿海地区不相上下。"❷ 而鳕鱼的消费地区主要集中于英格兰东部，如大雅茅斯、约克、诺维奇和伦敦。

随着英格兰呢布工业的发展，染料逐渐成为重要的消费品。如波斯坦所说，"12世纪末期，英格兰自己的染料不能自给。理查一世统治时期进口大量靛蓝"❸。

供应英格兰的染料，主要来自法国的皮卡第和图卢兹。1194—1196年，一个伦敦商人的管家为进口的靛蓝支付96英镑6先令8便士。1213年染料贸易纳税近600英镑。❹1237年伦敦与皮卡第商人签订协议，可以自由地使用城市内的仓库，并有权力自由地售卖染料。作为回报，他们每年需在圣艾夫斯、波士顿和温彻斯特的市集上支付市政官50马克银币。1286年，诺维奇与亚眠、科比的染料商人也签订了类似的协议，只要支付相应的费用，就可以自由地在城市中停留。❺虽然关于英格兰人染料消费数量的统计不多，但是从上面的材料中可以看出，为了获得来自法国的染料，英格兰城市愿意协商和让步，这种行为在对待其他商人时很难见到。

媒染剂（Mordant）与染料类似，也是纺织业需要的消费产品。矾是重要

❶ Barrett, Locker and Roberts, 2004a, 2004b. cit., WOOLGAR C. M, SERJEANTSON D, WALDRON T. Food in medieval England[M]. Oxford: Oxford University Press, 2009: 104.

❷ WOOLGAR C. M, SERJEANTSON D, WALDRON T. Food in medieval England[M]. Oxford: Oxford University Press, 2009: 116.

❸波斯坦. 剑桥欧洲经济史·中世纪的贸易和工业[M]. 王春法, 译. 北京: 经济科学出版社, 2004: 526.

❹ Liber Custumarume, d. H. T. Riley, ii(i), pp. xlii, 64, 68-69. cit., CARUS-WILSON E. M. The English Cloth Industry in the Late Twelfth and Early Thirteenth Centuries[J]. The Economic History Review, 1944(14): 32-50.

❺ W. HudsonandJ. C. Tingey, Records of the City of Norwich II, 209. cit., CARUS-WILSON E. M. The English Cloth Industry in the Late Twelfth and Early Thirteenth Centuries[J]. The Economic History Review, 1944(14): 32-50.

的媒染剂，通常来自南欧，"在南安普顿，意大利热那亚帆船运来一桶一桶的靛蓝和明矾，这些船只到达英格兰南部和西部甚至行进到更远的地方"❶。"铜绿（Verdigris）和绿矾（Coppera）也出现在中世纪的呢布媒染剂的名单中，但它们不用于最初的染色过程，而用于调整和校正颜色。"❷

❶波斯坦.剑桥欧洲经济史·中世纪的贸易和工业[M].王春法,译.北京:经济科学出版社,2004:569-570.

❷ CARUS-WILSON E. M. The English Cloth Industry in the Late Twelfth and Early Thirteenth Centuries [J]. The Economic History Review,1944(14):32-50.

第 二 章

英格兰对外贸易的条件

本章介绍英格兰对外贸易得以实现的条件，所涉及的交通、货币、度量衡、市场、市集、城镇等要素与对外贸易都不是单线的条件与影响的关系。借用波斯坦的"新人口论"学说中的看法，中世纪经济社会领域的这些要素，实际上是互相作用、互相影响的。以水路交通为例，英格兰居于西欧的西部，除了本岛的爱尔兰和威尔士，与其他欧洲国家和地区的交流都需要通过水路进行，水路畅通是对外贸易顺利实现的一个重要原因，而对外贸易的发展反过来也推动英格兰海上交通的发展。

萨尔兹曼的《中世纪的英国贸易》和博尔顿（J. L. Bolton）的《中世纪英国经济（1150—1500）》对本章所述内容都有论述。萨尔兹曼详细论述了货币、度量衡和城镇在中世纪的发展，而博尔顿则从交通为入手点着重讨论英格兰与法国、意大利之间的商业往来。在陆路交通方面，斯坦顿（F. M. Stenton）的"中世纪英格兰的道路系统"一文详细地讨论了当时贸易的陆路运输体系，他认为，到13世纪，英格兰的道路交通体系已经基本建成。比尔（J.Bill）则讨论了英格兰船只的载重等问题。

贸易过程中的信用货币是目前学术界讨论比较多的问题。20世纪70年代的波斯坦提出具有代表性的看法，即"在中世纪中后期的英格兰，超过75%

的商人在使用信用货币而不是现金交易"❶。布里得伯里（A.R.Bridbury）也提出，信用货币不仅在羊毛贸易领域存在，呢布的贸易活动也非常依赖商人的信用或商人本身的说服力。❷20世纪90年代的学者南丁格尔（P.Nightingale）则认为，"中世纪信用货币的使用并没有波斯坦所提出的那么大的范围，随着贵金属供应的波动，信用货币的使用在中世纪是随之波动的。贵金属供应的减少，工业投资和商业扩展则会偏重依赖现金储备金，商人们也更加乐于将现金投入贸易活动中，反之亦然"❸。在贸易的度量衡方面，主要参考米勒和哈彻（J.Hatcher）的《中世纪英格兰：乡村社会与经济变革》一书。

在贸易的市场、市集和城镇方面，摩尔（E.W.Moore）和雷诺兹（S.Reynolds）的论著占据重要位置，他们认为认为市集和城镇是发展经济和贸易的重要载体。另外，亨特（E.S.Hunt）明确区分了市场和市集的不同，并指出对外贸易的交流更多发生在国际化的市集上。米勒和哈彻的《中世纪英格兰：城镇、商业和手工业》也对城镇中的诸多经济元素都进行了讨论。

第一节　交通运输条件

一、水路交通

中世纪英格兰的水路交通，包括海运和河运。由于英格兰地处欧洲西部，与欧洲大陆隔海相望，对外贸易更多地依靠海运，学者认为，"相较于小型商品，对大型或者易碎的商品的运输推动运输业的发展。例如往来于加

---

❶ NIGHTINGALE P. Monetary Contraction and Mercantile Credit in Later Medieval England[J]. The Economic History Review,1990(43):560-575.

❷ BRIDBURY A. R. Medieval English clothmaking,pp,.II,72.cit.,ZELL M. Credit in the Pre-Industrial English Woollen Industry[J]. The Economic History Review,1996,49:667-691.

❸ NIGHTINGALE P. Monetary Contraction and Mercantile Credit in Later Medieval England[J]. The Economic History Review,1990,43:560-575.

斯科和英格兰之间的葡萄酒运输，以及往来于西欧和波兰之间谷物和木材的运输"❶。本节按照低地国家、法国加斯科、德意志及德意志以东、地中海地区为顺序进行讨论。

与低地国家的交通，围绕三个贸易中心展开，以布鲁日为中心的贸易，他们通常是从布鲁日、伊普尔、圣奥美尔、根特和杜埃等中心城镇至英格兰东南部的港口，航程较短。同时，由于该地区位于西欧海岸线的中轴，方便北欧、德意志、意大利及英格兰的沟通和往来，很多汉萨的船只都在低地国家的佛兰德城镇进行中转。"12世纪，从佛兰德到伦敦，仅需要两天的水路即可到达。"❷以布拉班特为中心的贸易，从13世纪上半叶开始常规化。在布拉班特公爵的大力推动下，与英格兰的贸易往来在一段时间内保持稳定；与荷兰和泽兰之间的往来，从13世纪上半叶开始逐步发展。由于荷兰和泽兰处于英格兰和波罗的海的途经点，也承担转运贸易，这种贸易的性质与佛兰德地区的转运类似，以鱼类商品为主。荷兰商人将斯堪的纳维亚沿海的鱼类用特制的运输船运至西欧各个国家。低地国家以东、以南和以北的诸多国家和地区的贸易运输，通常都通过低地国家进行交换和转运。

与加斯科等地交易的葡萄酒，主要在法国的加斯科到英格兰南部沿海港口进行。加斯科是中世纪法国最主要的葡萄酒产区，每年都有大量波尔多葡萄酒运由加斯科的港口运至英格兰。"13世纪，从波尔多运输葡萄酒到伦敦的线路有很大的发展。一种有室内房间的单桅船只（Cags），可以装载100吨❸葡萄酒。"❹另外，从亚眠和皮卡第出口至英格兰的染料也常常沿着这条海运线进行贸易。

---

❶ HUNT E. S, MURRAY J. A History of Business in Medieval Europe（1200—1550）[M]. Cambridge：Cambridge University Press, 1999：48.

❷ LLOYD T. H. The English Wool Trade in Middle Age[M]. Cambridge：Cambridge University Press, 1977：6.

❸ 每吨等于252加仑。

❹ BOLTON J. L. The Medieval English Economy（1150—1500）[M]. London：Dent, 1980：152.

与德意志及德意志以东的木材、粮食的交通，常年由汉萨商人控制，他们从波罗的海沿海城镇出发，途经低地国家的港口，然后向英格兰航行，"1392年有300艘船只在旦泽办完出港手续后，满载粮食、蜂蜜、盐、钾碱，俄国的水獭皮、野兔皮、鼬鼠皮、貂皮及旦泽的啤酒离港"❶。一个特许状提到了这一航线所需时间："从德意志北部港口斯特拉松德到达佛兰德或英格兰，在顺风的情况下一般需花费14天的时间。"❷

英格兰与地中海的联系，主要由意大利商人控制。14世纪末15世纪初，"英格兰到地中海的海路被充分利用。威尼斯和佛罗伦萨的快艇，以及热那亚的大帆船从海上带来纺织工业所需的原料，靛蓝、矾及其它染料，香料和药材，甜葡萄酒等。在回程，他们携带大量的呢布，以及一部分羊毛、锡和白蜡"❸。一条比较稳定的英格兰与意大利之间的航线，"是从奇维塔韦基亚（Civitavecchia）到南安普顿"❹。

中世纪欧洲的海运，被认为是"有很大风险"的投资。海洋的未知是对外贸易发展的主要障碍之一。洋流、风向及令人堪忧的航海安全都会影响国家间的贸易往来。

首先，在海上航行中，时常会遇到海难。一份调查显示，"1258年有1/3的家族财富因为海难而失去。"❺在特许状和王室法庭卷档中也有很多起海难记录。"1363年，四艘大船从英格兰出发，船上装载羊毛、呢布、锡等商品，

❶ 汤普逊.中世纪晚期欧洲经济社会史[M].徐家玲,等,译.北京:商务印书馆,1992:225-226.

❷ PommerschesUrkundenbuch,II,no.1,091;Hansisches Urkundenbuch,I,no.810.cit.,HYBEL N. The Grain Trade in Northern Europe before 1350[J]. The Economic History Review,2002(55):219-247.

❸ BOLTON J. L. The Medieval English Economy(1150—1500)[M]. London:Dent,1980:287.

❹ FRYDE E. B. Anglo-Italian Commerce in the Fifteenth Century[M]//Studies in Medieval Trade and Finance. London:The Hambledon Press,1983.

❺ Royal Letters,Henry Ⅲ,ii.133.cit.,SALZMAN L. F. English Trade in the Middle Age[M]. Oxford:Oxford University Press,1931:250.

在普利茅斯（Plymouth）附近遇到海难，其损失总价值约70000英镑。"❶到15世纪，这种货船在海上遇到海难的情况依然屡见不鲜。"1426年，赫尔两艘装载200袋羊毛的船在海上失踪，因为与其相关的22名商人没有进一步缴纳关税的记录。"❷"1480年12月，四艘装载近1000吨葡萄酒的船在芝特湾（Mounts Bay）附近沉没。"❸

其次，海上多变的洋流和风向会导致航行延误。"1307年，一批10月已在波尔多分装完成的葡萄酒，因为11月1日的海风，困在都柏林港外的达肯（Dalkeye），直到第二年1月6日才到达英格兰陆地。"❹航行的延误会导致葡萄酒变质。

另外，中世纪英格兰王室颁布大量"报复和捕拿特许"，人为地加剧了海上贸易秩序的混乱。这种特许令规定：如果一个外国商人拖欠了英国本地债主的钱，或者他们的海员在英国的船只上失踪或被加害，可以通过夺取其他海上船只的商品或者获得更多的捕拿特许作为交换条件。"1306年，一个外国商人声称他在大雅茅斯和林恩的商品被扣留，价值80英镑。因此，他在诺维奇抢劫了一个当地商人作为补偿。"❺但并不是所有的海盗都可以通过抢劫挽回自己损失的财务，如果他们在抢劫时遇到了另一个拥有"捕拿特许"的商人，则需视情形而定。1311年，有商人称他们无法拿回英国海员对他们

❶ Foedera, iii. 641. cit., SALZMAN L. F. English Trade in the Middle Age[M]. Oxford: Oxford University Press, 1931:251.

❷ Cal. Pat.Rolls, 348. cit., SALZMAN L. F. English Trade in the Middle Age[M]. Oxford: Oxford University Press, 1931:250-251.

❸ Cal. Pat. Roll, 245. cit., SALZMAN L. F. English Trade in the Middle Age[M]. Oxford: Oxford University Press, 1931:251.

❹ Cal. of Justiciary Rolls of Ireland, ii. 354.cit., SALZMAN L. F. English Trade in the Middle Age[M]. Oxford: Oxford University Press, 1931:246.

❺ Rot. Parl., i. 200. cit., SALZMAN L. F. English Trade in the Middle Age[M]. Oxford: Oxford University Press, 1931:260.

财物损坏的财物，因为对方要求他们出示"捕拿特许"。❶

　　作为海运的补充和延伸，英格兰的河运是英格兰国内运输的重要组成部分。但河道运输仅能够在河流密集、河流丰富的地区实现。具体而言："东米德兰和东盎格利亚地区有特伦托河、尼利河、韦兰河、乌斯河等河流，连接诺丁汉、林肯、斯坦福德和剑桥，并把它们与腹地和出口港口连接，即到赫尔、波斯顿和林恩。南部则是沿着泰晤士河，东米德兰则沿塞汶河，约克郡则依靠乌斯河。由于河运的费用便宜，康沃尔的锡能够以非常便宜的价格从多塞特运至各个出口港口、纽卡斯尔的煤炭能够沿着泰恩河到伦敦。"❷从表 2-1 中也能够看出，河运在缩减运费方面有绝对的优势。

表 2-1　葡萄酒运输费用统计

时间	沿塞汶河的水运	西米德兰的陆运
1308年9月	每吨每英里 0.4 便士	每吨每英里 2.5 便士
1452年3月	每吨每英里 0.6 便士	每吨每英里 3.2 便士

　　资料来源：DYER C. Everyday life in medieval England［M］. Hambledon and London：Bloomsbury Publishing，2000：262.

二、陆路交通

　　在中世纪的对外贸易中，水路交通虽然占据主导地位，但陆路交通在商品的汇集和分销过程中也发挥重要作用。

　　自罗马时代，英格兰已有以伦敦为中心的一级路和二级路。一级路有路基，两边有石台阶，二级路没有路基，很容易因为下雨或者其他原因而

❶ Foedera，ii. 146. cit.，SALZMAN L. F. English Trade in the Middle Age［M］. Oxford：Oxford University Press，1931：261.

❷ DYER C. Making a Living in the Middle Ages［M］. New Haven and London：Yale University Press，2009：215.

阻塞。

中世纪的陆路交通使得贸易活动更加便利。贸易活动也推动桥梁和道路的建设，使国内运输条件得到改善。原来需要徒步的浅滩开始架起桥梁，木质桥梁改为石桥，防洪的新式桥梁也在河谷建设。

有学者认为，10世纪、11世纪的英格兰道路是地区性的，以短而粗糙的道路为主。[1]随着诺曼征服，地区间交流增加，到13世纪，以伦敦为中心的英格兰道路交通系统已经基本建成，主要围绕5条主干道展开。"第一条以伦敦为起点，经过金士顿、吉尔福德、法纳姆、奥尔顿、奥尔斯福德、温彻斯特、萨里斯伯里、沙夫茨伯里、霍尼顿，到达埃克塞特。第二条从伦敦到布里斯托尔，途经布兰福德、克林布鲁克、梅登汉德、雷丁、亨格福德、马尔堡和切本哈姆。第三条从伦敦到圣戴维斯，经过牛津，分支从牛津延伸至布里斯托尔，主线沿泰晤士河向北经过惠特尼至格洛斯特，经过赫里福至布雷肯。第四条从伦敦至西北地区的卡莱尔，分支到达北安普顿、莱斯特，主线经纽卡斯尔安德莱姆，最终到达卡莱尔。第五条是南部道路，主路连接诺维奇、剑桥和纽卡特，经过罗伊斯顿和亨廷顿、斯坦福德到多尔切斯特。以多尔切斯特为中心的次级道路由此展开，遍布南部众多城镇。"[2]这些道路连接了英格兰的主要城镇。"到1300年，英格兰中世纪主要交通十字路口的桥梁和道路都已完成建设，对于道路的新需求直到18世纪才开始出现。"[3]

陆路运输常常与国内河运交叉，商人们在进行运输的过程中，可以选择最优线路。"中世纪从林肯到约克的最便利的道路是，陆路32英里至特伦特

---

[1] STENTON F. M. The Road System of Medieval England[J]. The Economic History Review, 1936(7): 1-21.

[2] STENTON F. M. The Road System of Medieval England[J]. The Economic History Review, 1936(7): 1-21.

[3] DYER C. Making a Living in the Middle Ages[M]. New Haven and London: Yale University Press, 2009: 214.

河上的伯顿斯塔勒（BurtonStather），转水路至豪顿（Howden），再转陆路18英里至约克。从剑桥至约克陆路151英里，马车约5天。波士顿到林肯，水路4至5天。"❶

三、运输工具和运费

英格兰中世纪的贸易运输工具，主要是水路上的商船及陆路上的车辆。

中世纪早期典型的英格兰商船，有粗重的船头和船尾，即使在顺风的情况下其速度也不会超过每小时六七海里。❷到11世纪，一种平底货船❸逐渐在北欧的斯堪的纳维亚、英格兰、苏格兰等地流行。有资料显示，1050年前后的商船载重估算为24吨❹；1108年前后的商船载重约为55吨；1140年前后的瑞典的商船载重为60吨。❺14世纪汉萨商人主要使用的船只是不莱梅平底船，1379—1380年的载重约84吨。❻

表2-2可见13—15世纪商船载重的情况。另有材料显示"1375年西班牙人破坏了一只英国船队，其中最大的船，克里斯托弗号载重300吨，另有保罗号载重250吨，布里斯托尔的加布里号载重215吨、格蕾丝都号载重200吨。❼1477年，伦敦商人携带价值超过6000马克的商品去往爱尔兰，其船只

❶ STENTON F. M. The Road System of Medieval England[J]. The Economic History Review, 1936(7): 1-21.

❷ The Mariner's Mirror, i. 299. cit., SALZMAN L. F. English Trade in the Middle Age[M]. Oxford: Oxford University Press, 1931:241.

❸ 写作Clinker-Built.

❹ 1吨约等于2000磅葡萄酒或者4夸特谷物，体积为40平方英尺的，被称为1"装载吨"（cargo ton）。

❺ BERGGREN L, HYBEL N, LANDEN A, eds. Cogs, Cargoes and Commerce: Maritime Bulk Trade in Northern Europe(1150—1400)[M]. Toronto: Pontifical Institute of Medieval Studies, 2002:94-96.

❻ BERGGREN L, HYBEL N, LANDEN A, eds. Cogs, Cargoes and Commerce: Maritime Bulk Trade in Northern Europe(1150—1400)[M]. Toronto: Pontifical Institute of Medieval Studies, 2002, 97.

❼ Nicolas, Hist. of the Royal Navy, ii. 510-513. cit., SALZMAN L. F. English Trade in the Middle Age[M]. Oxford: Oxford University Press, 1931:228.

玛丽号载重为320吨。"❶

表2-2　13—15世纪商船载重统计

时间	载重信息
1212年	从根特和伊普尔来到桑维奇和温切尔西的两只装载葡萄酒的商船,载重分别约为50拉斯特和60拉斯特
1214年	在布里斯托尔有载重40拉斯特的商船被提到
1289年	1419年的记录中提到,爱德华一世有权在进口的葡萄酒抵达伦敦时选择载重不同的船只,这些载重选项有10吨、19吨、20吨、100吨和200吨
1304年	丹麦国王下令,将在泽兰地区活动的商船,换为载重略小的50拉斯特的船只
1318年	尼古拉斯号商船,这艘曾属于伦敦商人的商船被抢劫,穿上装载178吨葡萄酒,以及其他大量的商品
1327年	提到一只汉萨的商船,载重40拉斯特
1327年	英国档案记录中显示,有载重查过200吨的商船纳税
1341年	有载重为100拉斯特的商船出现在利沃尼亚
1390年	有来自德意志的船只,载重70拉斯特
1411年	旦泽的商船,载重90拉斯特
1412年	汉萨规定商船载重不得超过100拉斯特
1422年	德意志基尔的商船,载重70拉斯特
1423年	波美拉尼亚的艾瑞克(Erik)提出,1423年汉萨的船只,很多的载重都超过200拉斯特
1438年	荷兰截获来自普鲁士的船只,载重为225拉斯特
1444—1445年	波尔多海关数据显示,这年英国装载葡萄酒的船只,载重超过300吨
1450—1451年	一个在诺曼底进行贸易的英国商船,其载重超过300吨
1509年	丹麦国王截获吕贝克商船,载重约80拉斯特

注:1拉斯特,约等于2吨。

资料来源:BERGGREN L, HYBEL N, LANDEN A, eds. Cogs, Cargoes and Commerce:Maritime Bulk Trade in Northern Europe(1150—1400)[M]. Toronto:Pontifical Institute of Medieval Studies,2002:99-100.

---

❶ Cal. Pat. Roll, 78. cit., SALZMAN L. F. English Trade in the Middle Age[M]. Oxford:Oxford University Press,1931:228.

随着船只载重的发展，相关的管理规定也开始出现。1412年汉萨商人公会考虑到波罗的海和北海的水深，规定建造商船的载重不得超过100拉斯特。还规定船只吃水深度不得超过348厘米。❶

陆路运输工具是车。一些商品的运输常常用"车"作为单位进行售卖，由此可见车辆运输的普遍性。例如，在铅的贸易中使用"车"作为单位，规定"6石为1车。伦敦的车重比地方的车重要略大"❷。而"马车载重"（Horse-Load）在谷物的称重中也曾出现，相当于1夸特。❸

12世纪开始，马替代了牛，成为主要陆路交通动力。❹1158年曾出现5匹马拉的有轮车。❺1240年，波士顿集市出现了二轮载货车（Cart），而它后来逐渐成为中世纪的主流车型。14世纪初，已经有货车经纪人活动的记录了："他们通常在城市外聚集，出租自己事先租入的马车，他们租入马车的价格为1马克或16先令，而后以2马克或30先令的价格租出。"❻到14世纪中期，马车在贸易运输中的作用日趋重要，"1353年，有载货车在爱尔兰圣殿酒吧至威斯敏斯特主教区的路上被毁坏的记录。而这些车正是去往集中地的载货车"❼。中世纪末英格兰最普遍的马车最大载重为280磅。❽

中世纪的贸易活动中，运费是商品贸易运输过程中的必然成本。运费根

---

❶ BERGGREN L, HYBEL N, LANDEN A, eds. Cogs, Cargoes and Commerce: Maritime Bulk Trade in Northern Europe（1150—1400）[M]. Toronto: Pontifical Institute of Medieval Studies, 2002: 104.

❷ 铅的重量单位为车，即二轮载货车。ROTHWELL H, eds. eds. English Historical Documents（1189—1327）[M]. London: Eyre and Spottiswoode, 1975: 856–857.

❸ 在呢布的贸易领域也用"Horse-Packs"这个单位。

❹ 这里作者针对英格兰的情况，产生一定程度上的质疑。BRITNELL R. Markets, Trade and Economic Development in England and Europe（1050—1550）[M]. Farnham: Ashgate, 2009: 17.

❺ SALZMAN L. F. English Trade in the Middle Age[M]. Oxford: Oxford University Press, 1931: 204.

❻ Cal. of Mayor's Court Rolls, 72. cit., SALZMAN L. F. English Trade in the Middle Age[M]. Oxford: Oxford University Press, 1931: 205.

❼ SALZMAN L. F. English Trade in the Middle Age[M]. Oxford: Oxford University Press, 1931: 205.

❽ HANHAM A. The Celys and Their World, an English Merchant Family of the Fifteenth Century[M]. Cambridge: Cambridge University Press, 1984: 119.

据运输途径、商品价格、体积大小等不同表现出明显的差异。商品价值不高、液体或者是体积过大不便于运输的商品，常常由于运费花销太大而难以获利。根据施罗德的计算，"中世纪平均运费是每英里2便士。谷物类商品的运费相对便宜，而葡萄酒等不方便运输的商品则相对昂贵。据史料可知，一个城镇的葡萄酒商，要将葡萄酒运往25英里外的港口，需要支付每加仑半便士的运费，而25至50英里则需每加仑1便士。"❶13世纪，葡萄酒从波尔多运至赫尔，运费约为每吨18先令，一般不超过总价值的10%。

14世纪中期，运输羊毛超过50英里的，总价值中1.5%是运费，在相同情况下，谷物的运费是总价值的15%。❷"1305年，从亨廷顿到伦敦的谷物运费是每英里每吨1.5便士。如果当时的谷物价格居高，则可勉强获利，但是如果小麦以每夸特5先令的价格出售，每夸特如果运输20英里则需花费7.5便士的运费，就会难以获利。"❸

到15世纪末，羊毛这类当时依然大量出口的商品，其运费占总商品价值的比例始终没有超过10%。"从科茨沃尔德运输羊毛至伦敦，其运费相当于羊毛价值的2%。"❹"商人威廉姆将羊毛从林德赛（Lindsey）运至赫尔，每袋羊毛运费超过7英镑。按照当时羊毛的售价，其运费占总成本的9%。"❺

总的来说，羊毛、呢布、葡萄酒等主流贸易商品都是高价值的商品，高获利使得商人几乎可以忽略运费。但是，谷物运输中运费的消耗，使得它成为不容易获利的商品。

❶ Foedera, iii. 294cit., SALZMAN L. F. English Trade in the Middle Age[M]. Oxford: Oxford University Press, 1931:207-208.

❷ BOLTON J. L. The Medieval English Economy(1150—1500)[M]. London: Dent, 1980:152.

❸ DYER C. Making a Living in the Middle Ages[M]. New Haven and London: Yale University Press, 2009:215.

❹ HANHAM A. The Celys and Their World, an English Merchant Family of the Fifteenth Century[M]. Cambridge: Cambridge University Press, 1984:123-124.

❺ MILLER E, HATCHER J. Medieval England: Towns, Commerce, and Crafts(1086—1348)[M]. New York: Longman, 1995:151.

第二节　金融工具

一、货币

货币是对外贸易的重要工具。从中世纪中期开始，英格兰和政府通过各种手段保持银币为核心的贸易货币的稳定。这种稳定的状态对英格兰的对外贸易及英格兰商人在这个基础上对欧洲大陆进行的市场扩张产生了积极的影响。

"英格兰以及整个不列颠早期的货币体系，基于马其顿-菲利普的斯泰特（Stater）金币，这种金币被南高卢部落广泛地熟悉和接受。爱德华一世时期延续银币体系至少二百年。"❶而博尔顿也明确指出："在亨利三世之前，英格兰没有金币。1257年之后金币才开始在英格兰出现。国王将铸币权设于伦敦以及其他几个重要的中心城市。"❷

虽然当时英格兰的货币体系以银币为中心，但大宗贸易也涉及金币的交换。拜占庭金币（Bezants）曾出现在英格兰，兑换的汇率是1枚金币兑换2先令，但是这种金币数量很少且大部分掌握在犹太商人手中。❸13世纪随着克罗地亚金矿被发现，1252年，佛罗伦萨商人将佛洛林金币引入英格兰。1枚佛洛林金币兑换3先令。❹到14世纪中期，来自佛罗伦萨的佛洛林金币已经成为当时国际贸易中的重要金币。

英格兰正式将金币纳入货币体系是1344年1月，"爱德华三世下令铸造金币，其价值是银币的12倍。"❺。发行的金币（Noble），价值6先令8便士，

❶ SALZMAN L. F. English Trade in the Middle Age[M]. Oxford：Oxford University Press，1931：4-5.

❷ BOLTON J. L. The Medieval English Economy（1150—1500）[M]. London：Dent，1980：73-75.

❸ Cal. Clo. Roll，1244—1245，156，307.cit.，SALZMAN L. F. English Trade in the Middle Age[M]. Oxford：Oxford University Press，1931：16-18.

❹ FRYDE E. B. The English Farmers of the Customs（1343—1351）[M]//Studies in Medieval Trade and Finance. London：The Hambledon Press，1983.

❺ SALZMAN L. F. English Trade in the Middle Age[M]. Oxford：Oxford University Press，1931：16-18.

即半马克。另有价值40便士（Maille Noble）和价值20便士（Ferlyng Noble）的币种。❶到1465年，在流通领域有大致三种金币："旧金币"（Old Noble），金币上是国王站在船上的图样，1412—1464年这种旧金币价值6先令8便士，1464年开始其价值升为8先令4便士。第二种是"玫瑰金币"（Rial，Royal or Rose Noble），价值10先令，即半磅。第三种是"天使金币"（Angel Noble），1465年开始铸造，价值6先令8便士。❷总的来说，英格兰金币的流通程度并不高，大部分都掌握在王室贵族手中，金币成为他们的收藏品。

相较于金币，银币、便士及更小价值的货币在实际贸易中更为常见，例如英格兰的"半便士"❸或者"四分之一便士"。❹但是1枚银币并不总是等于1便士。"到爱德华三世时期，出现格罗特（Groats）银币。一枚这种银币相当于4便士。"❺"在15世纪，价值4便士的银币、价值2便士的银币和价值1便士的银币流通都比较广泛。"❻

在英格兰对外贸易统计中看到的货币单位如英镑、先令和马克，仅出现在账本上。它们是为了便于统计的"虚构货币"（Imaginary Money），不进入现实生活中流通。❼

中世纪对外贸易过程中的汇兑是关系到商人是否获利及获利多少的重要环节。包括金银币之间的汇兑、英格兰货币与国外货币之间的汇兑等。金银币之间的汇兑在13—15世纪波动不大。博尔顿的估计是："中世纪英格兰的

---

❶ SALZMAN L. F. English Trade in the Middle Age[M]. Oxford：Oxford University Press，1931：16-18.

❷ HANHAM A. The Celys and Their World，an English Merchant Family of the Fifteenth Century[M]. Cambridge：Cambridge University Press，1984：165.

❸ 直译，即halfpence，拉丁写作obolus，简写为ob.

❹ 四分之一便士，也写作farthing，拉丁写作quadrans。HANHAM A. The Celys and Their World，an English Merchant Family of the Fifteenth Century[M]. Cambridge：Cambridge University Press，1984：164.

❺ SALZMAN L. F. English Trade in the Middle Age[M]. Oxford：Oxford University Press，1931：8.

❻ HANHAM A. The Celys and Their World，an English Merchant Family of the Fifteenth Century[M]. Cambridge：Cambridge University Press，1984：164.

❼ HANHAM A. The Celys and Their World，an English Merchant Family of the Fifteenth Century[M]. Cambridge：Cambridge University Press，1984：164.

金银币的兑换率在 10∶1 和 12.5∶1 之间波动。"❶而萨尔兹曼认为："14 世纪
中期成功发行的金币，与银币的兑换比是 11∶1。这个比例延续到中世纪
结束。"❷

虽然根据现有材料很难完整地梳理出 13—15 世纪的汇兑曲线，但可以确
定的是，相较于欧洲大陆货币币值的波动，英格兰货币币值相对稳定。

英格兰从 13 世纪开始出现货币法令。1284 年，英格兰颁布的《货币法
令》（*Statute of Money*）规定："一切外来货币需以 5 先令为单位进行检测，以
防有不足货币进入英格兰。如果所检测的 5 先令的货币重量不足，则需对每
一枚货币进行分别检测。"❸有学者指出，1352 年，英格兰颁布《供应商法
令》（*Statute of Surveyors*），使其拥有比欧洲大陆很多国家更稳定的货币。❹但
是币值保有高也导致大量银币或者其他银制品因为汇兑中间差而流出英格
兰。当时欧洲范围内的金银兑换率分别为"西班牙 9.8，意大利 10.5，法国
11，英格兰 11.15"❺。这就意味着商人携带 98 磅的银子进入西班牙兑换 10 磅
金子，再将这些金子带入英格兰即可兑换 111.5 磅银子。而这种情况可以说
是英格兰在中世纪面临的最主要的问题是"货币金融问题"。

英格兰王室和政府方面采取两类措施解决这个问题。

其一，明令禁止贵金属的出口。"1278 年、1301 年、1404 年、1553 年均
有相关法令颁布。"❻"1379 年，法令规定，任何商人欲携带金银条从集中地
加莱进入伦敦，需在加莱等候，直至他们携带的金银条在当地全部铸造成金

---

❶ BOLTON J. L. The Medieval English Economy（1150—1500）[M]. London：Dent，1980：73-75.

❷ SALZMAN L. F. English Trade in the Middle Age[M]. Oxford：Oxford University Press，1931：16-18.

❸ ALLEN M. The English Currency and the Commercialization of England[M]//WOOD D，ed. Medieval
Money Matters. Oxford：Oxbow Books，2004.

❹ KERMODE J. Medieval Merchants：York，Beverley and Hull in the later Middle Ages[M]. Cambridge：
Cambridge University Press，1998：165.

❺ Shaw，Hist. of Currency，16 .cit.，SALZMAN L.F. English Trade in the Middle Age[M]. Oxford：Ox-
ford University Press，1931：18-19.

❻ SALZMAN L. F. English Trade in the Middle Age[M]. Oxford：Oxford University Press，1931：19.

银币。"❶需要指出的是，这种禁止本国贵金属出口的法令，并不是英格兰特有的，佛兰德、安特卫普等其他地区也都曾出现过类似的法令。其二，强制外商在英格兰进行消费。"1364年，荷兰商人在伦敦出售了大量的鳗鱼，却被告知不能携带大量英格兰货币离开，而需购买一定数量的呢布才能获得离开英格兰的许可状。"❷

二、信用

在早期经济史学家看来，信用体系作为现代经济体系的组成部分，与中世纪并无明显关系。这种论点以布鲁诺（Bruno Hildebrand）❸为代表，而卡尔（Karl Bücher）虽然承认在中世纪存在借贷或者其他信用活动，但认为这种信用活动从未在当时的经济中起到重要的作用。他认为这种小范围信用活动更多地用于消费领域，而不是生产领域。而坎宁安也认为，只有到了13—14世纪，英格兰的国外贸易发展到一定的阶段之后，才可能为信用贸易提供土壤。❹

但是另外一些学者则认为，在中世纪的贸易活动中信用交易占比很大。例如，波斯坦认为，中世纪的信用贸易活动在整个经济活动中比较普遍，它并不是作为现金交易的补充，而是作为当时贸易的重要组成部分存在。随着中世纪信用贸易研究不断深入，越来越多的学者认为，中世纪的对外贸易活动中，信用抵押或信用支付占有不可忽略的地位。

信用货币或信用支付，是指当贸易规模扩展到一定程度，需要一次性或

---

❶ Foedera, iii.370. cit., SALZMAN L. F. English Trade in the Middle Age[M]. Oxford：Oxford University Press, 1931：22–23.

❷ Foedera, iii.733. cit., SALZMAN L.F. English Trade in the Middle Age[M]. Oxford：Oxford University Press, 1931：20–21.

❸ 他认为经济发展主要经历三个典型的阶段，第一个阶段是史前和中世纪早期的物物交换时期；第二阶段为中世纪的现金经济，人们用具体存在的货币进行交换；第三阶段是以信用体系为基础的现代信用经济。

❹ POSTAN M. M. Medieval Trade and Finance[M]. Cambridge：Cambridge University Press, 1973：2–3.

多次支付较大金额的过程中产生的一种便捷的"虚拟支付"。在"大法官卷档"❶中有写作"符木"（Tally）的木头，是早期信用货币的典型代表。政府官员在上面刻上单位符号作为借贷双方的凭证。到14世纪早期，"符木"开始出现另一项重要的功能，即作为转移支付的凭证。例如，在与意大利商人的贸易中，政府官方可以用"符木"进行支付。通过这种方式将另一个欠王室钱的商人与这个王室欠他钱的商人对接，转移债务。这种方式使王室摆脱了长期资金缺乏的困境。到15世纪，私人债权人之间转移"符木"已经存在。❷

中世纪英格兰信用货币主要有以下三种形式。

第一种形式，以购买方信用作为抵押，商人先获得商品，延迟支付，留支付缓冲期。比较大宗的羊毛和呢布的出口、葡萄酒的进口等常常使用这种信用支付形式。

例如，伊普尔的档案显示，13世纪下半叶在羊毛出口领域已有信用出口的记录。❸参考西利家族的账本时亦可见，15世纪大量的羊毛商人用信用进行贸易。"6月22日，一个西利家族的中间商收到40磅的款项，但是本应在6月24日支付的100磅，直到8月22日才最终支付，而这批羊毛早在7月就已经运往加莱。"❹

在羊毛贸易的过程中，大部分商人都是守信用的，但是也有已出口羊毛而迟迟不付款的情况。1376年在林肯郡，来自知名意大利公司的商人拖欠价值20000英镑或30000英镑的羊毛的款项。❺1404年意大利商人投诉英格兰商

---

❶ 即Close Rolls of the Chancery.

❷ SALZMAN L. F. English Trade in the Middle Age[M]. Oxford：Oxford University Press，1931：25—28.

❸ POSTAN M. M. Medieval Trade and Finance[M]. Cambridge：Cambridge University Press，1973：7.

❹ HANHAM A. The Celys and Their World，an English Merchant Family of the Fifteenth Century[M]. Cambridge：Cambridge University Press，1984：121.

❺ Rot. Parl.，ii.350. cit.，SALZMAN L. F. English Trade in the Middle Age[M]. Oxford：Oxford University Press，1931，39.

人、中间商在资金方面的不实问题，议会曾介入解决。❶

葡萄酒贸易，也常见一定时间段的支付缓冲期。1282年，商人威廉从加斯科进口价值84英镑的70桶葡萄酒至朴茨茅斯，在次年夏天才进行支付。❷"1318年，六批次从加斯科运至英格兰的葡萄酒，共计价格1834英镑16先令8便士，被允诺酒款延迟在一个月后付清。"❸

14世纪晚期至15世纪的呢布出口也有类似情况，从呢布生产者，到佛兰德和佛罗伦萨的呢布二次加工商，再到最终的消费者，都存在着若干个月的信用缓冲期。"在威尔德及其他呢布生产地，信用在一定程度上不仅存在，更是被较广泛地使用。在冒险商人几乎垄断国内呢布生产甚至国际贸易市场的背景下，从商品原材料的获得到呢布的生产再到最后的完成，信用交易在每一个阶段都发挥作用。"❹换句话说，原料生产者在产品易主的当时是拿不到钱的，而是在商品已经被进行二次加工并进入实际消费领域之后才能拿到钱。若干贸易阶段几乎都依靠信用维持。

第二种形式，以售卖方的信用作为抵押，购买者预付一部分金额，而售卖方在其后的一段时间里陆续提供商品。这种形式在意大利商人经营羊毛出口贸易活动中比较常见。意大利商人通常会在羊毛产出之前支付生产者全部或部分金额，以预定其后的羊毛商品，羊毛生产者按照季节或年份交付。有材料认为这种行为甚至在13世纪之前就已经出现。"这种行为在几个著名的意大利商人的账本很常见，如里卡蒂家族，佩鲁兹家族，巴蒂家族等。有些时候，他们甚至提前4年、6年、12年就已经完成支付。"❺

❶ SALZMAN L. F. English Trade in the Middle Age[M]. Oxford：Oxford University Press，1931：39.

❷ R. R. Sharp，ed.，Calendar of the letter books fo the city of London，A.，p.55.cit.，UNWIN G. Finance and Trade under Edward Ⅲ[M]. Manchester：Manchester University Press，1918：21—22.

❸ Cal. Pat. Rolls. 12Ed.Ⅱ，partⅠ.cit.，SIMON A. L. The History of the Wine Trade in England[M]. London：Wyman & Sons Limited，1906：169—170.

❹ ZELL M. Credit in the Pre-Industrial English Woollen Industry[J]. The Economic History Review，1996(49)：667—691.

❺ POSTAN M. M. Medieval Trade and Finance[M]. Cambridge：Cambridge University Press，1973：10.

第三种形式，在抵押信用的基础上产生的第三方的凭证，商人们使用这种凭证进行交易。这种使用方式与上文中提到的"符木"类似。由于货币运输本身的不方便且有较大风险，于是产生"信用信件"（Letters of Credit）。在中世纪，与教会相关的交易中常能看到这种信用支付方式。"1250年，巴特尔主教派一名修士去伦敦从事商业活动，修士身上携带了一封给意大利商人的信件，承诺如果任何意大利商人可以替他支付240马克，他以任何利息偿还。"❶但是在实际的商业贸易过程中，这种不注明利率及还款日期等重要信息的信用信件还是较少的。这些注明信息的信用信件后来发展成"汇票"（Bill of Exchange）。"如果一个伦敦商人想要在佛罗伦萨进行贸易活动，他不用携带大量的银币，而是可以直接支付给佛罗伦萨驻伦敦办事处，之后伦敦办事处会给佛罗伦萨办事处写一封交换单，这个商人凭借交换单即可在佛罗伦萨进行贸易活动。同样，用于购买英格兰出口商品的现金也可以直接在佛罗伦萨支付，这样两个城市在没有产生任何实际货币流通的情况下顺利进行贸易活动。"❷

虽然信用货币存在一些金融风险，但是其便利性使得这种支付形式在各个贸易领域迅速扩展。有学者指出："城市商人将资本投资扩大到乡村，呢布生产规模的扩大，越来越多地需要依据商人的信用或商人本身的说服力。"❸"在爱德华三世时期，更大范围的信用货币进入市场，国王在领地内能够接受的信用支付的程度，意味着商团在领地内可以获得多大程度的道义和财政上的支持。"❹

到15世纪末，信用支付甚至扩展至税收领域。"1478年7月，托马斯将

---

❶ Matt. Paris, Chron., vi.335.cit., SALZMAN L. F. English Trade in the Middle Age[M]. Oxford: Oxford University Press, 1931: 30.

❷ SALZMAN L. F. English Trade in the Middle Age[M]. Oxford: Oxford University Press, 1931: 31.

❸ ZELL M. Credit in the Pre-Industrial English Woollen Industry[J]. The Economic History Review, 1996(49): 667-691.

❹ SIMON A. L. The History of the Wine Trade in England[M]. London: Wyman & Sons Limited, 1906: 194.

2448张羊皮毛运至加莱，利用信用拖欠应在伦敦缴纳的6磅海关税、2磅港口税和其他税、4磅供应商费用及其他。"❶

三、度量衡

在对外贸易中，使用买卖双方都认可的主流称重单位、丈量单位，是贸易活动能够实现的重要条件。在埃德加时期（959—975年），为了使国家的政治和商业资金可以通用，在伦敦和温彻斯特规定了统一的度量衡。到12世纪，鉴于各地发生多起误用度量衡的事件，"1189年，亨利二世再次统一了葡萄酒和谷物的称重标准。到1196年，其他的重量单位、呢布的宽幅等也有了统一规定"❷。但是至中世纪末，英格兰的度量衡仍没有实现统一。

参考《英格兰度量衡》一书，中世纪与对外贸易有关的度量衡的分类，主要分为重量单位、容积单位、长度单位及其他特殊度量单位。❸

重量单位，主要有磅、石、百重、千重、吨等。羊毛、锡、铅、煤炭、蜡、糖、胡椒、茴香、杏仁、艾草等都以此单位计量。

13世纪的相关法令规定："每1百重为13.5石，每石为8磅。1百重约为108磅。"❹石和磅的规定则比较复杂，目前有两种计量，一种14磅等于1石，另一种8磅等于1石。该法令还规定1伦敦石等于12.5磅。❺而在铅的称重方面，主要是"伦敦石"，"伦敦石按照当地称重单位，转化为13.5磅为1

---

❶ HANHAM A. The Celys and Their World, an English Merchant Family of the Fifteenth Century [M]. Cambridge：Cambridge University Press, 1984：83.

❷ BRITNELL R. The Commercialisation of English Society (1000—1500) [M]. Cambridge：Cambridge University Press, 2009：91.

❸ MILLER E, HATCHER J. Medieval England：Rural Society and Economic Change (1086—1348) [M]. London：Longman, 1978：xi-xii.

❹ Statutes of the realm I. cit., ROTHWELL H, eds. English Historical Documents (1189—1327) [M]. London：Eyre and Spottiswoode, 1975：856-857.

❺ Statutes of the realm I. cit., ROTHWELL H, eds. English Historical Documents (1189—1327) [M]. London：Eyre and Spottiswoode, 1975：856-857.

石"❶。而到14世纪，"1302年的法令中规定，1石等于12磅。到爱德华三世时期，规定每石等于14磅"❷。另外，在锡的称重方面有千重，欧洲地区统一的换算方法是1千重（Mwt.）等于1200磅。❸

与羊毛相关的单位是"袋"和"包"。1袋羊毛等于364磅。从1365至1443年的加莱羊毛贸易的统计中，劳埃德在换算方面还标注了英格兰的"袋"与伦巴第的单位"包"（Poke）的换算，即2包等于1袋。❹另一个称重单位是"韦"（Waye），1韦等于14石，1石等于12磅，即1韦等于168磅。❺但13世纪的法令中提到，2韦等于1袋羊毛，1韦即182磅。在1431年的材料中，"1韦计224磅。到1500年前后，埃克塞特的韦（Weyght）计336磅，萨福克郡则计256磅"❻。

在采矿业比较常见的单位还有福特捏（Fotinel）及查尔德（Chalder，chaldron）。1福特捏等于70磅。❼中世纪前期1查尔德等于18至20百重，20查尔德等于1基尔（Keel）或1提煤筐。到伊丽莎白时代，1查尔德等于2吨。❽

英格兰从皮卡第等地进口的靛蓝，在称重时使用卡他（Cantares）作为单位，有学者在材料中指出"27500卡他等于1106250千克"❾。由此推算，每

❶ SALZMAN L. F. English Trade in the Middle Age[M]. Oxford：Oxford University Press，1931：56.

❷ SALZMAN L. F. English Trade in the Middle Age[M]. Oxford：Oxford University Press，1931：48.

❸ HATCHE J. English Tin Production and Trade before 1550[M]. Oxford：Oxford University Press，1973：152.

❹ LLOYD T. H. The English Wool Trade in Middle Age[M]. Cambridge：Cambridge University Press，1977：264.

❺ Statutes，i.205. cit.，SALZMAN L. F. English Trade in the Middle Age[M]. Oxford：Oxford University Press，1931：48.

❻ Rot.Parl.，iv.380. cit.，SALZMAN L. F. English Trade in the Middle Age[M]. Oxford：Oxford University Press，1931：48.

❼ SALZMAN L. F. English Trade in the Middle Age[M]. Oxford：Oxford University Press，1931：56.

❽ SALZMAN L. F. English Trade in the Middle Age[M]. Oxford：Oxford University Press，1931：17—18.

❾ FRYDE E. B. Italian Maritime Trade with England[M]//Studies in Medieval Trade and Finance. London：The Hambledon Press，1983.

卡他约等于40千克，即89磅。

容积单位，主要有桶、加仑、蒲式耳和夸特。桶和加仑主要用于称重葡萄酒，而蒲式耳和夸特则用于称重谷物、靛蓝等各种商品。1桶等于1吨，等于252加仑。[1]1加仑等于4.55升，8加仑等于1蒲式耳，8蒲式耳等于1夸特。虽然这三个单位是容积单位，但是在中世纪它们也能够与重量单位进行换算。比较统一的换算是：8磅等于1加仑。有材料对这几个单位进行更为详细的规定。"12盎司为1伦敦磅，8磅为1葡萄酒加仑，8加仑为1蒲式耳，8蒲式耳为1伦敦夸特。"[2]

长度单位，主要有英尺、英寸、码、福特（Foot）、厄尔（Ell），基本兑换标准是1英寸等于2.54厘米，12英寸等于1福特，3福特等于1码，1厄尔约等于45英尺。英寸基本上相当于一个拇指的宽度。"在坎特伯雷的手卷中规定：1英尺等于16英寸。而在另一个文献中，1英尺等于10英寸。"[3]在对外贸易中，只有在出口呢布时需要使用长度单位，大宗的呢布贸易一般使用"匹"为单位，匹通常与"码"进行兑换并形成标准。1匹等于24码乘1.5至2码宽。[4]而卡勒斯给出的长度标准略有不同，具体为："匹为标准出口单位，等于26码乘6或6.5夸特码。"[5]

15世纪还有另一个长度单位是拃（Span），根据萨尔兹曼的材料，1拃等于9英寸。"1码等于4拃，1厄尔等于5拃，即45英寸。"[6]这个长度单位通常

❶ MILLER E, HATCHER J. Medieval England：Rural Society and Economic Change（1086—1348）[M]. London：Longman，1978：xi-xii.

❷ ROTHWELL H, eds. English Historical Documents（1189—1327）[M]. London：Eyre and Spottiswoode，1975：856-857.

❸ Hist. MSS.Com.Rep，viii.325，York Memorandum Book.cit.，SALZMAN L. F. English Trade in the Middle Age[M]. Oxford：Oxford University Press，1931：51-52.

❹ MILLER E，HATCHER J. Medieval England：Rural Society and Economic Change（1086—1348）[M]. London：Longman，1978：xi-xii.

❺ CARUS-WILSON E. M. Medieval Merchant Venturers[M]. London：Methuen，1954：244.

❻ SALZMAN L. F. English Trade in the Middle Age[M]. Oxford：Oxford University Press，1931：50-51.

在呢布商的零售领域使用。

另外需要补充的单位是拉斯特（Last），这个单位被用作重量单位时一般等于4千磅；被用作容积单位称量谷物时，等于10夸特；在皮革计数方面，1拉斯特等于200张皮革。❶

虽然布里特奈尔认为："14世纪中期开始，地区性的度量衡逐渐消失，统一的度量衡经过整个中世纪的实践和发展，到15世纪末16世纪初逐渐成型。"❷但是直到近代，仍有多个度量衡在英格兰的贸易领域使用。这种度量衡地区化的情形，从中世纪反复规定、一再颁布统一度量衡的法令可见一斑。

例如，在1354年的萨福克郡，"一些人不在圣埃德蒙德市场进行交易，因为这里使用国家统一标准的度量衡，而是在另一处领主允许不使用国家统一标准的市场进行交易。"❸而在蒲式耳的使用方面，1391年的议会档案强调，在葡萄酒、谷物和麦芽酒等领域，严格执行8蒲式耳等于1夸特的标准。但是当时伦敦以及一些地方城镇，"常常是9蒲式耳等于1夸特，王室针对这个问题甚至颁布了相应的惩罚标准"❹。

第三节　贸易场所

一、市场和市集

市场和市集❺是中世纪贸易的主要场所。"从功能上说，市场和市集是中

❶ MILLER E, HATCHER J. Medieval England: Rural Society and Economic Change (1086—1348) [M]. London: Longman, 1978: xi-xii.

❷ BRITNELL R. The Commercialisation of English Society (1000—1500) [M]. Cambridge: Cambridge University Press, 2009, 174.

❸ Foedera, iii. 281.cit., SALZMAN L. F. English Trade in the Middle Age [M]. Oxford: Oxford University Press, 1931: 46.

❹ WILSON C. G, eds. The Parliament Rolls of Medieval England (1275—1504) [M]. Vol. 7, Woodbridge, London: Boydell Press, 2005: 207.

❺ 即 Markets and Fairs.

世纪贸易的重要中心和商业交往的主要平台；从制度上说，它们处于人类从不定期贸易、定期贸易到连续贸易的中间阶段。"●市场和市集由于本身属性、地区差异性及其他因素，其发展轨迹不尽相同。

市场是满足地区性交换的场所。萨尔兹曼对于市场的定义是："固定化的共同体，即在一个垄断性零售贸易下进行的限制性活动。市场主要交换日常生活用品。"●马克垚从功能的角度解释市场："王室批准进行交易的特定场所，并派人管理，征收市场税，市场交易在一定时间内进行。"●

市场通常定期开放，一些城镇一周开放两天或三天。在伦敦和其他大城市，除了周日，每天都开放。市场规定特定区域只允许售卖特定商品，不同商品在城镇不同位置的市场中交易。●市场通常依靠收取"市场税"盈利。在中世纪的英格兰，国王和领主为了振兴市场，常常通过免税的政策来吸引贸易者。例如1246年，亨利三世在哈德兰（Hadleigh）建立市场，为了吸引贸易者，他下令免三年的市场税。●

中世纪早期，地区内人们交换日常生活用品的市场与对外贸易的联系并不多，但是从13世纪开始，市场功能逐渐扩大，出现了"完整市场"（Full Market），除了交易日常用品，同时交易马匹、牛、羊及其他商品。●对外贸

●LIPSON E. The Economic of England, Ninth Edition, vol. 1, 256–257。转引自徐浩. 中世纪西欧工商业研究[M]. 北京：生活·读书·新知三联书店，2018：93.

●原文为 The medieval town was a permanent community community, in which trading was carried on under restrictions which tended to secure a monopoly of retail trade to the townsmen. The market was a recurrent assembly for the sale of goods, and especially provisions, free, or comparatively free, of restrictions. SALZMAN L. F. English Trade in the Middle Age[M]. Oxford：Oxford University Press, 1931：121.

●数据参考 BOLTON J. L. The Medieval English Economy(1150—1500)[M]. London：Dent, 1980：73–75, 119.

●SALZMAN L. F. English Trade in the Middle Age[M]. Oxford：Oxford University Press, 1931：139.

●Cal. Close Roll, 421. Assize R. 725, m.8. cit., SALZMAN L. F. English Trade in the Middle Age[M]. Oxford：Oxford University Press, 1931：130–131.

●leagues, 1里格约等于5英里。SALZMAN L. F. English Trade in the Middle Age[M]. Oxford：Oxford University Press, 1931：128.

易与市场的联系日渐紧密。"1330年代，生产呢布的商人在市场上开始有组织地进行交易活动。以科尔切斯特为例，1373年已建成了专门的羊毛市场。"❶

总的来说，市场在对外贸易过程中，是作为出口前的一个聚集据点或者进口后的分流据点。市场上的贸易更多的属于零售贸易，它作为批发商和消费者之间的纽带而存在。

市集与市场则有着明显的不同。萨尔兹曼指出，市集是"某种荣誉市场，通常每年举办一次，持续3天至6周不等。市集的贸易基于更加自由开放的规定，大部分约束市场的垄断和限制得以免除。市集的服务范围不仅仅限于日常生活，还有很多国外商品在市集出现。"❷而马克垚对于市集的定义是："市集规模比市场大，除零售的商品外，还有长途贩运货物来此批发，是地区性及国际贸易进行的地方。通常一年举办一次。"❸

市集通常在宗教节日或纪念日举行，通常与朝圣、本地圣节等有联系，由权威的圣徒在节日前夕授权，同时有相应的教会或修道院的赞助。在英格兰，市集在诺曼征服之后出现。《末日审判书》中，有一个萨福克郡的市集记录在案。❹随着11世纪、12世纪英格兰的经济发展，市集也随之发展。"保存下来的市集特许状表明，将近40个市集特许状是英国斯蒂芬（1135—1154年在位）统治末期授予的。"❺

市集与市场有以下三个方面的不同。

第一，市集在建立初即拥有强有力的地主势力作为支撑。这种势力保证

❶ BRITNELL R. Markets, Trade and Economic Development in England and Europe（1050—1550）[M]. Farnham：Ashgate，2009：15-16.

❷ SALZMAN L. F. English Trade in the Middle Age[M]. Oxford：Oxford University Press，1931：142.

❸ 马克垚. 英国封建社会研究[M]. 北京：北京大学出版社，2005：270.

❹ SALZMAN L. F. English Trade in the Middle Age[M]. Oxford：Oxford University Press，1931：142.

❺ MILLER E，HATCHER J. Medieval England：Towns，Commerce and Crafts（1086—1348）[M]. London and New York：Logman：1995：167. 转引自徐浩. 中世纪西欧工商业研究[M]. 北京：生活·读书·新知三联书店，2018：106.

市集能够较为稳定地举行。波士顿市集是典型代表。●这种势力致使市集的
发展游离在英格兰王室和政府的管理边缘。"一项成文规定是，在温彻斯特
的圣吉尔斯市集举办期间，一些城市的私人贸易被禁止，方圆 7 里不得进行
贸易活动。城市市民也需暂停商业活动。"❷由于市集常常会影响到所在城市
正常的交易活动，除了上文那样明令禁止的事例外，也有市集举办方与所在
城镇方签订协议的材料。例如，"1255 年，温彻斯特教会与市集举办地南安
普顿市民达成协议，市民同意协助教会在市集举办期间停止城市内的一切商
品交易，教会向市民提供市集上的摊位，使本地商人可以在市集上进行贸易
活动。"❸

　　第二，市集拥有更多的特权。典型的一个特权是市集不设置最小间距。
也正是因为这样，关于市集之间相互影响的材料屡见不鲜。1228 年的圣安德
鲁日，约翰（John Fitz-Alan）在奥斯威斯设立市集，而这个市集的活动影响
到了什鲁斯伯里原本的市集。另一个特权是对商贸网络的保护特权。"13 世
纪，市集可能获得保护商路等特权。相较于市场，市集成为远距离、罕见商
品的集中交换地"❹。

　　王室甚至会为了便利市集的发展建立专门的支持性港口。以鲱鱼为例，
"大雅茅斯盛产鲱鱼，在鲱鱼收获的季节急需大量商人前来购买。因此，著
名的鲱鱼市集圣艾夫斯市集于 1246 年由王室建立。1293 年，爱德华一世在附

---

　　❶ MOORE E. The Fairs of Medieval England: an introductory study[M]. Toronto: Pontifical Institute of
Mediaeval Studies, 1985: 22.

　　❷ V. C. H. Hants, v. 36-41. cit., SALZMAN L. F. English Trade in the Middle Age[M]. Oxford: Oxford
University Press, 1931: 145.

　　❸ Cal. Cha. Roll, i.445. cit., SALZMAN L. F. English Trade in the Middle Age[M]. Oxford: Oxford Uni-
versity Press, 1931: 147.

　　❹ HUNT E. S, Murray J. A History of Business in Medieval Europe(1200—1550)[M]. New York: Cam-
bridge University Press, 1999: 26.

近建立了赫尔港，着重服务于这个持续6周的市集"[1]。

第三，市集更加"国际化"。在市集上常常能够看到持有不同特许状或者通行证进行贸易的商人。摩尔认为，相较于同一时期欧洲大陆的市集，"英格兰市集，贸易的自由度远远大于欧洲大陆香槟等市集，外国商人之间的往来更加频繁"[2]。也正是因为这样，我们能够看到以下材料："来自挪威和哥特兰岛的皮革商常常在波士顿和林恩的市集进行贸易，而意大利、佛兰德商人在波士顿、圣艾夫斯、温彻斯特和北安普顿的市集购入优质羊毛。"[3]

摩尔认为，市集发展的繁荣期在1180至1220年。[4]市集的发展呈现地区化和专业化特点，以呢布市场最为典型，"大部分英格兰的市集都集中于东部沿海，斯坦福德、北安普顿、圣艾夫斯、伯里、林恩、波士顿市集，都围绕呢布生产区展开，呢布高度的商品化和便利的交通吸引来自北欧、佛兰德等欧陆商人"[5]。从表2-3的统计中也可看出，市集大都分布在英格兰主要的经济中心。

表2-3　13世纪英格兰主要市集概况汇总

市集	最初授权人	开放时间	获利时间/情况	持续时间	典型商品
斯坦福德	约翰王	1206年	1247年/93英镑6便士4先令	—	—

[1] Cal. of Close Roll, 192. cit., SALZMAN L. F. English Trade in the Middle Age [M]. Oxford: Oxford University Press, 1931: 144.

[2] MOORE E. The Fairs of Medieval England: an Introductory Study [M]. Toronto: Pontifical Institute of Mediaeval Studies, 1985: 23.

[3] MOORE E. The Fairs of Medieval England: an Introductory Study [M]. Toronto: Pontifical Institute of Mediaeval Studies, 1985: 10.

[4] MOORE E. The Fairs of Medieval England: an Introductory Study [M]. Toronto: Pontifical Institute of Mediaeval Studies, 1985: 22-23.

[5] MOORE E. The Fairs of Medieval England: an Introductory Study [M]. Toronto: Pontifical Institute of Mediaeval Studies, 1985: 11.

续表

市集	最初授权人	开放时间	获利时间/情况	持续时间	典型商品
圣艾夫斯	亨利一世	1110年	1207年/101英镑 1212年/180英镑	8天 13世纪中期 3—4周	呢布
波士顿	约翰王	—	1200年/71英镑 1212年/105英镑 1280年/289英镑	1218年8天 14世纪以后一 个月	家禽 葡萄酒
林恩	—	—	—	13世纪末2周	皮革 呢布 葡萄酒
圣吉尔斯	威廉·鲁弗斯	1096	1238—1244年/ 875英镑	11世纪3天 1110年8天 1160年16天	—
威斯敏斯特	亨利三世		1289年/43英镑 1306年/91英镑 16便士 1307年/94英镑 1便士	1245年4天 13世纪中后期 16天 1298年32天	呢布
北安普顿	西蒙二世	12世纪初	—	—	羊毛 皮革 呢布
圣埃德蒙	圣埃德蒙修 道院长	—	—	—	呢布

说明：表格中的具体数字资料来源参见所引书目。空缺部分属资料短缺。

资料来源：参考MOORE E. The Fairs of Medieval England：an Introductory Study［M］. Toronto：Pontifical Institute of Mediaeval Studies，1985：12–22.

　　但是从13世纪中期开始，对外贸易逐渐较为以城镇为中心开展，市集不可避免地走向衰落。有学者系统地分析了市集衰落的原因："从13世纪晚期至14世纪上半叶，由于国内外双重压力导致英国大市集的衰落。国内方面，大市集的区域贸易地位逐渐减弱，许多教俗贵族甚至国王不再定期造访大市集。此外，大市集的衰落也受到国际贸易变化的影响，例如，英国生产的呢布替代了进口呢布及英国商人掌握了葡萄酒进口权。"❶

"1240年，温彻斯特市集的平均收入为125英镑，1292年为84英镑，最低仅为20英镑。到爱德华二世时期，平均收入为55英镑，1346年下降为30英镑，这个数字保持到1356年，到1349年黑死病时期再度降至14英镑。"❷雷诺兹指出："到1300年，大部分的国际化市集都已关闭，内陆城镇实现自给自足的同时日益成为地区性市场，为对外贸易提供交换场所。"❸

到14世纪、15世纪，这种衰落更为明显。1245年建立的威斯敏斯特的圣爱德华集市在1306—1316年，平均每年租金收益达到92~130英镑，但是其后开始迅速下滑，到15世纪几乎销声匿迹，最终在1487年关停。温彻斯特的圣格尔斯市集，年平均收入从1331—1335年的43英镑，下降至1396—1400年的11英镑，而这种低收入一直持续到15世纪结束。❹

二、城镇

贸易城镇❺是中世纪贸易活动的重要据点。根据米勒和哈彻的《中世纪英格兰·城镇、商业和手工业》一书，城镇可以按照"城镇居民主要以什么

---

❶ MILLER E, HATCHER J. Medieval England: Towns, Commerce and Crafts (1086—1348) [M]. London and New York: Logman: 1995: 167.

❷ V. C. H. Hants, v. 38. cit., SALZMAN L. F. English Trade in the Middle Age [M]. Oxford: Oxford University Press, 1931: 156.

❸ REYNOLDS S. An Introduction to the History of English Medieval Towns [M]. Oxford: Clarendon Press, 1977: 59.

❹ BRITNELL R. The Commercialisation of English Society (1000—1500) [M]. Cambridge: Cambridge University Press, 2009: 161.

❺ 通常的城镇包括Boroughs, Towns and Cities, 其中Town是与经济生活更加相关的单位, 这里讨论的城镇也主要是指这一类经济功能比较明显的城镇。

为生"划分为以手工业生产为生、以粮食生产为生和以贸易活动为生。❶由此可见贸易对城镇发展的重要意义。通常城镇的基本特点有：城镇与周边的乡村联系紧密；牧场和草地是城镇生活用品的主要来源地；大部分的城镇居民不以农业生产或者囤积货物为生；城镇中的市场是整个城镇发展的中心，即使是小城镇，其居民也从事贸易和手工业及其他相关行业；每一个市镇都拥有本地行政机构，一些城镇是国王巡回法庭所在地，城镇中配备学校等基本市政建设；相较于意大利城镇及其他欧洲大陆城镇，英格兰的城镇规模较小且有移民。❷

11 世纪的城镇已经表现出部分经济功能。当时已经有以市场或者商人命名的地点和街道，如牛津郡的卡尔玛科特（Cornmarktet）和马商街（Horse Monger street）❸到 12 世纪，城镇的经济功能进一步扩大，从城镇居民的职业比例中可以明显看出，"中等规模的城镇，从事贸易活动的人口占 2/5。数据分别来自 1175 年的纽瓦克，1153—1206 年的坎特伯雷，1160—1330 年的牛津，1232—1268 年的什鲁斯伯里，1286—1348 年的埃克塞特，1298—1320 年的剑桥，1301 年的科尔切斯特。虽然统计的年份不同，但是其结构类似"❹。

随着经济的发展，城镇与对外贸易的关系日益紧密。14 世纪中期，英格兰较大的城镇主要有：西部地区的什鲁斯伯里、牛津、赫尔福德、格洛斯特、温彻斯特、南安普顿、萨里斯伯里、考文垂；东部地区的约克、贝弗利、赫尔、林肯、波士顿、林恩、大雅茅斯、诺维奇、剑桥、伊普斯维奇、

---

❶ MILLER E，HATCHER J. Medieval England：Towns，Commerce，and Crafts（1086—1348）[M]. New York：Longman，1995：256.

❷ MILLER E，HATCHER J. Medieval England：Towns，Commerce，and Crafts（1086—1348）[M]. New York：Longman，1995：257-262.

❸ POOLE A. L. From Domesday Book to Magna Carta（1087—1216）[M]. Oxford：Oxford University Press，1958：66.

❹ MILLER E，HATCHER J. Medieval England：Towns，Commerce，and Crafts（1086—1348）[M]. New York：Longman，1995：327-328.

科尔切斯特、伦敦和坎特伯雷。❶他们无一例外是英格兰对外贸易的据点。其中有些城镇甚至在14世纪末成为专门的"集中地城镇"，大宗贸易成为城镇最主要的功能。

港口城镇是城镇当中与贸易联系最为紧密的一种城镇。他们位于沿海地区，交通方便，利于船只往来和贸易活动。苏珊·雷诺兹指出，中世纪早期英格兰东南沿海以"维奇"（Wic）结尾的地区，后来都发展成了港口（Port）。例如约克、福德维奇、桑维奇和汉维奇等。❷

12世纪，随着在北海和英吉利海峡活动的频繁，东部和南部沿海出现了林肯、诺维奇、格洛斯特和切斯特等。❸

格拉斯进一步细分了港口城镇："从其经济功能方面可以分为进口港和出口港，从贸易商品可以分为羊毛贸易港、呢布贸易港及葡萄酒贸易港，从归属权可以分为私人港和王室港口。属性和职能在很大程度上影响港口的发展，尤其是经济属性。"❹

从表2-4的统计中能够看出，13世纪，英格兰南部和东部的港口贸易比较活跃，贸易税远远高于什一税。尤其是纽卡斯尔、赫尔、约克、林肯、格里姆斯比、波士顿、林恩、南安普顿和伦敦，它们缴纳的贸易税均超过1000英镑。

---

❶ REYNOLDS S. An Introduction to the History of English Medieval Towns [M]. Oxford：Clarendon Press，1977：143.

❷ REYNOLDS S. An Introduction to the History of English Medieval Towns [M]. Oxford：Clarendon Press，1977：24-25.

❸ REYNOLDS S. An Introduction to the History of English Medieval Towns [M]. Oxford：Clarendon Press，1977：56.

❹ GRAS N. S. B. The Early English Customs System [M]. London，Humphrey Milford：Oxford University Press，1918：106.

表2-4　1203—1204年英格兰东部和南部港口的什一税和贸易税统计

港口	什一税	贸易税
纽卡斯尔	158英镑5先令11便士	2374英镑8先令9便士
亚姆	42英镑17先令10便士	643英镑7先令6便士
寇瑟姆	11先令11便士	8英镑18先令9便士
惠特比	4先令0便士	3英镑0先令0便士
斯卡伯勒	22英镑0先令4.5便士	330英镑5先令7.5便士
赫登	60英镑8先令4便士	906英镑5先令0便士
赫尔	344英镑14先令4.5便士	5170英镑15先令7.5便士
约克	175英镑8先令10便士	2631英镑12先令6便士
塞尔比	17英镑11先令8便士	263英镑15先令0便士
林肯	656英镑12先令2便士	9849英镑2先令6便士
亨伯巴顿	33英镑11先令9便士	503英镑19先令3便士
伊明赫姆	18英镑15先令10.5便士	281英镑18先令1.5便士
格里姆斯比	91英镑15先令0.5便士	1376英镑5先令7.5便士
波士顿	780英镑15先令3便士	11711英镑8先令9便士
林恩(lynn)	651英镑11先令11便士	9773英镑18先令9便士
大雅茅斯	54英镑15先令6便士	821英镑12先令6便士
诺维奇	6英镑19先令10便士	104英镑17先令6便士
丹维奇	5英镑4先令9便士	78英镑11先令3便士
奥福德	11英镑7先令0便士	170英镑5先令0便士
伊普斯维奇	7英镑11先令7.5便士	113英镑14先令4.5便士
科尔切斯特	16英镑12先令8便士	249英镑10先令0便士
桑维奇	16英镑0先令0便士	240英镑0先令0便士
多佛	32英镑6先令1便士	484英镑11先令3便士
赖伊	10英镑13先令5.5便士	160英镑1先令10.5便士
温切尔西	62英镑2先令4.5便士	931英镑15先令7.5便士
佩文西	1英镑1先令11.5便士	16英镑9先令4.5便士
西福德	12英镑12先令2便士	189英镑2先令6便士
肖勒姆	20英镑4先令9便士	303英镑11先令3便士

续表

港口	什一税	贸易税
奇切斯特	23英镑6先令7便士	349英镑18先令9便士
南安普顿	712英镑3先令7.5便士	10682英镑14先令4.5便士
埃克斯茅斯	14英镑6先令3便士	214英镑13先令9便士
达特茅斯	3英镑0先令0便士	45英镑0先令0便士
索尔塔什	7英镑4先令8便士	108英镑10先令0便士
福伊	48英镑15先令11便士	731英镑18先令9便士
伦敦	836英镑12先令10便士	12549英镑12先令6便士
总计	4958英镑7先令3.5便士	74375英镑9先令4.5便士

注：统计具体从1203年7月20日至1204年11月29日。

资料来源：根据Pipe Roll 6 fo.，p.218.整理参照。POOLE A.L. From Domesday Book to Magna Carta (1087—1216)[M]. Oxford：Oxford University Press，1958：96.

东南部的主要港口有桑维奇、多佛、南安普顿和伦敦。而伦敦在整个东南部的港口发展中处于绝对核心地位。"所有南部沿海的港口几乎都是伦敦的外港，港口城市发展的成功与否，在于是否与伦敦有良好的沟通。"❶桑威奇从14世纪开始有意大利船只频繁的停驻。❷港口主要出口由意大利商人控制的贸易商品，包括羊毛、部分呢布的出口，奢侈品、染料和高级纺织品的进口等。南安普顿是伦敦最主要的附属港，伦敦的大量贸易商品都通过南安普顿进出口，因此，商品数量大且种类多。多佛港"作为东部海岸线上具有古老历史的港口，是英国和欧洲大陆人口流动的主要通道。1312年，已有'渔船公会'（Ferry-Ship Gild）定期输送往来乘客。"❸

---

❶ REYNOLDS S. An Introduction to the History of English Medieval Towns[M]. Oxford：Clarendon Press，1977：57-58.

❷ REYNOLDS S. An Introduction to the History of English Medieval Towns[M]. Oxford：Clarendon Press，1977：151-152.

❸ Rot. Parl.，i. 291. cit.，SALZMAN L. F. English Trade in the Middle Age[M]. Oxford：Oxford University Press，1931，221-222.

　　东北部的主要港口有林恩、波士顿、林肯等。"1203年，约翰王的税务官认为，在林恩港的税务收入已经与老牌港口林肯港不相上下。"❶可见东北部港口在13世纪初的快速发展。波士顿是另一个典型港口，"到1280年代，波士顿连同其他林肯郡的港口，承担英格兰羊毛出口份额的1/3，1334年，波士顿的纳税额，排在伦敦、布里斯托尔、约克和纽卡斯尔后，列第五。"❷"1373年，林恩被确定为集中贸易港口，大量的羊毛和其他商品从沃里克、莱斯特、北安普顿、拉特兰、贝德福德、白金汉、亨廷顿、剑桥运至林恩。"❸

　　西部主要的对外贸易港口是布里斯托尔，它在连接爱尔兰的基础上，建立了与加斯科、伊比利亚半岛的商业联系。"每年布里斯托尔都会出口大量盐、皮革、谷物、呢布和羊毛，而进口大量的葡萄酒。但是其出口总量依然无法与南部或东部沿海港口相匹敌。"❹布里斯托尔由于地理位置优越，能够有效避免海盗及其他来自南部和东部港口的外商的影响。随着英格兰西部和考文垂等地区的呢布工业的发展，通过布里斯托尔出口的呢布数量保持稳定，布里斯托尔也出口西南部的锡矿和铅矿。15世纪中期它成为英格兰西部、威尔士和米德兰地区的重要出口港，1461年开始，与加斯科的葡萄酒贸易也开始复苏。❺布里斯托尔的船只同时与冰岛进行贸易，扩展了通往地中海的线路，包括诺曼底、布列塔尼、葡萄牙和西班牙，甚至在1500年之前出

　❶ LLOYD T. H. The English Wool Trade in Middle Age[M]. Cambridge: Cambridge University Press, 1977: 217-219.

　❷ MILLER E, HATCHER J. Medieval England: Towns, Commerce, and Crafts(1086—1348)[M]. New York: Longman, 1995: 272.

　❸ Rot. Parl., ii. 319. cit., SALZMAN L. F. English Trade in the Middle Age[M]. Oxford: Oxford University Press, 1931: 209.

　❹ REYNOLDS S. An Introduction to the History of English Medieval Towns[M]. Oxford: Clarendon Press, 1977: 57-58.

　❺ MYERS A, ed. English Historical Documents(1327—1485)[M]. London: Eyre and Spottiswoode, 1969: 940.

现了穿过大西洋到达新世界的航线。❶

伦敦在14世纪、15世纪英格兰的对外贸易领域中处于非常重要的地位，大量的对外贸易都在伦敦进行。从表2-5关税统计表中可以看出，相较于13世纪，伦敦作为输出港的纳税水平，稳定地占据当时全部城镇纳税总比例的40%以上。其重要性从中世纪一直延续至近代早期。

表2-5　伦敦关税比例统计

年代	伦敦(英镑)	输出港(英镑)	比例
1203—1206年	837	4122	17.0%
1307—1326年	5280	7421	41.6%
1506—1509年	12029	14986	44.5%

注:1307—1306年和1506—1509年的数据,都是按照年平均数据统计。1203—1206年的输出港数据参考MS., Record Office, Pipe Roll, L.T.R., no.50.1307—1326年的输出港数参考Ramsay, English His-torical Review, xxiv, pp.97-108。1506—1509年的输出港数据参考MS.British Museum, Harl., 1878, fols. 26-28.

资料来源:GRAS N.S.B. The Evolution of the English Corn Market from the Twelfth to the Eighteenth Century[M]. Cambridge:Harvard University Press, 1926:74.

从中世纪中后期至近代，城镇作为贸易发展的结点，发挥着重要作用。城镇开始作为贸易财富的集聚点不断发展。虽然14世纪开始工业逐渐扩散至乡村地区，但是资本和财富中心并没有明显地转移。虽然在城镇发展与对外贸易之间关系的问题上，无法确切地说是谁约束谁，或带动了谁的发展，但是英格兰的城镇发展与对外贸易，必然是在相互作用下共同走向近代。

---

❶ REYNOLDS S. An Introduction to the History of English Medieval Towns [M]. Oxford: Clarendon Press, 1977:152.

第 三 章

欧洲贸易圈中的英格兰对外贸易

11世纪，欧洲城市复兴，地区化生产日趋明显。到13世纪，欧洲基本形成了一个较完整的贸易圈。波斯坦主编的《剑桥欧洲经济史·中世纪的贸易和工业》、庞兹（N.J.G.Pounds）的《中世纪欧洲经济史》、奇波拉（C.M.Cipolla）的《工业革命前的欧洲社会与经济》都将中世纪西欧置于一个经济发展单元中讨论。

在这个商业贸易圈中，需要有地区提供食物以满足基本的生活需求；需要有地区提供工业原料，保证工业区的顺利进行，需要从事工业加工的技术和地区，使工业品最终完成；需要有消费市场，对这些商品进行消费并推动再一次的工业贸易循环圈。波斯坦指出，13世纪后期，北欧最主要的鲱鱼贸易中心位于波罗的海渔场。庞兹指出，13世纪德意志东部的谷物开始进入西欧。而奇波拉通过统计认为，到1313年，在佛兰德的伊普尔，有超过9万人从事纺织业。法国经济作物的生产始终在贸易圈中占据优势，而意大利的呢布、奢侈品加工行业是推动南北欧贸易往来的重要力量。

羊毛和呢布是英格兰最主要的大宗出口商品。相关数据主要参考卡勒斯和科尔曼共同整理的《英格兰出口贸易》一书，以及鲍尔和波斯坦对15世纪英格兰贸易情况的统计数据。萨尔兹曼的《中世纪英国贸易》是讨论中世纪英格兰贸易的核心材料，作者在整理总结前辈学者的贸易材料的基础上进行了进一步的讨论。而鲍尔的《中世纪羊毛贸易史》、劳埃德的《中世纪的羊毛贸易》是羊毛贸易方面的代表作。呢布出口方面除了卡勒斯、波斯坦等人的数据统计外，格雷（H.L.Gray）的《1446—1482年间英格兰区域贸易》结合贸易数据讨论了影响呢布波动的政治、经济等原因。关于羊毛和呢布的集中讨论充分说明了这两种出口商品对当时英格兰的经济发展的重要意义，它们不仅给经济提供了动力，同时也推动了当时的政治发展。米勒指出："在进行羊毛和呢布贸易的过程中，国家经济政策得到了发展。"❶格拉斯（N.S.B.Gras）的《英格兰谷物市场的发展》，哈彻的《英国锡的生产和贸易》是各自研究领域的代表性论著。

进口葡萄酒方面，西蒙的论著占据重要位置，除了讨论贸易情况本身，还讨论了进口特许、分销状况等。吉姆斯的《14世纪盎格鲁与加斯科间贸易波动》对14世纪进口自加斯科的葡萄酒数量进行了较完整的统计，并指出二者之间的贸易在15世纪末逐渐衰落。以汉萨商人为主的德意志商人，从事谷物等商品的贸易，海波尔（N.Hybel）的《1350年前的北欧谷物贸易》、迪林杰（P.Dollinger）的《德意志汉萨》都有相应的讨论。染料和毛皮的进口，在卡勒斯的《中世纪冒险商人》、维尔（E.M.Veale）的《中世纪后期毛皮贸易》中有相关统计数据和材料。

---

❶ MILLER E. The Economic Policies of Governments：France and England［M］//POSTAN M. M，Rich E. E，MILLER E，ed. Economic Organisation and Policies in the Middle Ages. Cambridge：Cambridge University Press，1963，291.cit.，LLOYD T. H. England and the German Hanse（1157—1611）［M］. New York：Cambridge University Press，1991：12.

第一节 欧洲生产专业化格局

一、北欧地区和德意志

在中世纪四个主要的鲱鱼渔场中，波罗的海的鲁根岛渔场和挪威西南沿海渔场出口鱼类至英格兰。"13世纪后，波罗的海渔场成为欧洲最重要的捕鱼基地，同时也是最繁忙的腌鱼业中心和鲱鱼贸易中心。它离现在的瑞典南部海滨不远。"❶这个渔场在年成好时所腌鲱鱼的数量可高达12万桶，在腌鱼季节需进口24000桶盐。❷

中世纪中期，来自斯堪的纳维亚的鲱鱼在低地国家和英格兰市场上已经相当普遍，少数佛兰德地区的居民参与捕捞活动。"大量腌制的鲱鱼从波罗的海国家出口到低地国家。"❸13世纪，已有很多德意志商人以海岸为据点，从渔民手中收购鲱鱼，完成鲱鱼的加工、打包工序。据统计，"在14世纪后半叶约有1050万千克的鲱鱼被制作。"❹西欧从瑞典进口鲱鱼、铁和铜。在斯堪的纳维亚集市，有大量咸鱼售卖。❺

渔场并没有使拥有渔场的北欧国家经济迅速发展，反而推动了鱼类商品转运国——荷兰的崛起。亨特分析了其中的原因：其一，当时的荷兰渔民已经懂得如何保存和加工鲱鱼；其二，荷兰人发明了运输鲱鱼的专门船只，可以便宜快捷地运送鲱鱼至欧洲各个港口；其三，荷兰没有受到太多战争的影响，他们将大量资金投资到新的船只和渔网上，进而迅速占领了低地国家法

---

❶ 波斯坦. 剑桥欧洲经济史·中世纪的贸易和工业[M]. 北京:经济科学出版社,2004:145.

❷ 波斯坦. 剑桥欧洲经济史·中世纪的贸易和工业[M]. 北京:经济科学出版社,2004:152.

❸ HUNT E.S, Murray J. A History of Business in Medieval Europe(1200—1550)[M]. New York:Cambridge University Press,1999:189.

❹ HUNT E.S, Murray J. A History of Business in Medieval Europe(1200—1550)[M]. New York:Cambridge University Press,1999:188.

❺ POUNDS N. J. G. An Economic History of Medieval Europe[M]. London:Longman,1974:382—383.

国及德意志的鱼市场。❶

德意志从10世纪开始向东扩张，至13世纪上半叶，获得大量东部的土地，"在东进运动中，庄园的依附农也有可能脱离原来的领主，向东部的迁徙解除了他们人身的枷锁，使他们成为新的拓荒人。"❷这种大领地制度的解体，为其后几个世纪德意志在出口谷物方面的垄断性地位奠定了基础。"从1186年开始，德意志向波罗的海扩张，占领东普鲁士、奥德河及波美拉尼亚沿岸。"❸这种东扩伴随着向东的移民，以及农业耕种技术的普及。

东欧与西欧的交流开始日益频繁。13世纪，勃兰登堡开始向英国和佛兰德地区出口谷物。波罗的海地区为欧洲北部地区提供生产和生活的原材料。庞兹指出，在欧洲的贸易中，"波罗的海的产品主要有毛皮、蜡和木材，以及来自波兰和立陶宛的谷物，主要是黑麦。"❹东波罗的海的贸易，被形容为"进口盐而出口黑麦的贸易"❺。14世纪，跨国的粮食贸易迅速发展，"普鲁士、波兰、西里西亚及德意志中部地区的粮食通过威克瑟河、奥得河、易北河运送到沿海的汉堡、罗斯托克、维斯马、艾恩贝克等城市集散。"❻波兰和立陶宛也开始大规模出口谷物。这一地区的谷物虽然也供应本地一些城市，但是大部分还是被城市化水平较高的欧洲西北部地区消费。❼1392年，有300

❶ HUNT E. S, Murray J. A History of Business in Medieval Europe(1200—1550)[M]. New York：Cambridge University Press, 1999：189.

❷ Higounet, Ch., Die deutsche Ostsiedlung im Mittelalter, münchen 1990, S. 54ff. 转引自王亚平. 浅析德意志中世纪封建社会中的农村与城市[M]//北京大学历史学系世界古代史教研室. 多元视角下的封建社会. 北京：社会科学文献出版社, 2013.

❸ CIPOLLA C. M. Before the Industrial Revolution：European Society and Economy(1000—1700)[M]. London：Routledge, 1993：185.

❹ POUNDS N. J. G. An Economic History of Medieval Europe[M]. London：Longman, 1974：382.

❺ 原文为 in unde ut mit solte und roggen。POUNDS N. J. G. An Economic History of Medieval Europe [M]. London：Longman, 1974：384.

❻ 王亚平. 浅析德意志中世纪封建社会中的农村与城市[M]//北京大学历史学系世界古代史教研室. 多元视角下的封建社会. 北京：社会科学文献出版社, 2013.

❼ POUNDS N. J. G. An Economic History of Medieval Europe[M]. London：Longman, 1974：396.

艘船只在旦泽办完出港手续后，满载粮食、蜂蜜、盐、钾碱，俄国的水獭皮、野兔皮、鼬鼠皮、貂皮，以及旦泽的啤酒离港。❶汉萨商人一方面在低地国家、英国等地扩大其特许权范围，另一方面对德意志以东的贸易进行控制，他们长期掌握着欧洲北部与俄罗斯之间的经济往来。

除了生产谷物，德意志及以东的广大区域也广泛地进行经济作物的种植。"莱茵河、威悉河沿岸是葡萄产地；萨克森、图林根和北部沿海一带盛产啤酒花；奥格斯堡、科隆是亚麻的产区；图林根、埃尔福特的大部分地区种植大青；粮食产区主要在中部和东部地区。"❷

因此，中世纪中后期北欧和德意志成为主要的食物供应区，他们生产的鱼类商品和谷物供应西欧大部分的城市和工业区，这种贸易不仅满足了这一地区人们的日常消费，也为欧洲在生产领域走向专业化和地区化提供了条件。

二、低地国家与法国

低地国家包括荷兰、比利时和卢森堡等地，由于它们海拔较低，在中世纪被统称为"低地国家"。中世纪关于低地国家进行贸易的最早的材料见于7世纪："当时，弗里斯兰（Francia）有布匹运输的情况。"❸

低地国家的呢布工业，"得益于12世纪、13世纪佛兰德地区人口的快速增长和长期的地区和平"❹。当时，低地国家陆续建成用于买卖呢布的市集，包括托尔豪特、伊普尔、里尔、马里纳等地的市集，它们最迟都在1127年

---

❶ 参见维利《亨利四世统治史》，转引自汤普逊.中世纪晚期欧洲经济社会史[M].徐家玲，等，译.北京：商务印书馆，1992：225-226.

❷ Pitz, Ernst, Wirtschafts-und Sozialgeschichte Deutschlands im Mittelalter, Wiesbaden：Steiner，1979，S. 94. 转引自王亚平. 浅析德意志中世纪封建社会中的农村与城市[M]//北京大学历史学系世界古代史教研室. 多元视角下的封建社会. 北京：社会科学文献出版社，2013.

❸ 波斯坦. 剑桥欧洲经济史·中世纪的贸易和工业[M]. 王春法，译. 北京：经济科学出版社，2004：148.

❹ POWER E. The Wool Trade in English Medieval History[M]. Oxford：Oxford University Press，1941：9.

建成。❶

到12世纪中期，佛兰德成为以纺织工业为主的国家。在伊普尔，参与呢布生产的织工人数，从1306年的10500人上升至1313年的92500人。❷这一时期大量英格兰羊毛作为工业原料出口至这里。❸同时，由于佛兰德处于南北欧和东西欧的交叉地区，大量中转贸易的商人往来于佛兰德各个城镇。

"1320—1340年代是中世纪欧洲纺织工业的转折点，而佛兰德则在这个转折点出现之后走向衰落。"❹综合学者们的观点，佛兰德商业衰落的原因有：其一，意大利纺织工业和英格兰纺织工业的崛起。"1320年之前，意大利的纺织业仅用于亚平宁半岛自产自销，到1320年代之后，穿过阿尔卑斯山，进入西北欧市场。"❺其二，过度依赖外国的原料，因而引起的劳动力的普遍不安定。动摇了其工业基础。❻其三，政局的动荡。各个权力者之间的利益争夺随着城市的发展而愈演愈烈。在这样的环境下，佛兰德的纺织业止步不前。"佛兰德大舰队"去往英格兰和佛兰德的最后一次航行时间是1532年。❼

法国主要出产葡萄酒和靛蓝等商品。葡萄的种植及葡萄酒的生产要求气候温暖、光照充足且交通便利。在中世纪中后期，法国有三个地区种植葡萄并进行葡萄酒的生产，分别是是波尔多地区、勃艮第地区、莱茵兰地区。

❶ Dhondt J., Devéloppement Urbain et Initiative Comtale en Flandre au Ⅺe Siècle, Revue du Nord[J]. 1948, 30. cit., LLOYD T. H. The English Wool Trade in Middle Age[M]. Cambridge: Cambridge University Press, 1977:4.

❷ CIPOLLA C. M. Before the Industrial Revolution: European Society and Economy(1000—1700)[M]. London: Routledge, 1993:195.

❸ 波斯坦. 剑桥欧洲经济史·中世纪的贸易和工业[M]. 王春法, 译. 北京: 经济科学出版社, 2004:194.

❹ HARTE N. B, PONTING K. G. Cloth and Clothing in Medieval Europe: Essays in Memory of Professor EM Carus-Wilson[M]. London: Heinemann educational books, 1983:201.

❺ HARTE N. B, PONTING K. G. Cloth and Clothing in Medieval Europe: Essays in Memory of Professor EM Carus-Wilson[M]. London: Heinemann Educational Books, 1983:187.

❻ 波斯坦. 剑桥欧洲经济史·中世纪的贸易和工业[M]. 王春法, 译. 北京: 经济科学出版社, 2004:550.

❼ 汤普逊. 中世纪晚期欧洲经济社会史[M]. 徐家玲, 等, 译. 北京: 商务印书馆, 1992:335.

"加斯科地区葡萄酒先出口至诺曼底、布列塔尼和巴黎，再出口至英格兰和低地国家。百年战争以前每年出口5万桶。"❶除了直接通过港口出口葡萄酒外，也有相当一部分葡萄酒通过莱茵河运输至法国其他城镇，再进行出口。

由表3-1可见，14世纪每年从加斯科一港出口的葡萄酒数量就在万吨左右。在1376—1377年间甚至达到23820吨。

表3-1　14世纪从加斯科港口出口的葡萄酒量统计

单位：吨

时间	出口量	时间	出口量	时间	出口量
1305—1306年	97848[a]	1350—1351年	—	1369—1370年	8945
1306—1307年	93452[b]	1352—1353年	19629	1372—1373年	14373
1308—1309年	102724[c]	1353—1354年	16328	1373—1374年	—
1310—1311年	51351[d]	1355—1356年	14411	1374—1375年	7930
1323—1324年	—[e]	1356—1357年	20200	1375—1376年	8656[k]
1328—1329年	69175[f]	1357—1358年	27838	1376—1377年	23820[l]
1329—1330年	93556	1363—1364年	18280	1377—1378年	12456
1335—1336年	74053[g]	1364—1365年	43869	1378—1379年	13622
1336—1337年	16577[h]	1365—1366年	36207	1379—1380年	6643[m]
1348—1349年	5923	1366—1367年	37103	1380—1381年	9041
1349—1350年	13427[i]	1368—1369年	28264	1387—1390年	—[n]

注：a.包括800吨在波尔多附近港口装载的葡萄酒；b.包括9941吨在Libourne港出口的葡萄酒，在本财政年末分开记录的量；c.包括Gironde港11597吨，Libourne港9126吨；d.包括全部在波尔多地区生产的葡萄酒；e.无总出口量记录；f.包括上文提到的二级出口港的出口量；g.包括5058吨二级港出口量；h.包括3506吨二级港出口量；i.数据引自Mèm. de L'Acad. des Zmmipt., XXXVⅡ, p. 350；j.仅记录通关书，无总出口量记录；k.包括313吨来自Libourne港；l.包括175吨来自Libourne港；m.包括183吨来自Libourne港；n..近记录支付关税的，无总出口量记录。

资料来源：JAMES M.K. The Fluctuations of the Anglo-Gascon Wine Trade during the Fouteenth Century[J]. The Economic History Review, 1951(4):170-196.

---

❶ POUNDS N. J. G. An Economic History of Medieval Europe[M]. London：Longman，1974：397.

此外，法国为欧洲的呢布工业供应大量的染料。其中最主要的染料产地是皮卡第。皮卡第主要种植靛蓝，以及其他基础染料。"当时萨默河及其支流沿岸都在种植靛蓝，供应亚眠、科尔比和内勒。这些城镇的商人联合起来推动染料的海外销售，他们在萨默河河口将商品装载运，往海外集市。"●

三、意大利

在西欧经济圈中，意大利的呢布加工业和以威尼斯的玻璃为代表的奢侈品工业占据重要位置。

佛罗伦萨的呢布加工业，是随着佛罗伦萨商人参与欧洲羊毛贸易活动而迅速发展起来。他们参与英格兰的羊毛出口、佛兰德的呢布出口及法国的染料出口等环节。随着他们对纺织工业了解的深入，他们开始雇佣佛兰德的纺织工匠，对呢布进行二次加工。中世纪意大利的染色和修剪工艺发展迅速。"热那亚的染色工到1222年就完全组织起来了，共有3个行会，加工北方布的修剪工也是如此。12世纪中期，佛罗伦萨加工北方呢布的业务已经非常繁忙了。"❷ "1340年，佛罗伦萨的200多家手工工场，每年生产染色呢绒7万至8万匹"❸。

14世纪，意大利除了呢布加工业，它们的呢布生产业也粗具规模。"1300年前后，佛罗伦萨行会每年约有10万袋羊毛的进口量。这一时期大约有200个英格兰和苏格兰的修道院向佛罗伦萨商人出售羊毛。"● "在1308—1338年，佛罗伦萨的呢布工业迅速扩张，织造企业的数量虽然从300家降至

❶ 波斯坦. 剑桥欧洲经济史·中世纪的贸易和工业[M]. 北京:经济科学出版社,2004:532.

❷ 波斯坦. 剑桥欧洲经济史·中世纪的贸易和工业[M]. 北京:经济科学出版社,2004:542.

❸ 汤普逊. 中世纪晚期欧洲经济社会史[M]. 徐家玲,等,译. 北京:商务印书馆,1992:335,346-347.

❹ CIPOLLA C. M. Before the Industrial Revolution: European Society and Economy(1000—1700)[M]. London:Routledge,1993:192.

200家，但是每年的总产值却从60万弗罗林增到120万弗罗林。"❶从表3-2中可以看出，佛罗伦萨的呢布生产有明确的目的性，他们主要加工单价在20先令至40先令的中高档呢布产品。

表3-2　1321—1340年间佛罗伦萨呢布价格统计

价格区间（先令）	占比			
	1321—1322年	1323—1325年	1336—1339年	1337—1340
5~10	1%	—	—	—
10~15	3%	—	—	—
15~20	14%	—	1%	5%
20~25	30%	—		31%
25~30	16%	—	0%	21%
30~35	22%	4%	2%	14%
35~40	9%	5%	4%	14%
40~45	2%	5%	7%	4%
45~50	3%	13%	52%	—
50~55	—	49%	23%	6%
55~60	—	11%	10%	—
60~65	—	14%		—
65~70	—	—	1%	3%
70~75	—	—		2%
75~80	—	—		—
80~85	—	—	0%	

注：四个区间生产呢布总量分别为552、263、1205、167。所售呢布单位为Canna，根据Jo Kirby的研究，1 Canna≈64-88英寸。

表格里两个显示"0"的数值，因为当时产量，按比例不足0.5%。

资料来源：根据以下参考书目整理。HARTE N.B，PONTING K.G. Cloth and Clothing in Medieval Europe：Essays in Memory of Professor EM Carus-Wilson[M]. London：Heinemann educational books，1983：189.

❶ 弗罗林是一种意大利的金币。波斯坦. 剑桥欧洲经济史·中世纪的贸易和工业[M]. 王春法，译. 北京：经济科学出版社，2004：547.

同时，意大利商人控制着中世纪一种重要的媒染剂❶——矾。除了用于呢布染色，它还可用于"制革、玻璃制作、颜料、化妆品和药品的制作等"❷。中世纪最主要的矾矿位于士麦那附近的福西亚地区，热那亚商人长期控制着该矿的开发和贸易。不仅如此，热那亚商人通过与奥斯曼人和卡拉曼人签订的协议，几乎控制着整个安纳托利亚和巴尔干半岛的矾矿。热那亚商人通过专门线路的大量贸易，降低运输矾的费用，成功在这一个贸易商品中获利。❸

佛罗伦萨和威尼斯两地的支柱产业——呢布加工业和玻璃工业，都需要矾。因此，15世纪中期开始，佛罗伦萨商人和威尼斯商人逐渐打破热那亚商人的矾垄断，开始参与矾贸易。佛罗伦萨商人集中投资爱琴海群岛及佛罗伦萨城市市民所拥有的矾矿。1442年，他们成功垄断了圣骑士团领地上的一处矾矿。❹而威尼斯商人也在同一时期开始参与矾贸易。"1429年，威尼斯商人被授予10年特许，开发和贸易克里特岛的矾矿。1446年，爱琴海公爵授予威尼斯商人开发和贸易米洛斯岛（Melos）矾矿的权力。❺

威尼斯的玻璃工业在中世纪早期就已经占据一定地位。玻璃工业生产眼镜、镜子等与玻璃有关的工业产品。"14世纪，威尼斯的玻璃工人行会已经相当普遍。工人甚至细分为玻璃珠制造工人、制镜工人等。"❻而最早关于眼镜的贸易记录来自1305年。❼虽然玻璃的贸易和传播主要通过佛罗伦萨商人，

---

❶ 与染料同时化合，能够起到使染料更容易上色且使颜色稳定在呢布上的作用。

❷ WRIGHT C. Florentine alum mining in the Hospitaller islands：the appalto of 1442[J]. Journal of Medieval History，2010(36)：175—191.

❸ WRIGHT C. Florentine alum mining in the Hospitaller islands：the appalto of 1442[J]. Journal of Medieval History，2010(36)：175—191.

❹ 参考 WRIGHT C. Florentine alum mining in the Hospitaller islands：the appalto of 1442[J]. Journal of Medieval History，2010(36)：175—191.

❺ WRIGHT C. Florentine alum mining in the Hospitaller islands：the appalto of 1442[J]. Journal of Medieval History，2010(36)：175—191.

❻ 汤普逊. 中世纪晚期欧洲经济社会史[M]. 徐家玲，等，译. 北京：商务印书馆，1992：338.

❼ EPSTEIN S. A. An Economic and Social history of Later Medieval Europe（1000—1500）[M]. Cambridge：Cambridge University Press，2009：206.

但是比萨和威尼斯拥有更多的玻璃生产工匠。13世纪，威尼斯为了垄断玻璃工业的技术和贸易，于1291年将大量玻璃工匠及其机器隔绝在亚得里亚海上的慕拉诺岛❶。"威尼斯人依靠自己的贸易网络，一方面经营叙利亚产出的高质量玻璃，另一方面掌握核心技术，将大量用于制作高质量玻璃的高纯度强碱带到慕拉诺岛，用于他们自己的玻璃加工业。14世纪中期，威尼斯自己生产的玻璃已经成功替代了叙利亚玻璃。"❷玻璃珠无论在制造和输出上都在威尼斯玻璃工业中占重要的地位。直到14世纪，玻璃珠仍是一年一度驶往黑海、泰晤士和佛兰德的船队所装载的主要货物之一。

中世纪意大利商人除了将东方的矾矿加入本地工业生产外，还将东方的商品直接输入西欧市场，典型的商品是香料。以南安普顿为例，1439年1月，意大利商人带来价值74英镑13先令4便士的香料，1448年4月带来价值124英镑15先令的香料，1464年带来价值173英镑6先令8便士的香料。❸

第二节　出口贸易

一、羊毛的出口

劳埃德提出，在前诺曼时代已有从伦敦出口羊毛的文献材料。❹到13世

---

❶ 威尼斯大议会于1291年11月8日下达迁移令。汤普逊认为迁移的原因是玻璃工业的污染影响到了人民的生活。而Epstein认为这种迁移的部分原因是要对部分玻璃工艺技术保密。

❷ EPSTEIN S. A. An Economic and Social history of Later Medieval Europe（1000—1500）[M]. New York：Cambridge University Press，2009：206-207.

❸ WATSON W. B. The Structure of the Florentine Galley Trade with Flanders and England in the Fifteenth Century[J].《比利时哲学与历史评论》，第39-40期，第317-347页。转引自刘景华. 外来因素与英国的崛起：转型时期英国的外国人和外国资本[M]. 北京：人民出版社，2010：97.

❹ 关于出口贸易提到的证据是，在伦敦的Billingsgate市场，留存了一个特许状，证明帝国曾经购买羊毛。文字是拉丁语。除了羊毛，还额外购买可溶解脂肪和活猪。Praeter Discarcatam Lanam et Dissutum Unctum，et Tres Porcos Vivos Licebat Eis Emere in Naves Suas. LLOYD T. H. The English Wool Trade in Middle Age[M]. Cambridge：Cambridge University Press，1977：2.

纪，羊毛出口已粗具规模。"1200年3月，英格兰允许伦敦及东南沿海各地进行羊毛贸易，各国商人可以以贸易为目的自由进出英格兰。"❶贸易活动可以从纳税统计表中看出。例如"十五分之一"税表。"1210年米迦勒节❷至1211年12月20日，羊毛出口所缴纳的'十五分之一'税的总数为979英镑9先令2便士。"❸换算可知，在这一年又二个月里，约有价值14700磅的羊毛纳税出口。单个商人的羊毛出口量也很大。"1217年的材料显示，一个拥有英格兰特许状的外国商人（Louis by Florence Dives），国王允许他出口共计2000马克的羊毛及羊毛产品。"❹

德意志学者阿道夫（Adolf Schaube）通过研究1273年羊毛特许状认为，当年24.4%的羊毛是由意大利商人经手的。❺按照他的这个比例估算，当年的羊毛出口总量约为29344袋，与英国海关成立初期的出口量基本持平。当年的意大利商人出口羊毛数量统计如表3-3所示。

表3-3　1273年意大利商人出口羊毛统计

单位：袋

意大利商人	出口羊毛数量
切尔基家族（Cerchi of Florence）	400
马奇家族（Macci of Florence）	640
法孔尼埃里家族（Falconieri of Florence）	620

❶ LLOYD T. H. The English Wool Trade in Middle Age[M]. Cambridge：Cambridge University Press，1977：9.

❷ 宗教节日，后来成为纳税的规定节点，一般为9月28日或者9月29日。

❸ LLOYD T. H. The English Wool Trade in Middle Age[M]. Cambridge：Cambridge University Press，1977：11.

❹ 具体包括100张爱尔兰皮毛，每张价值15马克，100袋爱尔兰羊毛，每袋价值5马克。LLOYD T. H. The English Wool Trade in Middle Age[M]. Cambridge：Cambridge University Press，1977：15.

❺ Adolf Schaube，"Die Wollausführ Englands vom Jahre 1273"，Vierteljahrschrift für Social-und Wirtschaftsgeschichte 6，1908，pp. 68，183.cit.，KAEUPER R. W. Bankers to the Crown[M]. Princeton：Princeton University Press，1973：43-44.

续表

意大利商人	出口羊毛数量
尼古拉斯家族（Nicholas Testa of Lucca）	700
巴尔蒂家族（Bardi of Florence）	700
弗雷斯克巴尔蒂家族（Frescobaldi of Florence）	880
里卡蒂家族（Riccardi of Lucca）	1080
斯科蒂家族（Scotti of Piacenza）	2140
合计	7160

资料来源：Adolf Schaube，"Die Wollausführ Englands vom Jahre 1273"，Vierteljahrschrift für Social-und Wirtschaftsgeschichte 6，1908，pp.68，183. cit.，KAEUPER R.W. Bankers to the Crown［M］. Princeton：Princeton University Press，1973：43-44.

1275年，英王室设立海关，开始颁令征收关税，羊毛出口有了官方的统计数据。虽然中世纪存在走私、逃税及特许状等例外，但海关数据依然是有说服力的统计数据。卡勒斯对征税最初4年的统计为"1275年5月—1279年5月，羊毛和其他皮毛的总出口量约价值43801英镑18先令9便士"❶。平均每年羊毛出口额近11000英镑。

从表3-4可以看出，在1279—1289年的十年当中，平均每年出口量达到26127袋，这种大规模的出口离不开10至12世纪长时段的生产积累和贸易习惯的推动。

表3-4　1279—1289年羊毛出口统计

单位：袋

时间	数量	时间	数量
1279年5月19日—1280年5月19日	23957	1284年3月25日—1285年3月25日	27239
1280年5月19日—1281年4月13日	25827	1285年4月14日—1286年4月14日	23931
1281年3月29日—1282年3月29日	24814	1286年4月6日—1287年4月6日	23635

❶ CARUS-WILSON E. M，COLEMAN O. England's Export Trade［M］. Oxford：Clarendon Press，1963：36.

续表

时间	数量	时间	数量
1282年4月18日—1283年4月18日	25180	1287年3月28日—1288年3月28日	26645
1283年4月9日—1284年4月9日	30493	1288年4月10日—1289年4月10日	29547

资料来源：CARUS-WILSON E.M, COLEMAN O. England's Export Trade [M]. Oxford：Clarendon Press,1963：35-36.

1290—1294年，出口量保持较高水平（如表3-5所示）。参考卡勒斯的统计，13世纪后半叶羊毛出口的货值保持在1万英镑左右。

表3-5　1290—1294年羊毛及连皮毛出口税统计

时间	数量
1290年4月22日—1291年4月22日	11315英镑1先令2.5便士
1291年4月6日—1292年4月6日	10222英镑2先令8便士
1292年3月29日—1293年3月29日	12908英镑11先令8便士
1293年4月18日—1294年4月18日	11811英镑3先令5.5便士

资料来源：CARUS-WILSON E.M, COLEMAN O. England's Export Trade [M]. Oxford：Clarendon Press,1963：38.

从1294年开始，海关统计恢复以袋计量羊毛出口。1296年，羊毛出口突破两万袋，并呈现持续增长的趋势。（如表3-6所示）截止13世纪末，仅有1283-1284年的出口量达到30493袋，其他年份均不足三万袋。1298-1299年出口21242袋羊毛，相较于15年前，出口量呈现小幅波动状态。

表3-6　1294—1304年羊毛出口量统计

单位：袋

时间	数量	时间	数量
1294—1295年	16728	1299—1300年	31621

续表

时间	数量	时间	数量
1295—1296年	14874	1300—1301年	34608
1296—1297年	21253	1301—1302年	16809
1297—1298年	26216	1302—1303年	31383
1298—1299年	21242	1303—1304年	32538

注：从1294年开始，海关以米迦勒节为征税和统计节点，即一个财政年是从9月29日至来年的9月29日，但是在具体征税过程中仍存在例外。1303年颁布新海关条例，海关统计从1304财政年开始将本国商人和外国商人分别统计进出口记录。本表格的统计时期尚未区分。

资料来源：CARUS-WILSON E.M，COLEMAN O. England's Export Trade[M].Oxford：Clarendon Press，1963：39-40.

1304年开始，征税区分本国商人和外国商人。[1]因此，从海关税册中可以看出英格兰商人与外国商人参与羊毛出口贸易的比例。英格兰商人拥有免税特权。他们利用这种优势，不断扩大在羊毛出口方面的份额。从这一时期的数据可以明显地看出，羊毛的出口进入繁荣期，年平均出口量为38657.5袋（如表3-8所示）。1313年[2]开始，英格兰开始设置第一个实质性的羊毛出口集中地，英国商人开始有组织地进行羊毛出口贸易。

表3-7　1304—1314年羊毛出口统计

单位：袋

时间	数量	时间	数量
1304—1305年	46238	1309—1310年	34898

---

[1] 虽然 Denizens 与 Native 有着词义上的不同，但是在中世纪海关统计中，区分 Denizens 和 Alien，主要是区分拥有本地特权的商人和拥有外国商业特权的商人，虽然其中有外国商人拥有与本地商人同样特权而在纳税是以本地商人计算，但是总的来讲可以将其区分为本国商人和外国商人。CARUS-WILSON E. M，COLEMAN O. England's Export Trade[M]. Oxford：Clarendon Press，1963：197.

[2] 1313年5月20日，王室特许令颁布。关于羊毛集中地的讨论，详见蒋继瑞. 英格兰王室的经济管理制度刍议——以"羊毛集中地"制度为中心[J]. 北方论丛，2018(2)：120-124.

续表

时间	数量	时间	数量
1305—1306年	41412	1310—1311年	37668
1306—1307年	41574	1311—1312年	38558
1307—1308年	36843	1312—1313年	36950
1308—1309年	40354	1313—1314年	32080

资料来源：CARUS-WILSON E.M, COLEMAN O. England's Export Trade [M]. Oxford：Clarendon Press,1963：41.

在经历了数年的羊毛出口繁荣期后，1314—1322年的出口量呈现波动状态（如表3-8所示）。王室设立的羊毛集中地等制度，以及其他对羊毛贸易的管控政策，对羊毛出口有不容忽视的影响。例如，贝克所说："1310年代至1320年代，羊毛出口呈现明显的下降很大程度上是由于行政管理的控制。"❶

表3-8 1314—1322年羊毛出口统计

单位：袋

时间	数量	时间	数量袋
1314—1315年	32514	1318—1319年	21641
1315—1316年	20850	1319—1320年	31542
1316—1317年	27887	1320—1321年	29869
1317—1318年	27444	1321—1322年	18393

资料来源：CARUS-WILSON E.M, COLEMAN O. England's Export Trade [M]. Oxford：Clarendon Press,1963：42-43.

由表3-9可见，从1322—1343年羊毛的出口量呈稳步下降趋势。1337年爆发的百年战争对于羊毛这种大宗出口商品的影响非常严重。同时需要注意

❶ BAKER R. The English Customs Service(1307—1343),Philadelphia,1961,12-23.cit.,LLOYD T.H. The English Wool Trade in Middle Age[M]. Cambridge：Cambridge University Press,1977：122.

的是，由于战争的爆发，走私贸易和逃税行为倍增，贸易的复杂程度和混乱程度不断加深，因此，海关记录上的数据与实际出口量之间的差额，会比其他时期更大。

表3-9　1322—1343年羊毛出口统计

单位：袋

时间	数量	时间	数量
1322—1323年	30069	1333—1334年	34621
1323—1324年	23040	1334—1335年	34134
1324—1325年	25138	1335—1336年	18257
1325—1326年	18824	1336—1337年	—
1326—1327年	25815	1337—1338年	19533
1327—1328年	19498	1338—1339年	41846
1328—1329年	31509	1339—1340年	19879
1329—1330年	29339	1340—1341年	18633
1330—1331年	34015	1341—1342年	22844
1331—1332年	37079	1342—1343年	13408
1332—1333年	28377		

注：1336—1337年的出口记录，仅有伦敦的3951袋、纽卡斯尔的359袋羊毛记录，其他港口或关闭或无记录，因此无法统计当年总数。

资料来源：CARUS-WILSON E.M, COLEMAN O. England's Export Trade [M]. Oxford：Clarendon Press, 1963：43-46.

有学者认为，在英法百年战争期间，羊毛出口贸易的部分职能是充当财政来源和外交筹码。也是从这时开始，羊毛出口的政治色彩逐渐明显。"1337年，政府和商人团体达成统一意见，同意国内所有的羊毛都作为国王战争的财政支持。"这一时期，为了保证军费消耗，国家在羊毛出口方面征收重税。"国王颁令：如果商人想要获得任何自由贸易羊毛的权利，他们需在2月25日或4月12日之前缴纳10万马克。"❶羊毛出口税加上"动产税"等杂税，总税收一度高达每袋40先令。❷"1338年，从英格兰出口荷兰多德雷赫特的羊毛总计约11497.25袋❸。"❹这些羊毛都是军事用途下的出口。1343—1350年，海关甚至没有关于羊毛出口的记录。

1350年之后，海关数据记录逐渐规范，开始以30年为单位进行数据统计和分析。1350—1380年，羊毛出口量最高的年份是1353—1354年，44914袋羊毛全部由外国商人经手出口。出口量最低是1376—1377年的14209袋，其原因有可能是部分出口量变动到了相邻的前后两年中。30年的平均出口量为27781袋（如表3-10所示），与14世纪初的出口量相比，减少了近万袋。

表3-10　1350—1380年羊毛出口统计

单位：袋

时间	数量	时间	数量	时间	数量
1350—1351年	35930	1360—1361年	26215	1370—1371年	28055
1351—1352年	23215	1361—1362年	42688	1371—1372年	25376
1352—1353年	16755(外)	1362—1363年	29244	1372—1373年	26214
1353—1354年	44914(外)	1363—1364年	19218	1373—1374年	23647
1354—1355年	32938	1364—1365年	33562	1374—1375年	27637
1355—1356年	27775	1365—1366年	32819	1375—1376年	20975
1356—1357年	37930	1366—1367年	30036	1376—1377年	14209
1357—1358年	34212	1367—1368年	23738	1377—1378年	29882
1358—1359年	29863	1368—1369年	27859	1378—1379年	16528

❶ LLOYD T. H. The English Wool Trade in Middle Age[M]. Cambridge：Cambridge University Press，1977：148.

❷ 1338年、1341年的羊毛出口总税都达到了这个数额。

❸ 准确数据是11497.25袋2克鲁1磅。

❹ LLOYD T. H. The English Wool Trade in Middle Age[M]. Cambridge：Cambridge University Press，1977：150.

续表

时间	数量	时间	数量	时间	数量
1359—1360年	33552	1369—1370年	17526外	1379—1380年	20922

注：表格中标注"外"的，意为当年出口羊毛的统计，仅包括外国商人经手出口的数量。

资料来源：CARUS-WILSON E.M, COLEMAN O. England's Export Trade [M]. Oxford: Clarendon Press, 1963: 47–51.

1380—1410年的羊毛出口持续衰落，平均出口量在1万~2万袋之间，只有很少的年份出口数量超过2万袋（如表3-11所示）。可能有两个原因导致这样的羊毛出口状况：其一，1379—1385年爆发佛兰德战争。政治冲突和权力争夺导致呢布工业发展停滞，羊毛市场的需求也相应缩减；其二，14世纪后期，英格兰本地呢布工业开始发展，国内对羊毛的消费增加导致出口量的减少。

表3-11　1380—1410年羊毛出口统计

单位：袋

时间	数量	时间	数量	时间	数量
1380—1381年	18419	1390—1391年	12994	1400—1401年	13644
1381—1382年	17983	1391—1392年	16076	1401—1402年	16402
1382—1383年	13981	1392—1393年	22457	1402—1403年	10225
1383—1384年	22348	1393—1394年	19753	1403—1404年	12098
1384—1385年	12690	1394—1395年	19333	1404—1405年	11963
1385—1386年	16521	1395—1396年	18499	1405—1406年	16566
1386—1387年	23514	1396—1397年	17515	1406—1407年	12533
1387—1388年	17552	1397—1398年	16892	1407—1408年	14641
1388—1389年	16346	1398—1399年	15800	1408—1409年	17442
1389—1390年	26546	1399—1400年	15324	1409—1410年	13642

资料来源：CARUS-WILSON E.M, COLEMAN O. England's Export Trade [M]. Oxford: Clarendon Press, 1963: 51–56.

1410—1440年这30年，羊毛出口未明显复苏（如表3-12所示）。出口最多的是1439—1440年的18231袋，1410至1420年平均出口羊毛为13986袋，其后10年的平均出口量为13804袋，1430—1440年为7374袋。1430—1440年的出口数量的波动较大。

表3-12　1410—1440年羊毛出口统计

单位：袋

时间	数量	时间	数量	时间	数量
1410—1411年	11221	1420—1421年	12475	1430—1431年	11872
1411—1412年	12071	1421—1422年	13006	1431—1432年	10010
1412—1413年	16381	1422—1423年	17142	1432—1433年	9015
1413—1414年	14368	1423—1424年	16492	1433—1434年	1706
1414—1415年	13,925	1424—1425年	12232	1434—1435年	14269
1415—1416年	13716	1425—1426年	13248	1435—1436年	3878
1416—1417年	14193	1426—1427年	17592	1436—1437年	1637
1417—1418年	16001	1427—1428年	16852	1437—1438年	1548
1418—1419年	15740	1428—1429年	11669	1438—1439年	1576
1419—1420年	12247	1429—1430年	7335	1439—1440年	18231

资料来源：CARUS-WILSON E. M, COLEMAN O. England's Export Trade [M]. Oxford：Clarendon Press,1963：56-60.

1440年代羊毛出口少量回升，平均每年出口8993袋。但是从1450年开始，只有1454—1456年期间出口量超过了万袋，因此，总体的出口趋势是稳定地维持在一个相对较低的水平，这种出口水平持续到16世纪（如表3-13所示）。百年战争的结束对于羊毛出口的积极影响也并不明显。

表3-13　1440—1470年羊毛出口统计

单位：袋

时间	数量	时间	数量	时间	数量
1440—1441年	7414	1450—1451年	7226	1460—1461年	8938
1441—1442年	2405	1451—1452年	9306	1461—1462年	3308
1442—1443年	14248	1452—1453年	6665	1462—1463年	5478
1443—1444年	13166	1423—1454年	4878	1463—1464年	8408
1444—1445年	2914	1454-1455年	12374	1464-1465年	7342
1445—1446年	16764	1455-1456年	10142	1465-1466年	8046
1446—1447年	2345	1456—1457年	5092	1466—1467年	9948
1447—1448年	13208	1457—1458年	9612	1467—1468年	9371
1448—1449年	1858	1458—1459年	8133	1468—1469年	9676
1449—1450年	15603	1459—1460年	2119*	1469—1470年	9570

*该年份2119袋羊毛均为本国商人出口。

资料来源：CARUS-WILSON E. M, COLEMAN O. England's Export Trade [M]. Oxford: Clarendon Press, 1963: 60-66.

从1470年开始至15世纪结束，羊毛出口总量保持稳定，年平均出口量为8350袋（如表3-14所示）。波斯坦根据其他出口材料对1470年4月至1471年4月的羊毛出口量进行了重新的统计。从表3-15中能够更加具体地看出当时的出口状态。伊普斯维奇的羊毛出口在上半年比较集中，伦敦多集中于下半年，年出口总量约为9870.25袋。

表3-14　1470—1500年羊毛出口统计

单位：袋

时间	数量	时间	数量	时间	数量
1470—1471年	1559	1480-1481年	11382	1490—1491年	3,454
1471—1472年	12274	1481—1482年	9022	1491—1492年	4,144
1472—1473年	7444	1482—1483年	4747	1492—1493年	6,859

续表

时间	数量	时间	数量	时间	数量
1473—1474年	9977	1483—1484年	6646	1493—1494年	8,009
1474—1475年	8867	1484—1485年	6012	1494—1495年	11340
1475—1476年	14437	1485—1486年	9199	1495—1496年	12629
1476—1477年	3005	1486—1487年	9459	1496—1497年	8819
1477—1478年	8667	1487—1488年	10079	1497—1498年	9819
1478—1479年	10648	1488—1489年	9804	1498—1499年	6261
1479—1480年	8715	1489-1490年	10490	1499—1500年	6728

资料来源：CARUS-WILSON E.M，COLEMAN O. England's Export Trade［M］. Oxford：Clarendon Press,1963:66-70.

表3-15　1470年4月—1471年4月英格兰各港口羊毛出口量统计

时间	港口	羊毛出口	关税和动产税	商船数量
4月11日	伊普斯维奇	590.5袋5.5克拉	1431英镑14先令10.25便士	24艘
4月12日	波士顿	259.25袋5克拉	591英镑12先令9便士	62艘
5月4日	伊普斯维奇	241.75袋5克拉	541英镑19先令0便士	19艘
5月9日	波士顿	1373.5袋5克拉	3106英镑3先令9.75便士	87艘
5月15日	伊普斯维奇	134袋6克拉	375英镑19先令6便士	20艘
5月26日	赫尔	840.5袋18石*	1168英镑6先令10.75便士	79艘
6月10日	伊普斯维奇	102袋3克拉	304英镑0先令0便士	17艘
8月4日	伦敦	2113.5袋2克拉	6376英镑7先令2.75便士	67艘
10月29日	伦敦	490.5袋10克拉	1208英镑0先令4.75便士	41艘
11月12日	波士顿	36.5袋2克拉	79英镑9先令7.25便士	11艘
11月28日	伦敦	939.5袋5克拉	1894英镑2先令6.25便士	36艘
12月22日	伦敦	238袋5克拉	519英镑7先令2.25便士	22艘
1月29日	波士顿	145.75袋11克拉	300英镑5先令3便士	23艘
2月12日	伦敦	1021.5袋17克拉	298英镑0先令9便士	52艘
3月10日	赫尔	183袋14石	373英镑14先令0.25便士	16艘

续表

时间	港口	羊毛出口	关税和动产税	商船数量
3月28日	伦敦	1160.5袋23克拉	2994英镑11先令4.75便士	42艘

注：关税和动产税的统计，包括羊毛和其他毛皮制品。羊毛出口的单位包括袋、石和克拉(clove)。

*有部分羊毛出口于4月14日，在这里合并统计。

资料来源：POWER E，POSTAN M.M，eds. Studies in English Trade in the 15th Century[M]. Manchester：Manchester University Press，1951：42.

　　1477年，法王查理十一世占领原属于勃艮第公爵的勃艮第、阿图瓦和皮卡地，英格兰一度中断与这一地区的贸易活动。1493年，亨利七世联合其他欧洲的羊毛贸易商人抵制与勃艮第的贸易。❶这虽然是一个政治活动，但是对英格兰商人参与羊毛贸易的影响明显。根据劳埃德的统计，"1493至1494年本国商人的羊毛出口增至7168袋，1494—1495年为10824袋，1495—1496年为12626袋。而当1496年联合抵制结束，英格兰本国商人的羊毛出口量立刻呈现下降的趋势。1496—1498年的平均羊毛出口量降至8822袋，1498—1500年的出口量仅为6493袋"❷。

　　除了海关记录，通过特许或者其他途径不经纳税出口羊毛的活动直到15世纪晚期仍然存在。从现存的一份13世纪英格兰教会的贸易名单来看，西多会主教与当时的佛兰德进行经常性贸易。同一时期，在意大利商人那里出现了类似的教会名单。虽然没有证据显示他们是否合法拥有土地和羊毛，但是他们已经将出卖羊毛换回所需其他商品视为习惯。❸1423年，有材料证明，佛内斯修道院院长在兰开斯特郡将200吨羊毛运往丹麦西兰岛，而没有支付

---

❶ 因为政治动荡，致使一些贸易投机者有机可乘。

❷ LLOYD T. H. The English Wool Trade in Middle Age[M]. Cambridge：Cambridge University Press，1977：283.

❸ CUNNINGHAM W. The Growth of English Industry and Commerce[M]. Cambridge：Cambridge University Press，1896：124.

关税。❶

总的来说，英格兰的羊毛出口，从14世纪后半期开始显示出某种下降的趋势。15世纪上半叶开始，羊毛出口在较低水平下保持稳定。虽然有学者认为羊毛出口的减少与英格兰本地呢布工业发展有紧密的关系，但是值得指出的是，他们的这种"紧密关系"绝非简单的此消彼长。"虽然14世纪呢布工业的扩展在一定程度上影响了羊毛的出口量，但在整个15世纪，一种有限的羊毛养殖业仍在历史舞台占据一定的意义。"❷15世纪的羊毛贸易，已经与13世纪各国商人都可自由参与羊毛贸易的情形完全不同。政治利益、军费需求、商人垄断、羊毛生产条件的改变等共同塑造了中世纪末英格兰羊毛贸易的格局。

二、呢布的出口

虽然12世纪英格兰呢布生产已经进入发展时期，但是直到14世纪呢布出口方面的材料才较为集中地出现。1303年出口101.75匹深红色呢布、22匹有纹布、550匹平布。❸1304—1307年，每年通过波士顿出口的呢布，包括深红色呢布80匹、其他呢布100匹，每年通过纽卡斯尔出口的呢布为70匹，通过南安普顿的出口为50匹。❹

1347年，海关记录中开始出现呢布的出口统计数据，1347年4月20日至1348年米迦勒节，出口呢布7627匹，其中英格兰本国商人出口6694匹，占

❶ POWER E，POSTAN M. M，eds. Studies in English Trade in the 15th Century［M］. Manchester：Manchester University Press，1951：48.

❷ POWER E，POSTAN M. M，eds. Studies in English Trade in the 15th Century［M］. Manchester：Manchester University Press，1951：11-12.

❸ SALZMAN L. F. English Trade in the Middle Age［M］. Oxford：Oxford University Press，1931：321.

❹ Enrolled Accts.，Customs，no.Icit.，SALZMAN L. F. English Trade in the Middle Age［M］. Oxford：Oxford University Press，1931：322.

据绝对优势。[1]1348年开始的黑死病，严重影响到了呢布的生产和外销。1347—1358年呢布出口统计如表3-16所示。

表3-16　1347—1358年呢布出口统计

单位：匹

时间	英格兰	英格兰以外	总计
1347—1348年	6694	933	7627
1348—1349年	1535	217	1752
1349—1350年	1148	128	1276
1350—1351年	645	79	724
1351—1352年	1224	118	1342
1352—1353年	812	266	1078
1353—1354年	2974	708	3682
1354—1355年	2274	504	2778
1355—1356年	4563	881	5444
1356—1357年	8684	1640	10324
1357—1358年	7909	2095	10004

资料来源：CARUS-WILSON E.M，COLEMAN O. England's Export Trade［M］.Oxford：Clarendon Press，1963：75-76.

需要说明的是，汉萨商人持特许状或其他特许协议进行呢布出口，因此海关对于汉萨出口的呢布无法进行统计。而统计表中的"外国商人"部分，是指意大利商人和佛兰德商人。他们出口的呢布数量从1377年开始明显增多，到1391年甚至有7000匹。

从14世纪后半叶开始，英格兰本国商人出口呢布的数量也在稳步增加。从表3-17可见，从1398年开始，本国商人的出口量保持在万匹左右，在14至15世纪的部分年份，他们的出口量甚至超过外国商人的出口总数。

---

[1] CARUS-WILSON E. M，COLEMAN O. England's Export Trade［M］. Oxford：Clarendon Press，1963：75.

表3-17　1359—1436年呢布出口统计

单位：匹

时间	英格兰商人	汉萨商人	其他外国商人	总计	年代	英格兰商人	汉萨商人	其他外国商人	总计
1359—1360年	9760	587	1582	11929	1398—1399年	16079	6106	4566	26751
1360—1361年	8484	546	994	10024	1399—1400年	10316	6450	5819	22585
1361—1362年	8925	250	1307	10482	1400-1401年	10272	7208	5826	23306
1362—1363年	10383	315	1755	12453	1401—1402年	19333	8029	6171	33533
1363—1364年	5510	2044	1775	9329	1402—1403年	15117	6315	3209	24641
1364—1365年	10649	2292	1783	14724	1403—1404年	15079	6292	10063	31434
1365—1366年	8620	380	1850	10850	1404—1405年	9959	3574	4263	17796
1366—1367年	13848	1337	2282	17467	1405—1406年	14506	5567	12832	32905
1367—1368年	8806	198	1948	10952	1406—1407年	11808	8718	8963	29489
1368—1369年	10401	259	2732	13392	1407—1408年	10887	6509	8568	25964
1369—1370年	10498	429	1673	12600	1408—1409年	12685	4865	13689	31239
1370—1371年	10700	357	2139	13196	1409—1410年	12456	6153	16743	35352
1371—1372年	7497	408	2219	10124	1410—1411年	9940	4326	11980	26246
1372—1373年	1111	185	483	1779	1411—1412年	10576	4985	5749	21310
1374—1375年	647	101	542	1290	1412—1413年	14668	6047	11878	32593
1375—1376年	3370	125	1680	5175	1413—1414年	15322	4630	2128	22080
1376—1377年	2552	303	1480	4335	1414—1415年	10861	4912	17853	33626
1377—1378年	5348	1531	2401	9280	1415—1416年	11473	4422	10479	26374
1378—1379年	6242	---	2847	9089	1416—1417年	14718	4390	8897	28005
1379—1380年	7371	2747	975	11093	1417—1418年	15071	6112	7079	28262
1380—1381年	6254	2353	4114	12721	1418—1419年	13533	6040	8426	27999
1381—1382年	8229	3055	5095	16379	1419—1420年	15454	7645	6117	29216
1382—1383年	9859	2272	1349	13480	1420—1421年	15115	7871	5122	28108
1383—1384年	11807	2355	6219	20381	1421—1422年	14358	5383	12159	31900
1384—1385年	17830	3989	8660	30479	1422—1423年	24945	7490	19318	51753
1385—1386年	13789	3561	1647	18997	1423—1424年	25508	6815	8621	40944

续表

时间	英格兰商人	汉萨商人	其他外国商人	总计	年代	英格兰商人	汉萨商人	其他外国商人	总计
1386—1387年	7161	2498	1954	11613	1424—1425年	25706	7114	15548	48368
1387—1388年	10103	2535	2921	15559	1425—1426年	17564	6163	16304	40031
1388—1389年	10535	3206	3109	16850	1426—1427年	16280	5489	13009	34778
1389—1390年	14530	3805	3843	22178	1427—1428年	18903	5684	13617	38204
1390—1391年	14290	3617	4296	22203	1428—1429年	27902	4835	14080	46817
1391—1392年	11838	7045	371	19254	1429—1430年	21465	4351	16852	42668
1392—1393年	6904	7990	505	15399	1430—1431年	27547	3070	11393	42010
1393—1394年	10415	6252	720	17387	1431—1432年	26599	2387	9110	38096
1394—1395年	14885	6897	487	22269	1432—1433年	25574	3696	8167	37437
1395—1396年	14528	3014	6596	24138	1433—1434年	26820	5290	11220	43330
1396—1397年	9876	4814	3958	18648	1434—1435年	20798	5872	12559	39229
1397—1398年	14734	4266	3487	22487	1435—1436年	10852	2353	12016	25221

资料来源：CARUS-WILSON E.M，COLEMAN O. England's Export Trade［M］. Oxford：Clarendon Press，1963：77-94.

14世纪后半叶至15世纪初，呢布出口保持稳步上升的趋势。从表3-18的海关数据可以看出，1436—1448年，是呢布出口的顶峰时期。虽然到15世纪末有个别年份的出口高至67270匹，甚至70170匹，但从贸易总体趋势来看，还是15世纪中叶的呢布出口贸易更为繁荣。❶

表3-18　1436—1448年呢布出口统计

单位：匹

时间	英格兰商人	汉萨商人	其他外国商人	合计
1436—1437年	16735	12297	11433	40465

❶ 两个数据分别来自1478—1479年，1499—1500年。CARUS-WILSON E.M，COLEMAN O. England's Export Trade［M］. Oxford：Clarendon Press，1963：67，70.

续表

时间	英格兰商人	汉萨商人	其他外国商人	合计
1437—1438年	31393	11091	14641	57125
1438—1439年	26664	9406	16477	52547
1439—1440年	28497	10580	20753	59830
1440—1441年	26020	8584	22383	56987
1441—1442年	25726	12981	19542	58249
1442—1443年	27386	11167	18141	56694
1443—1444年	26428	11256	15316	53000
1444—1445年	35155	12691	8982	56828
1445—1446年	26271	12035	10005	48311
1446—1447年	31301	13197	10326	54824
1447—1448年	30966	9421	15238	55625

资料来源：CARUS-WILSON E. M，COLEMAN O. England's Export Trade [M]. Oxford：Clarendon Press，1963：94-96.

比较1448年前后5年的出口数据可以看出，呢布出口在15世纪中叶出现明显的波动。1449年爆发的法国战争及紧跟其后的内战、政府对呢布贸易保护力度的不足，使得这一时期呢布出口量迅速下降。据格雷的计算，在1448年之后的两年，平均年出口量为35000匹，比上一个两年的平均出口量减少了35%。[1]1448—1476年英格兰呢布出口统计如表3-19所示。

表3-19　1448—1476年呢布出口统计

单位：匹

时间	英格兰商人	汉萨商人	其他外国商人	合计	时间	英格兰商人	汉萨商人	其他外国商人	合计
1448—1449年	19516	6470	9623	35609	1462—1463年	16012	6245	3225	25482

---

[1] GRAY H. L. English Roreign Trade from 1446 to 1482 [M]//POWER E，POSTAN M. M，eds. Studies in English Trade in the 15th Century. Manchester：Manchester University Press，1951：23.

续表

时间	英格兰商人	汉萨商人	其他外国商人	合计	时间	英格兰商人	汉萨商人	其他外国商人	合计
1449—1450年	18033	5388	11146	34567	1463—1464年	21034	10135	5175	36344
1450—1451年	22824	7349	10030	40203	1464—1465年	6695	5517	3573	15785
1451—1452年	15969	3512	12731	32212	1465—1466年	16342	8720	8855	33917
1452—1453年	28753	11634	4242	44629	1466—1467年	17179	7261	17332	41772
1453—1454年	16066	8857	6208	31131	1467—1468年	22647	8037	8392	39076
1454—1455年	18398	7519	4211	30128	1468—1469年	32922	863	9159	42944
1455—1456年	23808	12707	15444	51959	1469—1470年	17027	4070	7306	28403
1456—1457年	15653	7751	4359	27763	1470—1471年	18696	3158	5668	27522
1457—1458年	21518	12564	6477	40559	1471—1472年	14005	3202	16869	34076
1458—1459年	22416	10531	4053	37000	1472—1473年	22090	4084	9018	35192
1459—1460年	10975	7215	8014	26204	1473—1474年	21230	1949	20369	43548
1460—1461年	13524	10709	6528	30761	1474—1475年	16083	4215	10873	31171
1461—1462年	23512	11483	4005	39000	1475—1476年	23641	1960	7253	32854

资料来源：CARUS-WILSON E.M, COLEMAN O. England's Export Trade［M］. Oxford：Clarendon Press, 1963：96-105.

　　1475年之后，呢布的出口开始恢复，这一时期汉萨参与的呢布出口的份额也有所增长。1470—1471年的比例为11.47%，到1479—1480年升至20.46%，到1487—1488年达到30.25%，为15世纪所占比例最高的年份。相较之下，本国商人在呢布出口方面的占有率，始终保持在50%左右（如表3-20所示）。

表3-20　1476—1500年呢布出口统计

单位：匹

时间	英格兰商人	汉萨商人	其他外国商人	合计	时间	英格兰商人	汉萨商人	其他外国商人	合计
1476—1477年	24319	8865	12817	46001	1488—1489年	24970	14905	13646	53521

续表

时间	英格兰商人	汉萨商人	其他外国商人	合计	时间	英格兰商人	汉萨商人	其他外国商人	合计
1477—1478年	28499	6314	4235	39048	1489—1490年	34262	15782	8334	58378
1478—1479年	42968	12217	12085	67270	1490—1491年	30321	10825	14921	56067
1479—1480年	33392	11581	11631	56604	1491—1492年	29097	14946	10652	54695
1480—1481年	38311	15568	10205	64084	1492—1493年	27970	14691	12610	55271
1481—1482年	38576	14573	13809	66958	1493—1494年	29866	17645	12022	59533
1482—1483年	16844	8213	9962	35019	1494—1495年	15759	602	5545	21906
1483—1484年	24682	13649	12515	50846	1495—1496年	16500	489	2854	19843
1484—1485年	21066	14770	10878	46714	1496—1497年	31357	16637	9766	57760
1485—1486年	33605	14628	9049	57282	1497—1498年	34832	16910	10486	62228
1486—1487年	19118	9022	5389	33529	1498—1499年	31875	18156	4613	54644
1487—1488年	17729	14390	15445	47564	1499—1500年	45610	17285	7275	70170

资料来源：CARUS-WILSON E. M, COLEMAN O. England's Export Trade [M]. Oxford：Clarendon Press, 1963：106-111.

值得一提的是，在英格兰出口的呢布中，有部分是未加工的或半加工的呢布，这些呢布需要运往荷兰或者佛兰德、意大利等地进行染色或者其他二次加工。有学者指出，"英格兰不具备像佛兰德和布拉班特那样适合染色的水源"❶。更重要的是，荷兰、佛兰德和意大利的染布和深加工的工业技术长期占据当时纺织业的领先地位。据考古发现的1458年4月的三块英国呢布显示，"其中一块布的染色工序不是本地方法，在中世纪英格兰无法使用巴西木进行染色。"❷

---

❶ C. Babington ed. Polychronicon, I, p. 288.cit., HARTE N. B, PONTING K. G. Cloth and Clothing in Medieval Europe：Essays in Memory of Professor EM Carus-Wilson [M]. Heinemann educational books, 1983：181.

❷ HARTE N. B, PONTING K. G. Cloth and Clothing in Medieval Europe：Essays in Memory of Professor EM Carus-Wilson[M]. London：Heinemann educational books, 1983：125.

三、矿产及其他商品的出口

中世纪英格兰出口的矿产主要是锡和铅。它们是国家铸币的核心原料，被置于英格兰政府的严格管理和控制之下。现存材料显示，中世纪最早的锡贸易发生在7世纪："约600年，圣约翰首次携带一桶锡到达亚历山大。"[1]

常规的锡出口，大致从13世纪初开始。"13世纪早期，锡曾以每年400吨至600吨的数量出口，在黑死病之前一度到达700吨。"[2] "13世纪初，由于德意志的锡矿还没有被发现和开发，欧洲大陆非常需要英格兰的锡产品，尤其是科隆和位于佛兰德金属工业中心的于伊、迪南、那慕尔和列治。大量的锡也出口至法国，可能分散于理查一世领域内的欧洲大陆的领地内。"[3]

1298—1304年，巴约纳的商人出口价值4667英镑的10100百重锡，出口主要是偿还部分英格兰国王对法国商人的欠款，而当时大宗的锡出口是被意大利商人控制的。[4]

"1336—1337年，意大利巴蒂家族从伦敦出口约150至160千重的锡，次年出口320至340千重，第3年出口165至175千重的锡产品。"[5]从表3-21中可以看出，到15世纪中期，意大利商人通过伦敦出口的锡的数量保持稳定。

[1] SALZMAN L. F. English Trade in the Middle Age[M]. Oxford：Oxford University Press，1931：280.

[2] SALZMAN L. F. English Trade in the Middle Age[M]. Oxford：Oxford University Press，1931：280–281.

[3] Chancellor's Roll，8 Ric. I，cit.，POOLE A. L. From Domesday Book to Magna Carta（1087—1216）[M]. Oxford：Oxford University Press，1958：83.

[4] PRO. E159/71. cit.，LLOYD T. H. Alien Merchants in England in the High Middle Ages[M]. Brighton，Sussex：Harvester Press；New York：St. Martin's Press，1982：92.

[5] Cal. of Close Roll. cit.，HATCHE J. English Tin Production and Trade before 1550[M]. New York：Oxford University Press，1973：95.

表3-21 1436—1449年从伦敦出口的锡和白蜡产品统计

时间	总价值	意大利商人参与比例	勃艮第商人参与比例	汉萨商人参与比例	英格兰商人参与比例	其他商人参与比例
1435—1436年	2420	84%	9%	3%	*	4%
1438—1439年	2900	81%	7%	10%	*	2%
1442—1443年	3550	68%	18%	*	14%	—
1446年	2970	67%	11%	21%	*	1%
1448—1449年	3170	—	27%	*	72%	1%

*表示无记录,标记—表示数据为零。

注:统计年以米迦勒节为分界,1446年的统计是从1446年1月至1446年米迦勒节。

资料来源:HATCHE J. English Tin Production and Trade before 1550[M].New York:Oxford University Press,1973:99.

　　而铅出口,到15世纪末才出现相关统计数据。1492年王室颁布法令规定,所有的锡、铅和铜产品的出口,必须通过南安普顿。[1]由该法令可见,这一时期的铅出口已经在政府管控之中。"海外对铅的需求量从15世纪中期的低谷之后开始回升,1492—1493年,赫尔港共出口1342英镑的铅,其中汉萨控制其中的585英镑,1493—1496年,汉萨控制825英镑铅的出口。"[2]

　　除了金属产品,英格兰还出口谷物和鱼类,它们同时出现在中世纪英格兰进口商品和出口商品的列表中。这两类商品的特点是,针对需求市场的变化,在前一个时期作为出口的商品,可能在后一个时期成为进口商品。

　　英格兰的谷物出口贸易从13世纪开始,谷物沿着塞汶河被运至林恩、伦敦或伯威克,出口至苏格兰、佛兰德、西兰岛和布拉班特,作为葡萄酒进口的交换商品之一,也出口至加斯科。"爱德华一世统治后期,战争导致粮食

---

[1] SALZMAN L. F. English Trade in the Middle Age[M]. Oxford:Oxford University Press,1931:280.

[2] KERMODE J. Medieval Merchants:York,Beverley and Hull in the later Middle Ages[M]. Cambridge:Cambridge University Press,1998:175.

大量出口。1296年春，分别有13500夸特小麦和13000夸特燕麦被运至法国，第二年也有相当数量谷物被运至加斯科。有伦敦商人参与的东部沿海港口的贸易中，谷物也是重要组成部分。"❶ "在赫尔、林恩和桑威奇等地丰收的年份，会出口粮食，出口数量甚至高达10000夸特。另外，波士顿、南安普顿和布里斯托尔等也都有出口谷物的记录。"❷ 13世纪，英格兰的谷物广泛出口至低地国家、法国和北欧地区，但是随着东德意志和波兰的谷物产区的发展，英格兰的谷物出口逐渐减少，东德意志等地区的谷物开始越来越多地输入西欧，英格兰逐渐成为谷物进口国。

英格兰出口的鲱鱼来源由两部分组成，一部分来自沿海渔场，通过沿海各港口出口；另一部分来自波罗的海渔场，通过大雅茅斯等港口进行转口贸易，主要面向加斯科地区。有资料显示，1310年秋天英格兰出口413拉斯特❸鲱鱼，价值1192英镑。1325年和1326年则分别出口价值898英镑和769英镑的鲱鱼。❹

第三节　进口贸易

一、葡萄酒的进口

英格兰从罗马时代开始进口葡萄酒。"在5世纪，英格兰已经开始运入作为宗教礼物的葡萄酒了。"❺ 11世纪中期之前，"进口葡萄酒的分销体系和零

---

❶ BOLTON J. L. The Medieval English Economy(1150—1500)[M]. London：Dent，1980：173.

❷ MILLER E，HATCHER J. Medieval England：Rural Society and Economic Change(1086—1348)[M]. London：Logman，1978：82.

❸ 拉斯特，lasts，英国重量单位，一般是4千磅，做谷物单位时，等于10夸特。

❹ LLOYD T. H. Alien Merchants in England in the High Middle Ages[M]. Brighton，Sussex：Harvester Press；New York：St. Martin's Press，1982：92.

❺ The Wine Drinker's Manual，London，1830，p. 214. cit.，SIMON A. L. The History of the Wine Trade in England[M]. London：Wyman & Sons Limited，1906：21.

售市场已经形成"❶。

12世纪亨利二世与法国阿基坦的埃莉诺联姻，1154—1453年英格兰的国王掌握着加斯科地区的统治权。❷由此开始，英格兰与加斯科的葡萄酒往来日渐频繁，相关的特许状在13世纪末出现。"1289年的特许状规定，波尔多商人可以在缴纳关税的情况下自由地将葡萄酒带入伦敦市，虽然伦敦市民抱怨这项特许的不公平性，但依然被实行。"❸

英格兰与加斯科之间的葡萄酒贸易在整个中世纪英格兰的葡萄酒贸易中占据主要地位。南安普顿和温彻斯特是最早的葡萄酒进口港，13世纪中后期，葡萄酒进口港为南安普顿、朴茨茅斯、桑威奇和伦敦。❹到14世纪，布里斯托尔、赫尔也成为进口葡萄酒的主要港口。

除了加斯科地区，英格兰也从其他地区进口葡萄酒，"11世纪前后，进入英格兰的葡萄酒主要来自莱茵和摩泽尔地区，意大利和东地中海，以及伊比利亚半岛"❺。"12世纪，来自塞浦路斯和西西里的葡萄酒开始出现在市场上。"❻汉萨商人也参与英格兰的葡萄酒进口，"他们主要参与进口摩泽尔白葡萄酒和莱茵地区的红葡萄酒，以及德意志的萨克森葡萄酒。"❼

由表3-22可见，13世纪中期开始，英格兰通过各大市集进行葡萄酒进口贸易。1244年，通过波士顿和林恩两市集进口的葡萄酒共有456桶，价值超

---

❶ SIMON A. L. The History of the Wine Trade in England[M]. London:Wyman & Sons Limited,1906:36.

❷ MILLER E, HATCHER J. Medieval England:Rural Society and Economic Change（1086—1348）[M]. London:Longman,1978:80.

❸ Letter Book A,fo. lv. b. cit.,SIMON A. L. The History of the Wine Trade in England[M]. London:Wyman & Sons Limited,1906:138.

❹ SIMON A. L. The History of the Wine Trade in England[M]. London:Wyman & Sons Limited,1906:117.

❺ ROSE S. The Wine Trade in Medieval Europe（1000—1500）[M]. London and New York:Continuum,2011:59.

❻ SIMON A. L. The History of the Wine Trade in England[M]. London:Wyman & Sons Limited,1906:282-283.

❼ SIMON A. L. The History of the Wine Trade in England[M]. London:Wyman & Sons Limited,1906:279.

过900英镑。1248—1254年，通过波士顿港进口的葡萄酒，年平均超过100桶。

表3-22 1240—1270年王室购入葡萄酒统计

时间	数量（桶）	货值	市集
1240年	75	—	波士顿
1241年	35	—	波士顿
1243年	20	38英镑8先令8便士	波士顿
1244年	426	844英镑14先令	波士顿
1244年	30	60英镑	林恩
1245年	200	—	斯坦福德
1248年	100	—	波士顿
1249年	30	—	波士顿
1250年	100	189英镑10先令	波士顿
1251年	100	—	波士顿
1252年	100	—	波士顿
1253年	200	—	波士顿
1254年	100	—	波士顿
1256年	1	—	圣艾夫斯
1257年	220	—	波士顿
1259年	—	57英镑10先令	温彻斯特
1268年	—	187英镑10先令	波士顿

资料来源：MOORE E. The Fairs of Medieval England：An Introductory Study[M]. Toronto：Pontifical Institute of Mediaeval Studies，1985：51.

到14世纪，葡萄酒进口的统计材料增多。根据吉姆的计算，"1300至1301年，英格兰进口葡萄酒的总量为14800吨。1318—1320年，仅伦敦一市进口葡萄酒5000至6000吨，1321—1323年，增加至8000吨"❶。"14世纪初，平均每年从加斯科出口至英格兰的葡萄酒价值约为6万英镑。"❷

14世纪中期开始，总进口量开始下降，"1350年代的进口量为8800吨，仅为1300年的一半"❸。从表3-23的统计中也可以看出，1345年1月的葡萄酒进口额约为490英镑，与1244年的900英镑相比，差距明显。

表3-23　1345年1月的葡萄酒进口价值统计

港口	进口额
波士顿	140英镑0先令0便士
布里斯托尔	80英镑0先令0便士
桑维奇	35英镑0先令0便士
南安普顿	75英镑6先令10.75便士
托普瑟姆	40英镑0先令0便士
大雅茅斯	20英镑0先令0便士
赫尔	100英镑0先令0便士
总计	490英镑6先令1.75便士

资料来源：Cal.of Patent Rolls，18 Edw.Ⅲ.，part Ⅱ.，m.1.cit.，SIMON A.L. The History of the Wine Trade in England[M]. London：Wyman & Sons Limited，1906：241.

1360年代，随着加斯科地区葡萄酒产出量增加，出口至英格兰的数量也开始复苏。据估计，"1360年代，加斯科地区平均每年的葡萄酒出口量为

❶ JAMES M. K. The Fluctuations of the Anglo-Gascon Wine Trade during the Fouteenth Century［J］. The Economic History Review，1951（4）：170-196.

❷ JAMES M. Studies in the Medieval Wine Trade［M］. Oxford：Clarendon Press，New York：Oxford University Press，1971：9-10.

❸ JAMES M. K. The Fluctuations of the Anglogascon Wine Trade during the Fouteenth Century［J］. The Economic History Review，1951（4）：170-196.

33000吨，其中很大一部分都出口至英格兰"❶。"1383—1384年，近17000
吨葡萄酒进口至英格兰，1389—1390年，伦敦、赫尔两港进口8000吨，从
1388年3月—1390年2月的23个月中，共进口28500多吨葡萄酒，1390—
1391年进口12300吨，虽然这些葡萄酒不全来自波尔多，但都来自法国"❷。

14世纪末至15世纪末，英格兰进口葡萄酒的总量相较于之前有一定程度
的减少。从表3-24可以看出，15世纪进口超过万吨的年份较少，大部分年份
的平均进口量在6000~9000吨之间波动。"英格兰与加斯科的葡萄酒贸易到
15世纪末逐渐减少。"❸

表3-24　15世纪英格兰葡萄酒进口数量统计

单位：吨

时间	进口量	时间	进口量	时间	进口量
1402—1405年	6237	1429—1432年	8940	1453—1456年	6826
1405—1408年	6220	1432—1435年	9950	1456—1459年	4072
1408—1411年	13696	1435—1438年	6097	1459—1462年	4190
1411—1414年	12113	1438—1441年	10509	1462—1465年	7074
1414-1417年	17063	1441—1444年	11748	1465—1469年	5942
1417—1420年	10975	1444—1446年	12275	1469—1471年	3411
1420—1423年	5168	1446-1448年	11000	1471—1476年	4729
1423—1426年	3591	1448—1450年	9432	1476—1479年	6887
1426—1429年	6821	1450—1453年	7424	1479—1482年	6927

资料来源：波斯坦.剑桥欧洲经济史·中世纪的贸易和工业[M].王春法，译.北京：经济科学出版社，
2004：203.

---

❶ JAMES M. K. The Fluctuations of the Anglo-Gascon Wine Trade during the Fouteenth Century [J].
The Economic History Review，1951(4)：170-196.

❷ JAMES M. K. The Fluctuations of the Anglo-Gascon Wine Trade during the Fouteenth Century [J].
The Economic History Review，1951(4)：170-196.

❸ JAMES M. K. The Fluctuations of the Anglo-Gascon Wine Trade during the Fouteenth Century [J].
The Economic History Review，1951(4)：170-196.

从表3-25赫尔港的进口统计也可以看出类似的减少趋势。❶1450年开始，港口平均每年的葡萄酒进口跌出千吨数量级，其后半个世纪再没有超过700吨。

表3-25　14—15世纪赫尔港葡萄酒进口统计

单位：吨

时间	进口量	年平均量	时间	进口量	年平均量
1385—1390年	2985	1494	1445—1450年	5736	1147
1390—1395年	803	803	1450—1455年	3430	686
1395—1400年	—	—	1455—1460年	1033	207
1400—1405年	2118	1095	1460—1465年	1782	356
1405—1410年	5352	1070	1465—1470年	1876	375
1410—1415年	7786	1557	1470—1475年	2152	430
1415—1420年	5719	1144	1475—1480年	2989	598
1420—1425年	1815	908	1480—1485年	2115	423
1425—1430年	3104	621	1485—1490年	1458	292
1430—1435年	4877	975	1490—1495年	2189	438
1435—1440年	3310	662	1495—1500年	2587	517
1440—1445年	5635	1127	1500—1505年	2447	489

　　注：1385—1390年的统计进口量是其中2年的数据，1390—1395年的统计是其中1年的数据，1400—1405年的统计是其中2年的数据，1420—1425年的统计是其中2年的数据。

　　资料来源：JAMES M. Studies in the Medieval Wine Trade[M]. Oxford：Clarendon Press，New York：Oxford University Press，1971.V.C.H. Hull，cit.，KERMODE J. Medieval Merchants：York，Beverley and Hull in the later Middle Ages[M]. Cambridge：Cambridge University Press，1998：178.

　　这一时期，控制葡萄酒进口贸易的商人结构也发生明显的变化。15世纪之前，由于英格兰商人拥有免税特权，使其在葡萄酒进口贸易领域占据优势

---

　　❶虽然单个港口数据并不能说明整体的问题，但是从15世纪开始，赫尔港和布里斯托尔是两大最主要的葡萄酒进口港，其数据具备一定的代表性。

地位。但是从15世纪中期开始，外国商人开始在进口葡萄酒方面显示出较强实力。从贸易占比来看，1446年之前，超过5/6的葡萄酒进口掌握在英格兰商人的手中，到1468—1475年，这个比例下降为66%。[1]从贸易数量来看，1449—1456年，每年通过英格兰商人进口红葡萄酒5000吨左右，到了1456—1462年，进口量降至3000吨。[2]这种贸易份额的丧失在15世纪70年代有少量回升。"1469—1471年平均量为2100吨，1471—1476年约为3600吨。随着本国商人贸易活动的总体复兴，葡萄酒的总体进口量也相应增长，1476—1478年为4774吨，1478—1481年为6639吨。"[3]

但从表3-26中可以看出，到15世纪80年代，虽然本国商人的贸易份额有所恢复，但外国商人的年平均进口量仍然超过英格兰商人。这种趋势与当时英格兰商人在欧洲范围内大规模扩展的态势恰好相反。

表3-26　1468—1481年英格兰和英格兰以外商人参与进口葡萄酒数量统计

单位：吨

英格兰商人		英格兰以外商人	
时间	年平均进口量	年平均进口量	年平均总进口量
1469—1471年	1100	2100	3200
1471—1476年	1600	3600	5200
1476—1479年	1196	4774	5970
1479—1481年	474	6639	7113

资料来源：POWER E, POSTAN M.M, eds. Studies in English Trade in the 15th Century[M]. Manchester: Manchester University Press, 1951：32-33.

---

[1] POWER E, POSTAN M. M, eds. Studies in English Trade in the 15th Century[M]. Manchester: Manchester University Press, 1951：31.

[2] POWER E, POSTAN M. M, eds. Studies in English Trade in the 15th Century[M]. Manchester: Manchester University Press, 1951：31.

[3] POWER E, POSTAN M. M, eds. Studies in English Trade in the 15th Century[M]. Manchester: Manchester University Press, 1951：32.

无论哪国商人经手，两地这种相互需求是形成稳定的贸易往来的最主要动力。直到15世纪后半叶，他们之间的联系依然紧密。"1444—1449年，从英格兰进口葡萄酒的数量来看，加斯科是主要的葡萄酒进口地，1447秋至1448年秋进口12000桶，1448—1449年进口13000桶。"❶

二、谷物的进口

中世纪的谷物包括小麦、大麦、黑麦、燕麦等。上文已经提到，谷物同时存在于英格兰进口贸易和出口贸易两个领域之中。在不同的年份，由于生产或者市场方面的变化，这种商品常常以转口商品存在于英格兰的对外贸易中。❷

之所以在进口贸易的部分对谷物进行着重讨论，是因为在整个对外贸易活动中，相较于谷物出口，英格兰更是一个谷物的消费市场，进口的份额更大、更重要。已有学者指出，"相较于波罗的海地区对于英格兰呢布的诉求，英格兰对于波罗的海的木材、鱼类和谷物的诉求更迫切。"❸

由于谷物主要通过波罗的海和北海沿岸进口，因此，英格兰东部和南部港口是主要的谷物进口港。进口的粗粮谷物主要有黑麦和燕麦，用以满足英格兰中下层人群，以赫尔港为例，"1305—1325年，进口的小麦和大麦的数量分别为1464夸特和496夸特，而进口的燕麦数量为5391夸特，黑麦数量为12847夸特。1324—1325年，进口9585夸特黑麦。"❹谷物贸易主要由汉萨商人以及部分意大利商人经手。

---

❶ Enrolled Customs Accounts, cit., POWER E, POSTAN M. M, eds. Studies in English Trade in the 15th Century[M]. Manchester: Manchester University Press, 1951: 41-43.

❷ 转口贸易是指商品在某港口或者城市停留再进行第二次的贸易活动。

❸ KERMODE J. Medieval Merchants: York, Beverley and Hull in the later Middle Ages[M]. Cambridge: Cambridge University Press, 1998: 181.

❹ PRO, E 122, 55/19, 56/7, 56/10, 56/26, 57/1, 57/10.cit., HYBEL N. The Grain Trade in Northern Europe before 1350[J]. The Economic History Revie, 2002, 55: 219-247.

13世纪波罗的海地区黑麦等廉价谷物基本实现商业化。英格兰在这一时期，开始大量地进口谷物。"13世纪，易北河中游、勃兰登堡和梅克伦堡是出口谷物尤其是出口黑麦的主要地区。"❶到14世纪初，德意志、波兰和俄罗斯及其他波罗的海的沿海国家已定期向英格兰和挪威输送谷物。❷从表3-27中可以看出，13世纪上半叶，温彻斯特教区的小麦市场的谷物来源已经明显分为进口谷物和本地生产的谷物，本地生产的谷物在100年间变化并不大，而从13世纪40年代开始，进口小麦的比例开始明显高于本地生产的谷物，并在其后的相当长时间内保持着这种高比例。

表3-27 1208—1299年温彻斯特教区小麦市场进口统计

单位：夸特

时间	进口	本地	时间	进口	本地
1208—1209年	38	34	1258—1259年	127	40
1210—1211年	50	32	1262—1263年	188	44
1211—1212年	39	34	1264—1265年	133	43
1213—1214年	42	34	1265—1266年	159	43
1215—1216年	34	25	1266—1267年	118	37
1217—1218年	31	25	1267—1268年	88	33
1218—1219年	30	27	1277—1278年	156	41
1219—1220年	31	24	1278—1279年	126	40
1220—1221年	47	35	1282—1283年	107	43
1223—1224年	49	33	1283—1284年	115	39
1224—1225年	35	31	1285—1286年	110	43
1225—1226年	38	27	1286—1287年	87	36
1226—1227年	30	28	1287—1288年	81	38
1231—1232年	59	29	1288—1289年	112	41

❶ DOLLINGER P, ed. The German Hansa[M]. London and New York：Routledge，1999：221.

❷ HYBEL N. The Grain Trade in Northern Europe before 1350[J]. The Economic History Revie，2002（55）：219-247.

续表

时间	进口	本地	时间	进口	本地
1232—1233年	74	40	1289—1290年	122	43
1235—1236年	69	34	1290—1291年	91	41
1236—1237年	47	36	1291—1292年	96	41
1244—1245年	62	36	1292—1293年	96	48
1245—1246年	148	41	1293—1294年	67	39
1246—1247年	180	40	1297—1298年	81	41
1248—1249年	169	44	1298—1299年	90	45
1253—1254年	161	41	1299—1300年	123	44
1254—1255年	64	29			
1257—1258年	128	47	总计	4138	1709

注：这里区分进口和本地的标准的，是进口小麦在价格上相较于本地小麦有规定，因此从价格上进行区分。

资料来源：GRAS N. S. B. The Evolution of the English Corn Market from the Twelfth to the Eighteenth Century[M]. Cambrige：Harvard University Press，1926：369.

14世纪上半叶，谷物进口进一步发展。从表3-28赫尔港谷物进出口统计中可见，在有谷物进口的年份，数量都非常大。例如，1324—1325年，谷物进口突破1万夸特。

表3-28　1304—1347年赫尔港外国商人进出口谷物统计

单位：夸特

时间	出口	进口
1304—1305年	7719	0
1305—1306年	424	4582
1306—1307年	5218	0
1307—1308年	3165	256
1308—1309年	268	1746

时间	出口	进口
1310—1311年	3	85
1322—1323年	0	2693
1324—1325年	0	10751
1346—1347年	4416	0
总计	21213	20113

注:一个统计年随着当时的法令在9月和10月之间变动,进口谷物的数量会从谷物价格方面受到影响。

资料来源:PRO.,E 122,55/16,55/17,55/19,55/20,55/23,56/2,56/3,56/7,56/10,56/14,56/26,57/1,57/2,57/10,6/1,193/14.cit.,HYBEL N. The Grain Trade in Northern Europe before 1350[J]. The Economic History Review,2002(55):219-247.

作为英格兰东部重要的港口,赫尔居英格兰东部偏北,周边分布有贝弗利、林肯等城镇,而林恩在英格兰东部靠南,是肯特半岛重要的港口。自然条件等多方面的原因导致他们的谷物进出口有明显不同。就14世纪上半叶的数据来看,赫尔港的谷物出口多于进口,而林恩港则进口远远多于出口(如表3-29所示)。

表3-29 1306—1326年林恩及周边港口外国商人进出口谷物价值统计

单位:英镑

时间	出口	进口
1306—1307年	456	9
1308—1309年	235	156
1322—1323年	0	118
1323—1324年	0	150
1324—1325年	0	1057
1325—1326年	40	70

时间	出口	进口
总计	731	1560

注：最早的记录从1303年开始。其中51个贸易活动中有9件无法分辨是进口还是出口，按出口处置。有12条记录中没有将谷物和其他商品分开。1306年出现同样的情况。1304年的数据被破坏得比较严重。1308—1309年没有数量记录，仅有货值记录。

资料来源：PRO.，E 122,93/2,93/3,93/4,93/17,93/19,93/22,93/25,93/28.cit.,HYBEL N. The Grain Trade in Northern Europe before 1350[J].The Economic History Review,2002(55):219—247.

虽然谷物贸易在13—14世纪已经形成常规化贸易，但是谷物贸易的地区性差异明显。参考表3-30可知，埃克塞特、达特茅斯、赫尔、纽卡斯尔、普尔和南安普顿更多地进口谷物，而波士顿、布里奇沃特、布里斯托尔等则出口较多谷物。这与当时的社会生产和人口规模都有紧密联系。❶

表3-30　14-15世纪各港口谷物进口数量统计

单位：夸特

港口	时间	时间段	数量
波士顿	1471—1472年	11月27日—5月14日	8
布里奇沃特	1482—1483年	4月8日—5月20日	126
布里斯托尔	1479—1480年	米迦勒—复活节	15
奇切斯特	1395—1396年	米迦勒—米迦勒	99
	1397年	2月17日—米迦勒	168
	1397—1398年	米迦勒—米迦勒	29.5
	1398—1399年	米迦勒—9月15日	8
	1466—1467年	10月3日—米迦勒	6
	1497—1498年	米迦勒—米迦勒	24
	1499—1500年	米迦勒—米迦勒	467

❶ GRAS N. S. B. The Evolution of the English Corn Market from the Twelfth to the Eighteenth Century [M]. Cambridge:Harvard University Press,1926:281—296.

续表

港口	时间	时间段	数量
埃克塞特和达特茅斯	1323年	2月3日—4月30日	2422
	1324—1326年	4月30日—5月26日	813
	1391—1392年	12月8日—6月20日	186
	1398—1399年	12月2日—9月15日	1801
	1469年	9月14日—12月9日	162
	1470—1471年	11月18日—6月10日	510
赫尔	1461—1462年	3月7日—米迦勒	1780
	1471年	2月5日—6月18日	306
	1471—1472年	米迦勒—米迦勒	6
伊普斯维奇	1386—1387年	11月28日—1月10日	4.5
伦敦	1307年	3月26日—米迦勒	53.5
	1495年	1月18日—米迦勒	100
林恩	1303年	2月25日—米迦勒	430
	1305—1306年	米迦勒—米迦勒	1199
	1308—1309年	米迦勒—8月8日	487
	1322—1323年	7月20日—米迦勒	37
	1323—1324年	米迦勒—米迦勒	1382.5
	1324—1325年	米迦勒—米迦勒	5391.5
	1325—1326年	米迦勒—3月16日	435
	1461年	3月4日—11月18日	125
	1466—1467年	11月2日—11月2日	160
纽卡斯尔	1390年	11月30日—12月8日	5
	1390年	米迦勒—12月8日	5
	1472年	1月1日—3月17日	481
	1488—1489年	10月28日—米迦勒	108
	1499—1500年	米迦勒—米迦勒	214
普利茅斯	1391—1392年	12月8日—6月20日	89
	1461—1462年	米迦勒—米迦勒	586
	1478—1479年	米迦勒—米迦勒	20

续表

港口	时间	时间段	数量
普利茅斯	1479—1480年	米迦勒—米迦勒	2
	1497—1498年	米迦勒—米迦勒	9
	1498—1499年	米迦勒—米迦勒	101.5
普尔	1461—1462年	米迦勒—米迦勒	60
	1466—1467年	3月14日—2月12日	150
	1467—1468年	2月12日—8月1日	30
	1471—1472年	米迦勒—7月22日	108
	1487—1488年	米迦勒—米迦勒	144
桑维奇	1304—1306年	米迦勒—米迦勒	8
	1327—1328年	1月20日—米迦勒	20
	1371—1372年	11月1日—11月1日	132
	1398年	2月17日—5月19日	76
	1467—1468年	8月28日—2月4日	90
南安普顿	1330—1331年	12月18日—3月16日	45
	1371—1372年	11月1日—11月1日	6.5
	1448—1449年	12月29日—米迦勒	1191
	1463—1464年	7月19日—12月26日	498.25
	1464年	米迦勒—12月26日	72
	1487—1488年	米迦勒—米迦勒	160
	1491—1492年	米迦勒—米迦勒	70
	1496—1497年	米迦勒—米迦勒	217
大雅茅斯	1398—1399年	5月1日—5月1日	2428
	1410—1411年	3月22日—米迦勒	260
	1418年	7月26日—米迦勒	4

注：谷物的贸易周期通常是米迦勒节，即每年一次。

资料来源：K.R.Customs Accounts，1275-1565.cit.，GRAS N.S.B. The Evolution of the English Corn Market from the Twelfth to the Eighteenth Century[M]. Cambridge：Harvard University Press，1926：271-280.

三、染料、毛皮的进口

除了葡萄酒和谷物，染料、毛皮也是英格兰主要的进口商品。染料用于呢布加工；毛皮[1]一方面作为奢侈品供王室和贵族使用，另一方面为以伦敦为中心的制革业提供原料。

英格兰从欧洲多个地区进口染料，从法国进口靛蓝染料，从北欧进口地衣类染料，从地中海地区进口绿色、亮黄色及特殊的红色染料。[2]从12世纪开始，佛兰德商人掌握这种染料贸易，到14世纪，法国皮卡第商人成为英格兰主要的染料商人。靛蓝主要的进口港口有南安普顿、林恩、布里斯托尔以及其他靠近呢布工业中心的港口。

13世纪开始出现染料贸易的记录。"1213年，通过英格兰南部港口和东部港口进口的染料共计价值近600英镑。"从表3-31的统计中可见，14世纪靛蓝的进口规模。英格兰各个呢布生产区对染料的需求是靛蓝进口贸易的最重要动力。

表3-31　14世纪各港口靛蓝进口统计及所占货值比例统计

时间	港口	总进口货值(英镑)	靛蓝进口货值比例
1304年7月—1309年8月	赫尔	10898	35%
1303年2月—1307年11月	林恩	14409	21%
1310—1311年	大雅茅斯	2480	48%
1325—1326年	大雅茅斯	910	20%
1304—1305年	伊普斯维奇	2403	33%
1324—1327年	伊普斯维奇	1831	54%

[1] 详见蒋继瑞. 近代早期英格兰海上毛皮贸易研究[J]. 海交史研究,2018(2).

[2] 谷物红(Grain),从葡萄牙进口,是一种用于特殊红色呢布的染色,是一种昆虫染剂。引自POWER E,POSTAN M. M,eds. Studies in English Trade in the 15th Century[M]. Manchester:Manchester University Press,1951:221.

续表

时间	港口	总进口货值（英镑）	靛蓝进口货值比例
1308—1309年	南安普顿	3779	30%
1310—1311年	南安普顿	5756	48%

资料来源：LLOYD T.H. Alien Merchants in England in the High Middle Ages[M]. Brighton，Sussex：Harvester Press，New York：St. Martin's Press，1982：50-58.

　　由于染料在购买后需尽快运往所需的呢布生产地，因此，虽然伦敦是中世纪英格兰最大的商业中心，但是其染料贸易量始终少于呢布生产中心附近的港口城市。"1305年，各个港口的染料贸易额分别为伦敦219英镑，南安普顿548英镑，大雅茅斯168英镑。从海关卷档中也能够看出同样的特点，经伦敦进口的染料只是供应本地呢布工业。"[1]从表3-32可以看出，随着波士顿港腹地纺织工业发展，其进口的染料数保持较大的数量。

表3-32　14世纪末波士顿港进口染料统计

时间	进口染料价值
1384年6月—9月	233英镑33先令4便士
1390年	145英镑4先令
1391年10月—12月	155英镑1先令4便士
1392年	312英镑14先令
1393年至1394年	339英镑

资料来源：RIGBY S. H，ed. The Overseas Trade of Boston in the Reign of Richard II[M]. Woodbridge：Boydell Press，2005：40-42.

　　最早出现与毛皮贸易相关材料的地方，是在公元前5世纪的塞西亚[2]，英

---

[1] PRO. E159/79. cit.，LLOYD T.H. Alien Merchants in England in the High Middle Ages[M]. Brighton，Sussex：Harvester Press，New York：St. Martin's Press，1982：75.

[2] 塞西亚，今俄罗斯境内。

格兰在9世纪前后出现了有关毛皮交换的记录，"8—9世纪，挪威和丹麦人携带白貂皮等在波罗的海和北海地区进行贸易"❶。

13世纪初，毛皮贸易开始发展，这时"德意志商人迅速在伦敦获得进口皮革的特许。大部分毛皮来自诺夫哥罗德以及欧洲内陆，毛皮穿过波罗的海的港口到达德意志、英格兰和佛兰德。"❷从表3-33英格兰王室进口毛皮的统计中可以看出，13世纪英格兰的毛皮进口数量已非常可观。

表3-33　1243—1265年王室进口毛皮统计

时间	种类	货值	经手商人	市集
1243年	15000兔皮 25000松鼠皮	—	—	波士顿和林恩
1244年	冬松鼠皮和白蜡	90英镑10先令8便士	哥特兰	波士顿
1244年	兔皮	27英镑12先令6便士	里斯本	温彻斯特
1248年	毛皮	—	—	圣艾夫斯
1246年	冬松鼠皮和白蜡	223英镑17先令10便士	哥特兰	林恩
1250年	冬松鼠皮	31英镑10先令	挪威和哥特兰	波士顿
1250年	毛皮	6英镑	基德明斯特	北安普顿
1250年	毛皮	4英镑19先令6便士	林恩	伊利
1251年	毛皮	8英镑14先令	英格兰	圣埃德蒙兹
1252年	毛皮	2英镑14先令6便士	利奇菲尔德	圣埃德蒙兹
1254年	冬松鼠皮	68英镑6先令4便士	北安普顿	圣艾夫斯
1255年	小羊皮装饰品	5英镑16先令	—	北安普顿
1256年	毛皮	7英镑3先令4便士	—	威斯敏斯特
1256年	冬松鼠皮和白蜡	105英镑10先令4便士	哥特兰	波士顿
1265年	毛皮	20英镑4先令6便士	北安普顿	北安普顿
1265年	毛皮	9英镑15便士	—	斯坦福德

❶ INGRAMS F. C. Furs and the Fur Trade[J]. Journal of the Royal Society of Arts, 1924(72): 593-605.
❷ INGRAMS F. C. Furs and the Fur Trade[J]. Journal of the Royal Society of Arts, 1924(72): 593-605.

续表

时间	种类	货值	经手商人	市集
1265年	毛皮ª	32英镑6先令	北安普顿和约克	斯坦福德

资料来源：MOORE E. The Fair of Medieval England：an Introducting Study［M］. Toronto：Pontifical Institute of Medieval Studies，1985:53.

注：a：包括单价38先令的白貂帽5顶，单价36先令的白貂帽3顶，单价16先令的白貂皮6张，单价26先令6便士的松鼠皮3张，单价20先令9便士的松鼠皮3张，以及其他12磅4先令的毛皮。

14世纪末开始，消费皮毛的阶层开始下移。夏季松鼠皮是松鼠皮中最便宜的一种，从表3-34可见，从14世纪末至15世纪中叶，夏季松鼠皮的进口数量虽有波动，但整体是增加趋势，到1438年，其进口数量约等于1390年进口数量的5倍。这一部分皮毛的主要消费群体是普通市民阶层。

表3-34　1390—1439年松鼠皮进口情况统计

时间	松鼠毛皮数量（张）
1390年米迦勒—1391年米迦勒	18400
1392年7月	53140
1420年米迦勒—1421年3月	45000
1428年米迦勒—1429年米迦勒	52300
1437年米迦勒—1438年米迦勒	37500
1438年米迦勒—1439年米迦勒	86840

资料来源：VEALE E. M. The English For Trode in the Later Middle Ages［M］. Oxford：Clarenden Press，1966:77.

比较昂贵的松鼠皮和貂皮贸易从15世纪末开始明显下滑（如表3-35所示）。这种减少可能来自两方面的原因，一方面是汉萨商人在15世纪面临的内部发展的困境，另一方面是重要的波罗的海的毛皮交易中心诺夫哥罗德长期被战乱影响。

表3-35　1390—1547年外国商人进口的松鼠皮和白貂皮至伦敦的数量统计

时间	松鼠皮		白貂皮	
	数量(张)	价值(英镑)	数量(张)	价值(英镑)
1390—1391米迦勒–米迦勒	351000	2230	775	20
1400年12月—1401年4月	124000	630	300	5
1438—1439年米迦勒–米迦勒	175620	—	20	—
1480—1481年米迦勒–米迦勒	65780	420	240	—
1502—1503年米迦勒–米迦勒	35080	146～200	—	—
1512—1513年米迦勒–米迦勒	38200	160～230	—	—
1536—1537年米迦勒–米迦勒	8040	—	240	—
1546—1547年米迦勒–米迦勒	18000	18	—	—

资料来源：VEALE E.M. The English Fur Trade in the Later Middle Ages[M]. Oxford：Clarendon Press，New York：Oxford University Press，1966：158-159.

但是毛皮贸易并没有就此彻底衰落，从16世纪开始，皮革商开始从西班牙、意大利等地中海国家和地区进口毛皮。其中典型的毛皮是西班牙的羊皮。"黑羊皮和白羊皮同时进口，不同等级的毛皮供应不同人群的消费，上等黑羊皮主要用于上层社会消费，大腿上的平展毛皮用作内衬。"[1]从表3-36中可知看出羔羊皮的贸易量在16世纪迅速发展，而海狸皮则几乎在伦敦的毛皮市场上消失了。

表3-36　1480—1547年外国商人进口的海狸皮、羔羊皮至伦敦的数量统计

时间	海狸皮(Beaver)		羔羊皮(Budge)	
	数量(张)	价值(英镑)	数量(张)	价值(英镑)
1480—1481年米迦勒–米迦勒	300	—	550	7
1502—1503年米迦勒–米迦勒	—	—	19500	244

---

[1] VEALE E. M. The English Fur Trade in the Later Middle Ages［M］. Oxford：Clarendon Press，New York：Oxford University Press，1966：167.

续表

时间	海狸皮（Beaver）		羔羊皮（Budge）	
	数量（张）	价值（英镑）	数量（张）	价值（英镑）
1512—1513年米迦勒–米迦勒	—	—	5680	—
1536—1537年米迦勒–米迦勒	—	—	578	—
1546—1547年米迦勒–米迦勒	—	—	2220	137

资料来源：VEALE E.M. The English Fur Trade in the Later Middle Ages[M]. Oxford：Clarendon Press，New York：Oxford University Press，1966：158–159.

第 四 章

参与贸易活动的商人
及其商业资本流向

米勒和哈彻认为，商人是"常规的进行贸易活动的人员。而城镇商人，是连接城镇和商品腹地的纽带，是从事可持续性贸易的人群"❶。桑巴特等学者则认为，无论商人的资本源自农产品的获利，还是城市租金的获利，抑或是来自贸易，商人们实质上依然是地主。❷而波斯坦认为，职业商人在经济生活中所起的作用，可以看作是贸易发展的一个标尺。刚开始他们的作用微不足道，随着时间的推移而变得越来越重要。❸

"商人和商人群体，可以说是中世纪城镇最重要的群体。商人社会在某种程度上是城市社会的次级团体。他们分享经济基础，有权力且与权力相互依存，商人阶层包含一个无法想象的庞大的范围。相较于其他可以定义的阶层，商人阶层是流动的社会群体，且掌握相当大的财富。"❹

---

❶ MILLER E, HATCHER J. Medieval England: Towns, Commerce, and Crafts(1086—1348)[M]. New York: Longman, 1995: 226.

❷ POSTAN M. M. Medieval Trade and Finance[M]. Cambridge: Cambridge University Press, 1973: 14.

❸ 波斯坦. 剑桥欧洲经济史·中世纪的贸易和工业[M]. 王春法, 译. 北京: 经济科学出版社, 2004: 182.

❹ KERMODE J. Medieval Merchants: York, Beverley and Hull in the later Middle Ages[M]. Cambridge: Cambridge University Press, 1998: 15.

在中世纪英格兰的对外贸易舞台上，以佛兰德、意大利和德意志商人为代表的外国商人的影响非常深远。他们的这种影响力不仅表现在对外贸易方面，而且表现在王室财政、军事和外交、货币流通等诸多领域。

由表4-1可见，在14世纪波士顿活动的外国商人几乎涉及当时每一个贸易领域。"直到16世纪中期，在汉萨特权被废除、意大利商团的资本撤回之前，外国商人一直是英格兰经济社会的重要组成部分。"❶

与此同时，英格兰商人从13世纪末开始逐渐发展壮大。羊毛商人公会、集中地商人公会、冒险商人公会等先后出现，他们于14世纪中期开始迅速发展，他们为了商业扩张而积极向王室争取特权。

表4-1　1303—1336年外国商人在波士顿的贸易活动统计

时间	呢布进口（匹）	白蜡进口（百磅）	其他商品进口（英镑）	其他商品出口（英镑）	羊毛出口（袋）	皮革出口（拉斯特）	呢布出口（匹）
1303年2月10日—米迦勒	1335	313	5329	4046	2245	3.45	286
1303—1304年	2463	213	8201	2497	2691	22.43	72
1304—1305年	4167	318	8785	4035	7459	9.56	239
1305—1306年	2458	489	9172	3704	5353	9.23	169
1306—1307年	3299	368	9538	4108	6381	20.85	138
1307—1308年	2989	217	8667	3817	5336	11.17	169
1308年—1309年8月28日	3556	149	9958	1699	5881*	9.58*	60
1310年8月2日—米迦勒	2055	127	2661	1118	5043*	2.80*	41

❶ LLOYD T. H. Alien Merchants in England in the High Middle Ages［M］. Brighton，Sussex：Harvester Press；New York：St. Martin's Press，1982：208-209.

续表

时间	呢布进口（匹）	白蜡进口（百磅）	其他商品进口（英镑）	其他商品出口（英镑）	羊毛出口（袋）	皮革出口（拉斯特）	呢布出口（匹）
1310—1311年10月27日	3313	248	7515	3183	5771	4.42	63
1322年7月20日—米迦勒	126	151	1659	0	491	0	0
1322—1323年	1231	692	4942	1592	5139	1	39
1323—1324年	3384	583	5955	593	3267	0	29
1324—1325年	3275	331	7557	1361	3410	3.46	7
1325—1326年	1211	362	3364	749	1967	1.50	11
1326—1327年	2345	237	8035	1685	3032	10.40	33
1327—1328年8月27日	4943	184	4294	755	2045	2.10	7
1328年8月28日—1329年	4603	489	8170	1536	4045	0.98	66
1329—1330年	1959	98	7466	1219	2306	5.55	40
1330—1331年	6296	460	5684	904	3356	0.38	26
1331—1332年	3619	200	6223	1026	4083	0.38	13
1332—1333年	1087	290	4926	369	4043	0.15	11
1333—1334年	1070	330	5322	1233	3290	0.20	23
1334—1335年	172	157	6441	483	483	0.10	7
1335年–1336年8月23日	3961	199	6968	---	2552	0	37

注：*是当年12个月内羊毛和皮革的统计数据。

资料来源：LLOYD T.H. Alien Merchants in England in the High Middle Ages[M]. Brighton，Sussex：Harvester Press；New York：St. Martin's Press，1982：表1-5.

第一节　意大利和佛兰德商人

一、意大利商人的贸易活动

参与英格兰对外贸易的意大利商人，分为前期商人和后期商人。前期商人，指14世纪中叶以前的意大利商人。他们以家族为单位，参与羊毛出口贸易，他们是英格兰王室借款的主要来源，借款通常以相应的贸易特权或者税收作为抵押，因此，他们也被称为"银行家商人"；后期商人，指14世纪中叶以后的意大利商人。他们以城市共同体为单位，参与的贸易领域不再是单一的羊毛领域，而是涉及羊毛、呢布、染料、奢侈品等诸多商品。这一时期的商人以威尼斯商人、热那亚商人和佛罗伦萨商人为代表。

13世纪，已有意大利商人携带特许状在英格兰进行贸易的材料。"1217年的材料显示，一个拥有英格兰特许状的意大利商人，国王允许他出口100张爱尔兰皮毛，每张价值15马克，100袋爱尔兰羊毛，每袋价值5马克。"[1] "1245年，国王支付给卢卡商人（Reyner）及其伙伴50英镑，购买1匹长锻和6个刺绣。"[2] "1274年，里卡蒂商人在波士顿市集上购买120袋羊毛，支付1200马克。"[3]

13世纪末，意大利商人在英格兰的活动进入稳定发展期。"这时，从英格兰到地中海的航海线正式通航，双方的联系开始频繁。"[4] 1273年的一份协议显示，意大利商人经手的羊毛出口占据英格兰羊毛出口总量的相当比例："当年羊毛出口总量为32743袋，其中35%由英国人经手，24.5%由意大利人

[1] LLOYD T. H. The English Wool Trade in Middle Age[M]. Cambridge：Cambridge University Press，1977：15.

[2] Calendar of Liberate Rolls，1240-1245，p. 309. cit.，KAEUPER R. W. Bankers to the Crown[M]. Princeton：Princeton University Press，1973：5.

[3] KAEUPER R. W. Bankers to the Crown[M]. Princeton：Princeton University Press，1973：37.

[4] LLOYD T. H. Alien Merchants in England in the High Middle Ages[M]. Brighton，Sussex：Harvester Press，New York：St. Martin's Press，1982：168-169.

经手，21.75%由法国人经手，11%由布拉班特人经手，4.5%由德意志人经手，其余3.5%由西班牙和列日商人经手。"❶表4-2中也可以看出，1275年仅里卡蒂商人家族经手的羊毛出口数量已近300袋。同时从表中可见，他们的贸易活动并没有明显的季节性，各个月份贸易量相对平均，由此可以推测出当时两者之间存在较为稳定的商船数量。

表4-2 13世纪意大利里卡蒂商人出口羊毛统计

通过赫尔		通过纽卡斯尔	
日期	出口量	日期	出口量
1275年7月7日	37袋	1293年6月26日	25袋
1275年7月21日	76袋10石	1293年8月8日	14袋3石
1275年7月25日	27袋	1293年8月24日	18袋
1275年8月3日	74袋1.5石	1293年9月30日	12袋
1275年9月10日	20袋21石	1294年2月14日	10袋
	45袋1.5石	1294年4月2日	10袋
1275年9月30日	20袋	1294年4月6日	11袋
合计	299袋34石	合计	100袋3石

资料来源：PRO.E122/36/2，E122/5/2.cit.，KAEUPER R.W. Bankers to the Crown[M].Princeton：Princeton University Press，1973：42-43.

1294年，在英格兰王室限制外国商人参与羊毛出口的背景下，经由意大利商人出口的羊毛仍然保持2386袋3石的大出口量（如表4-3所示）。有学者提到："在13世纪，由意大利商人经手的羊毛出口贸易，都掌握在大家族手中，尤其是佛罗伦萨商人家族手中，虽然14世纪初，部分贸易份额被汉萨商

---

❶ 刘景华. 外来因素与英国的崛起：转型时期英国的外国人和外国资本[M].北京：人民出版社，2010：91.

人夺走，但是他们很快就恢复了领导地位。"❶

14世纪中叶，"1338—1340年，是巴尔蒂和佩鲁奇家族经营英格兰羊毛出口的顶峰时期。1339年3月，他们获得王室特许，授权在一年的期限内不受限地出口羊毛。当年他们至少出口7365袋羊毛，约占当年英格兰羊毛总出口量的9%"。❷

表4-3　1294年经由意大利商人出口的羊毛统计

意大利商人	出口羊毛数量
切尔基家族（Cerchi Neri of Florence）	350袋
切尔基家族（Cerchi Bianchi of Florence）	301袋
巴尔蒂家族（Bardi of Florence）	99袋
弗雷斯克巴尔蒂家族（Frescobaldi of Florence）	360袋
弗雷斯克巴尔蒂内里家族（Frescobaldi Neri of Florence）	154袋10.5石
普尔奇家族（Pulci of Florence）	257.5袋
莫奇家族（Mozzi of Florence）	261袋11石
斯皮尼家族（Spini of Florence）	153.5袋
贝托利家族（Bettori of Lucca）	35袋
里卡蒂家族（Riccardi of Lucca）	412袋17.5石
合计	2386袋3石

注：石，在不同时期分别等于12磅或12.5磅，到爱德华三世时期确定为14磅。

资料来源：PRO.E101/126/7.cit.，KAEUPER R.W. Bankers to the Crown[M]. Princeton：Princeton University Press，1973：44.

14世纪中期开始，家族商团陆续破产，在英格兰活动的意大利商人开始转变为以城市为单位，参与英格兰的对外贸易。热那亚商人、威尼斯商

❶ LLOYD T. H. Alien Merchants in England in the High Middle Ages[M]. Brighton，Sussex：Harvester Press，New York：St. Martin's Press，1982：200-201.

❷ FRYDE E. B. Italian Maritime Trade with England[M]//Studies in Medieval Trade and Finance. London：The Hambledon Press，1983.

人和佛罗伦萨商人根据自身不同的优势在英格兰展开侧重点不同的贸易
活动。

　　热那亚商人主要经营染料及矾等纺织工业的原材料的贸易。"1453年，
热那亚商人控制了意大利至南安普顿线路上所有矾的贸易。"❶他们根据矾的
特性改制了运输的分装桶，实现了高效低价的运输效果。弗莱德评价热那亚
商人："他们的贸易活动对英格兰纺织工业的发展有明显的推动作用。因为
他们向英格兰出口数量可观的矾、靛蓝及其他染料。"❷

　　威尼斯商人参与香料、奢侈品、纺织品等各类商品的贸易。有材料显
示，"1421年，威尼斯商人运至伦敦的商品包括香料、丝绸及其他高档纺织
品，总价值6848英镑。在整个14世纪，威尼斯与伦敦之间的年平均贸易额
保持在3000~4000英镑。他们在英格兰的主要贸易据点是伦敦。"❸除了奢侈
品的出口，威尼斯商人还参与呢布的贸易。根据威尼斯商人科纳（Corner）
在1440至1443年的贸易记录，在价值11998英镑的贸易商品中，有价值9924
英镑的呢布、价值1575英镑的锡、价值498英镑的羊毛。❹1440—1443年，
在商人马卡诺夫经营的贸易商品中，90%以上都是呢布。1441年，从英格兰
返回意大利的商船上，有价值超过900英镑的商品。其中739英镑是呢布，
包括16匹高级呢布❺、100匹中等粗呢和550匹低等呢布。❻

---

❶ J.Heers,Gênes,1961. and M. L. Heers,Revue d'Histoire Économique et Sociale,1954. cit.,FRYDE
E. B. Italian Maritime Trade with England［M］//Studies in Medieval Trade and Finance. London：The Hamble-
don Press,1983.

❷ FRYDE E. B. The English Cloth Industry and the Trade with the Mediterranean［M］//Studies in Medi-
eval Trade and Finance. London：The Hambledon Press,1983.

❸ FRYDE E. B. Italian Maritime Trade with England［M］//Studies in Medieval Trade and Finance. Lon-
don：The Hambledon Press,1983.

❹ PRO.,E101/128/30,m. 10；E101/128/31,mm.3,8,36,51.cit.,FRYDE E. B. Italian Maritime Trade
with England［M］//Studies in Medieval Trade and Finance. London：The Hambledon Press,1983.

❺ Mostovalieri,一种高级呢布，每匹5-8英镑。

❻ PRO. E101/128/30,mm. 4,6. cit.,FRYDE E. B. The English Cloth Industry and the Trade with the
Mediterranean［M］//Studies in Medieval Trade and Finance. London：The Hambledon Press,1983.

佛罗伦萨商人在15世纪之前一直通过搭乘热那亚、威尼斯商人或者西班牙商船与英格兰进行贸易，直到1427年，佛罗伦萨商人才拥有了属于自己的对外贸易的船只。❶由于他们没有购买和维护运输船只的费用，因此，将更多的资金投入贸易中。由表4-4可见，佛罗伦萨商人控制着绝大多数的羊毛出口份额，并在一段时期内保持稳定。

表4-4　15世纪部分年份意大利商人在南安普顿出口羊毛数量及价值统计

时间	商人团体	出口羊毛数(袋)	价值
1439年4月18日	佛罗伦萨	606.5	5458英镑11先令9便士
	威尼斯	15	139英镑0先令6便士
1443年4月20日	佛罗伦萨	552	4969英镑9先令9便士
	威尼斯	41	373英镑6先令6便士
1444年4月9日	佛罗伦萨	592	532英镑6先令8便士
	热那亚	50.5	456英镑5先令0便士
1448年5月8日	佛罗伦萨	199	1794英镑3先令0便士
	热那亚	77	696英镑4先令0便士

资料来源:刘景华.外来因素与英国的崛起:转型时期英国的外国人和外国资本[M].北京:人民出版社,2010:93.

佛罗伦萨商人是最先在英格兰的贸易市场上消失的意大利商人。"他们最后一次出现在南安普顿是1478年夏天。而热那亚和威尼斯商人则是在15世纪末16世纪逐渐消失在英格兰市场。"❷

有学者认为，意大利商团在中世纪末逐渐消失在英格兰市场，可能的原

❶ FRYDE E. B. Italian Maritime Trade with England［M］//Studies in Medieval Trade and Finance. London:The Hambledon Press,1983.

❷ FRYDE E. B. Italian Maritime Trade with England［M］//Studies in Medieval Trade and Finance. London:The Hambledon Press,1983.

因是他们过分依靠领导者的足智多谋，而没有建立一个有效的经营体系。❶
另外，他们在经济领域充当的角色复杂而多元，除了商人、银行家，他们还
是工业加工投资人、中间商等。因此，并不能单从贸易一个角度来解析意大
利商团在中世纪末衰落的问题。

二、佛兰德商人的贸易活动

佛兰德商人是指来自低地国家佛兰德地区的商人。佛兰德地区毗邻英格
兰，交通便利，地理方面的优势使商人们在贸易过程中承担的运输风险及其
他风险都远远低于意大利商人和德意志商人。他们参与供应本地呢布生产的
羊毛贸易，他们将大量英格兰羊毛进口到低地国家。另外，由于低地国家优
越的地理位置，这里的商人也常常从事转口贸易。

12世纪初，"佛兰德商人北上至德意志北部甚至是斯堪的纳维亚半岛，
从事贸易活动。他们带着法国北部和莱茵兰地区的葡萄酒和靛蓝进入英格
兰。他们参与最多的是羊毛贸易，其次是谷物贸易"❷。到13世纪，佛兰德
商人由于本地呢布工业的发展，更加频繁地与英格兰进行贸易。"1236年，
双方达成协议，如果有佛兰德商人的利益在英格兰领地内受到损害，他可以
向国王申请审判，如果这个请求被拒绝，他可以在不背负破坏协议的罪责的
情况下，获取英格兰在佛兰德商人手中的抵押商品。"❸这项协议标志着双方
的贸易活动进入新时代。

此后，佛兰德商人陆续获得的贸易特许，他们通常以城市为单位获得特
许。"最早获取特许的是伊普尔，在1232年，特许状规定伊普尔商人可以用

---

❶ KAEUPER R. W. Bankers to the Crown[M]. Princeton：Princeton University Press，1973：249.

❷ LLOYD T. H. Alien Merchants in England in the High Middle Ages[M]. Brighton，Sussex：Harvester Press，New York：St. Martin's Press，1982：98-99.

❸ LLOYD T. H. The English Wool Trade in Middle Age[M]. Cambridge：Cambridge University Press，1977：22，99.

商品来抵债，1259年追加了关于'如果商人在英格兰遭遇不测，其商品受到保护'的协定。圣奥美尔在1255年、根特在1259年8月、布鲁日在1260年3月、杜埃在1260年11月分别获得贸易特许。"❶

大卫·尼古拉斯提出，从13世纪初至1313年，佛兰德在英格兰的贸易活动始终占据重要地位。例如，"在1290—1291年，其出口量非常高，比1287—1288年高10%左右。根据1289年2月7日的法令规定，只要佛兰德商人在伦敦的佛兰德行会缴纳通关费，即可以自由地在英格兰进行贸易。"❷他们能够占据这样的重要地位，一部分原因是他们有较好的呢布工业基础，需要大量羊毛作为工业原料；另一部分原因是他们较早地成立了呢布工业组织，为贸易的常规化奠定了基础。

由表4-5可见，13世纪末佛兰德商人出口的羊毛数量保持稳定，居于意大利和德意志商人之后。

表4-5　1275—1292年外国商人经由赫尔港出口羊毛分类统计

单位：袋

商人国籍	1275—1276年		1291—1292年	
	参与商人数量	出口羊毛	参与商人数量	出口羊毛
意大利	—	2318	—	1715
德意志	27	729	11	601
佛兰德	14～15	451	16	389
法国南部	12	397	2	24
法国北部	24	319	21	268
利兹	1	24	1	10

❶ LLOYD T. H. Alien Merchants in England in the High Middle Ages［M］. Brighton, Sussex：Harvester Press, New York：St. Martin's Press, 1982：107.

❷ NICHOLAS D. Commercial Credit and Central Place Funcion in Thirteenth-Century Ypres［M］//ARM-STRONG L, ELBL I, ELBL M. M, eds. Money, Market and Trade in Late Medieval Europe. Leiden and Boston：Brill Academic Pub, 2006：329-330.

续表

商人国籍	1275—1276年		1291—1292年	
	参与商人数量	出口羊毛	参与商人数量	出口羊毛
布拉班特	—	—	4	71
其他	—	—	53	664

注：1275—1276年佛兰德商人，除了14~15人外，还有一些佛兰德海员从事不足1袋的羊毛出口。

在其他参与羊毛出口的商人中，包括一些零星海员。

出口总数中包含部分后来属于非法走私的羊毛。

在其他参与羊毛出口的商人中，仅有少数是意大利商人、英格兰本国商人和布拉班特商人，他们出口羊毛的份额约在331袋。

资料来源：LLOYD T.H. The English Wool Trade in Middle Age[M]. Cambridge：Cambridge University Press，1977：65.

　　但是在13—14世纪，佛兰德与英格兰之间不断变化的外交关系，深刻地影响着双方之间的贸易活动。"双方在1275年缔结的贸易协定在1290年再次被废除。但是在1291年2月，双方休战并要求重新商定协议。1297年，爱德华一世和佛兰德法庭签订协议，提出尽快重新建立两国贸易协定。但这次的协定也没有持续很久。1322年9月又有新的协议签订，1328年再次签订和平条约，1335年的协定延续到1336年，但1336年8月佛兰德下令禁止与英格兰的贸易，将所有停留在佛兰德的英格兰商人逮捕。"❶

　　除了参与羊毛出口，佛兰德商人也经营其他与纺织工业有关的产品。比较典型的是蜡，"1303年2月至米迦勒，313百磅蜡进口至英格兰，其中184百磅来自北欧，129百磅来自佛兰德。1310年8月至米迦勒，127百磅进口至英格兰，其中109百磅来自佛兰德，通过波士顿港进口。"❷

　　总的看来，佛兰德商人在经营贸易活动的过程中充分利用其"十字路

❶ LLOYD T. H. Alien Merchants in England in the High Middle Ages[M]. Brighton，Sussex：Harvester Press；New York：St. Martin's Press，1982：100-104.

❷ LLOYD T. H. Alien Merchants in England in the High Middle Ages[M]. Brighton，Sussex：Harvester Press；New York：St. Martin's Press，1982：148-149.

口"的地理优势，广泛参与各类贸易。因此，有学者认为："佛兰德商人参与的进出口贸易，在很大程度上取决于低地国家当时短缺商品的名录以及市场的需求。"❶

三、商业资本流向

14世纪中叶以前，以家族为单位的意大利商人作为"银行家商人"，大量借款给英格兰王室。从12世纪后半叶开始，他们通过借款获得羊毛等商品的贸易特权，甚至获得海关特许，垄断关税，因此，意大利商人最主要的资本流向是王室借款。

第一个与王室产生借贷关系、成为王室银行家的商人家族是卢卡的里卡蒂家族。他们从1275年开始通过借款获取征收关税的特权，到1294年其家族败落，获得了这期间大部分的英格兰海关收入。❷里卡蒂家族向王室支付的借款中，有约1/6～1/3是被用于军费。

佛罗伦萨的弗雷斯克巴尔蒂家族从1299年开始向英格兰王室借款，"1299年至1302年，王室借款每年约5766英镑。到1310年4月，王室已经向该家族借款累计21635英镑。"❸"1309年，巴尔蒂家族借给爱德华二世共2000英镑，其后追回1229英镑3便士，实际借款为770英镑19先令。作为回报，从1310年8月至1311年8月，家族共收到1542英镑11先令3便士的关

❶ LLOYD T. H. England and the German Hanse（1157—1611）[M]. New York：Cambridge University Press，1991：43.

❷ LLOYD T. H. Alien Merchants in England in the High Middle Ages[M]. Brighton，Sussex：Harvester Press，New York：St. Martin's Press，1982：175.

❸ FRYDE N. Antonio Pessagno of Genoa，king's merchant of Edward Ⅱ of England[J]. Studi in Memoria di Federigo Melis，Ⅱ，1978.cit.，LLOYD T. H. Alien Merchants in England in the High Middle Ages[M]. Brighton，Sussex：Harvester Press，New York：St. Martin's Press，1982：179-180.

税。❶据学者估计，当时意大利的家族共借给英格兰王室至少408927英镑。❷
从表4-6的统计中也可看出这种借款之巨大。

表4-6 1294—1300年意大利公会的借款统计

单位：英镑

时间	来源	款项	时间	来源	款项
1294年11月	弗雷斯克巴尔蒂比安奇（Frescobaldi Bianchi）	4000	1298年复活节	贝尔拉蒂（Bellardi）	333.67
	弗雷斯克巴尔蒂内里（Frescobaldi Neri）	876		阿曼那提（Ammanati）	1160
	切尔基内里（Cerchi Neri）	2457		邦西尼奥里（Bonsignori）	666.67
	切尔基比安奇（Cerchi Bianchi）	2132	1299年4月	弗雷斯克巴尔蒂比安奇（Frescobaldi Bianchi）	200
	斯皮尼（Spini）	745		切尔基内里（Cerchi Neri）	200
	莫奇（Mozzi）	1184		斯皮尼（Spini）	200
	巴尔蒂（Bardi）	1576		莫奇（Mozzi）	200
	普尔奇-瑞博尔提尼（Pulci-Rimbertini）	1030		普尔奇-瑞博尔提尼（Pulci-Rimbertini）	166.67
	贝尔拉蒂（Bellardi）	200		阿曼那提（Ammanati）	300
1295年复活节	阿曼那提（Ammanati）	500	1299年4月	邦西尼奥里（Bonsignori）	66.67

❶ BAND E. A. Extracts relative to Loans Supplied by Italian Merchants to the Kings of England in the 13th and 14th Centuries [J]. Archaeologia, 1840, 302. cit., LLOYD T. H. Alien Merchants in England in the High Middle Ages [M]. Brighton, Sussex: Harvester Press; New York: St. Martin's Press, 1982: 191.

❷ KAEUPER R. W. Bankers to the Crown [M]. Princeton: Princeton University Press, 1973: 56-67.

续表

时间	来源	款项	时间	来源	款项
1295年10月	斯皮尼（Spini）	333.33	1299年10月	切尔基内里（Cerchi Neri）	200
	莫奇（Mozzi）	333.33		切尔基比安奇（Cerchi Bianchi）	200
	普尔奇-瑞博尔提尼（Pulci-Rimbertini）	333.33		莫奇（Mozzi）	150
	阿曼那提（Ammanati）	333.33		巴尔蒂（Bardi）	200
1298年2月	切尔基内里（Cerchi Neri）	300	1299年10月	普尔奇-瑞博尔提尼（Pulci-Rimbertini）	58.33
	斯皮尼（Spini）	1666.67		阿曼那提（Ammanati）	200
	莫奇（Mozzi）	1066.67		邦西尼奥里（Bonsignori）	166.67
1298年复活节	弗雷斯克巴尔蒂比安奇（Frescobaldi Bianchi）	666.67	1300年4月	切尔基内里（Cerchi Neri）	333.33
	弗雷斯克巴尔蒂内里（Frescobaldi Neri）	213.33		切尔基比安奇（Cerchi Bianchi）	333.33
	切尔基内里（Cerchi Neri）	1160		莫奇（Mozzi）	333.33
	切尔基比安奇（Cerchi Bianchi）	1160		巴尔蒂（Bardi）	200
	斯皮尼（Spini）	1160	1300年4月	普尔奇-瑞博尔提尼（Pulci-Rimbertini）	133.33
1298年复活节	莫奇（Mozzi）	1160		阿曼那提（Ammanati）	500
1298年复活节	巴尔蒂（Bardi）	1160	1300年4月	邦西尼奥里（Bonsignori）	66.67

续表

时间	来源	款项	时间	来源	款项
	Pulci-Rimbertini	1160	1300年7月	斯皮尼（Spini）	333.33

资料来源：E. A. Band, Extracts Relative to Loans Supplied by Italian Merchants to the Kings of England in the13th and14th Centuries, Archaeologia, 1840, 284-290. CPR, 1292-1301, 447, 505, 528；CCR, 1296-1302, . 303.cit., LLOYD T. H. Alien Merchants in England in the High Middle Ages［M］. Brighton, Sussex：Harvester Press, New York：St. Martin's Press, 1982：191.

从14世纪上半叶开始，意大利的家族银行开始遭遇危机，"佩鲁齐家族于1343年破产，巴尔蒂家族于1346年破产"❶。意大利商人团体的经济困境，使他们在其后相当长一段时期内无力向王室提供借款，导致与王室的特权关系进入停滞期，这一状态直接影响到他们在英格兰从事的贸易活动。原本遥远的海上航行就存在巨大风险，而贸易特权的减少使意大利商人在英格兰的贸易活动面临更多阻碍。

其后出现在英格兰贸易舞台上的热那亚商人、威尼斯商人、佛罗伦萨商人，不再像之前的意大利家族那样，简单地通过为英格兰王室提供借款获取特许状之后再进行贸易活动，而是更有目的性地进行不同的贸易和投资。

具体而言，威尼斯商人偏重投资在船只改造和安全护卫方面。"威尼斯人的商船同时也是军舰，威尼斯商人最发达和强盛的时期正是他们借第四次十字军东征而涉足军事的时期，他们的商业交往中配合以武力，这种非理性的特点恰好符合当时的特定的环境。"❷同时，随着特权的丧失，威尼斯商人开始将更多的资本投向东方。"对于威尼斯人来讲，探索地中海和君士坦丁堡具有更高的回报价值，他们向佛兰德和英格兰航行的船只逐年减少，到15

---

❶ MCKISACK M. The Fourteenth Century（1307—1399）［M］. Oxford：Clarendon Press, 1959：223.

❷ 赵立行. 商人阶层的形成与西欧社会转型［M］. 北京：中国社会科学出版社, 2004：67-69.

世纪，他们每年只有四至五艘船航行在佛兰德和英格兰的贸易路线。"❶

佛罗伦萨商人，将大部分资金投入佛罗伦萨的呢布加工业。"佛罗伦萨发展了国内工业，特别是呢绒制造业。"❷他们建成了欧洲范围内重要的呢布加工的组织，"佛罗伦萨的细呢绒行会通过其散布于整个北欧和西班牙的代理人，收购当地的粗织呢绒，把这些呢绒以散装的形式运回佛罗伦萨，然后进行梳理、刮削、修正和裁剪，去掉所有的布疵，减少粗糙感。佛罗伦萨人运用他们独家的工业加工流程，把修剪过的呢绒染上美丽的东方染料，仔细地熨烫、修平、折叠，运往东方市场。他们从这一垄断事业中获得了巨额利润"❸。

相较于威尼斯商人和佛罗伦萨商人，热那亚商人的投资没有那么专注，他们的资本流向非常广泛，包括各类土地投资、借贷。热那亚人从13世纪就已表现出了投资土地的趋势，"在当时市民的遗产中，超过90%的案例中都包含土地"❶。虽然当时很多商人都从事海外投资，但是几乎所有的热那亚商人都有一定数量的土地、房产等投资，作为其他风险投资的后盾。❷他们也向王室提供借款，在1312年4月—1314年11月共收入关税102914英镑，作为还款入账。❻另外上文也曾提到，他们投资改造运输矾的船只和分装桶。从表4-7中可以看出，从13世纪开始热那亚人的资本流向非常多元化。

❶ FRYDE E. B. Italian Maritime Trade with England［M］//Studies in Medieval Trade and Finance. London:The Hambledon Press,1983.

❷ 汤普逊.中世纪晚期欧洲经济社会史［M］.徐家玲,等,译.北京:商务印书馆,1992:346.

❸ 汤普逊.中世纪晚期欧洲经济社会史［M］.徐家玲,等,译.北京:商务印书馆,1992:363.

❹ COLE M. The Investment of Wealth in Thirteenth-Century Genoa［J］. The Economic History Review,1938(8):185-187.

❷ COLE M. The Investment of Wealth in Thirteenth-Century Genoa［J］. The Economic History Review,1938(8):185-187.

❻ PRO. E159/88, Cal. Pat. Roll, 1313-17, p. 203-206. cit., LLOYD T. H. Alien Merchants in England in the High Middle Ages［M］. Brighton,Sussex:Harvester Press, New York:St. Martin's Press,1982:179-180.

表4-7　1201—1213年热那亚人的资本投资统计

单位：英镑

分类	第一季度	第二季度	第三季度	第四季度
商业总投资	615	1542	1362	383
康曼达	141	369	475	97
土地出售	84	157	85	28
借贷	72	256	212	70
遗产	64	80	67	29

注：康曼达是中世纪意大利一种合伙型股份制商业经营，是借贷资本与合伙企业的结合，通常与海洋贸易相关。

资料来源：Giovanni di Guiberto, Lanfranco, Oberto Scriba de Mercato.cit., EPSTEIN S.A. Business Cycles and the Sense of Time in Medieval Genoa[J]. The Business History Review, 1988(62):238-260.

　　佛兰德商人，充分利用其交通优势，将相当部分的资金投入造船业。各地商人将商品运至佛兰德，然后经由佛兰德商人的船只进行转运贸易。有材料显示13世纪，有科隆商人租借低地国家的船只，将商品运至英格兰。[1]"当时，佛兰德的船只承担英格兰大部分的羊毛出口的运输。"[2]这方面的投资回报非常高。

　　佛兰德商人将一部分资本投入本地的呢布工业。根特著名的商人家族范安它韦（Van Arteveld），从13世纪末14世纪早期开始投资呢布工业和地产行业。[3]佛兰德工业在很大程度上依赖于商人企业家在城市工业发展中的投资。[4]

---

[1] LLOYD T. H. Alien Merchants in England in the High Middle Ages[M]. Brighton, Sussex: Harvester Press; New York: St. Martin's Press, 1982:128.

[2] LLOYD T. H. Alien Merchants in England in the High Middle Ages[M]. Brighton, Sussex: Harvester Press; New York: St. Martin's Press, 1982:110.

[3] LUCAS H. S. Activities of a Mediaeval Merchant Family: The Van Arteveldes of Ghent[J]. Pacific Historical Review, 1940(9):1-18.

[4] WERVEKE H. V Industrial Growth in the Middle Ages: The Cloth Industry in Flanders[J]. The Economic History Review, 1954(6):237-245.

佛兰德商人也进行城市借贷。"1327年，范安它韦家族成员约翰，联合大批根特市民，借款给根特政府。他同时强调他们是参与政府财政利益的外交机构，并在1319—1320年、1321—1322年、1325—1326年、1328年四次成为市议员的成员。"❶比较特殊的是，佛兰德商人在英法处于战争状态或者关系紧张时，常常充当法国的财产保护者的角色，保护一些虽然位于英格兰但是属于法国教会或者贵族的财产。"1342年，他与其他四名佛兰德商人，收取保护法国主教斯姿的财产的费用，而这部分财产在英格兰境内。"❷

最后需要提到的是，以典型的佛兰德商人约翰（John Crabbe）为例，商人身份只是他众多身份中的一个，他同时也是海盗、冒险家。佛兰德商人在沟通东西欧洲、连接斯堪的纳维亚半岛和欧洲大陆方面占据不容忽视的地位。

第二节　德意志商人和商人公会

一、贸易活动

中世纪的德意志商人将波罗的海沿岸的商品及来自更远的东方的商品运往西欧，将欧洲西部的呢布、葡萄酒带到东部。12世纪以前，"洛林法令"（Laws of Lorraine）显示，他们在英格兰参与葡萄酒、贵金属、宝石的贸易，他们还参与来自康士坦丁和雷根斯堡的呢布、来自德意志美因茨的呢布外套以及亚麻、白蜡、胡椒的贸易。❸早期比较活跃的是科隆商人。"亨利二世时期有命令要求，伦敦市政官不允许伤害科隆商人并允许他们售卖商品。德意

---

❶ LUCAS H. S. Activities of a Mediaeval Merchant Family: The Van Arteveldes of Ghent[J]. Pacific Historical Review, 1940(9): 1-18.

❷ Cal. Pat. Rolls, 1343-1345, p. 168. cit., LUCAS H. S. John Crabbe: Flemish Pirate, Merchant, and Adventurer[J]. Medieval Academy of America, 1945(20): 334-350.

❸ LLOYD T. H. Alien Merchants in England in the High Middle Ages[M]. Brighton, Sussex: Harvester Press, New York: St. Martin's Press, 1982: 127-128.

志历史学家将科隆商人获得英格兰特权的时间追溯至1157年。在12世纪，他们已经不是偶尔来往英格兰，而是与伦敦建立了某种形式的合作。"❶1194年，理查一世授予科隆商人更加广泛的贸易自由权利。❷

在13世纪较为活跃的商人有不来梅商人、吕贝克商人和汉堡商人。"1213年，不来梅商人获得通用保护协议（General Safe Conduct）。1238年8月，亨利三世全面扩大吕贝克商人的特权。1266年汉堡商人被允许在英格兰建立自己的行会办事处。"❸

1281年，汉萨同盟成立，它是德意志商人、斯堪的纳维亚商人和丹麦商人的联合体。1300年，汉萨商会"斯蒂尔亚德"（Steelyard）正式在伦敦成立。1317年，德意志商人首次以"汉萨商人公会"为单位获得免税特许。❹汉萨商人掌握了在同一时代的其他外国商人团体那里所没有的更多的特权和自由。他们具有政治敏感性、目的性及内部团结力。❺

14世纪，随着汉萨商人获得越来越多的特权，他们将大量欧洲东部和北部的商品分销至欧洲西部。"汉萨商人从德意志、俄罗斯和波兰等地装载铁矿石、牲畜、干鲱鱼和木材，与英格兰交换羊毛和呢布。"❻到14世纪末，汉萨的呢布出口贸易已具相当规模，他们主要出口短绒呢布为代表的便宜呢

❶ LLOYD T. H. Alien Merchants in England in the High Middle Ages[M]. Brighton, Sussex: Harvester Press, ; New York: St. Martin's Press, 1982: 128-129.

❷ LLOYD T. H. Alien Merchants in England in the High Middle Ages[M]. Brighton, Sussex: Harvester Press, New York: St. Martin's Press, 1982: 129.

❸ CChW, I, pp. 139, 153. cit., LLOYD T. H. Alien Merchants in England in the High Middle Ages[M]. Brighton, Sussex: Harvester Press, New York: St. Martin's Press, 1982: 130-131.

❹ Cal. Pat. Roll, 1313, p. 672, HUB, II, p. 128, 131. cit., LLOYD T. H. Alien Merchants in England in the High Middle Ages[M]. Brighton, Sussex: Harvester Press, New York: St. Martin's Press, 1982: 138.

❺ LLOYD T. H. Alien Merchants in England in the High Middle Ages[M]. Brighton, Sussex: Harvester Press, New York: St. Martin's Press, 1982: 127-128.

❻ MERCIER S. The Evolution of World Grain Trade[J]. Review of Agricultural Economics, 1999(21): 225-236.

布，"短绒呢布1391—1395年平均出口量为4315匹❶，占汉萨从英格兰出口呢布总量的60%。1395—1397年，从伦敦出口的短绒呢布2321匹，占出口总量的45%。"❷1366—1514年汉萨商人参与英国呢布出口数量统计如表4-8所示。

表4-8　1366—1514年汉萨商人参与英格兰呢布出口数量统计

单位：匹

时间	出口总量	汉萨出口量	时间	出口总量	汉萨出口量
1366—1368年	15000	1690	1436—1440年	50000	9044
1377—1380年	—	2028	1441—1445年	—	11480
1392—1395年	40000	7827	1446—1450年	—	9292
1399—1401年	—	6737	1451—1455年	—	7682
1402—1405年	—	5940	1456—1460年	—	10176
1406—1410年	—	6160	1461—1465年	57000	8734
1411—1415年	—	4990	1466—1470年	—	5733
1416—1420年	—	5686	1471—1475年	—	3360
1421—1425年	46000	7238	1476—1480年	—	9820
1426—1430年	—	4495	1481—1482年	66000	15070
1431—1435年	—	4016	1510—1514年	—	21607

资料来源：DOLLINGER P，ed. The German Hansa[M].London and New York：Routledge，1999：244，435.

从表4-9可以看出14世纪末汉萨商人进出口贸易的基本情况。除了出口商品，汉萨商人也掌握着大量的进口贸易。1391—1399年汉萨商人在英格兰的贸易是入超的。

---

❶ 即short-cloth，包括粗呢（kerseys）。

❷ LLOYD T. H. England and the German Hanse（1157—1611）[M]. New York：Cambridge University Press，1991：78.

表4-9 1391—1399年年平均外国商人进出口贸易估算

单位：英镑

进口商品	进口价值统计	出口商品	出口价值统计
蜡	1200	标准呢布	32511
葡萄酒	13845	羊毛	27200
其他	54998	其他	6111
总计	70043	总计	65822
入超4221英镑			

注：虽然是年平均估算，但是1395—1397年由于轮动的特殊关税而导致统计断层，上表统计数据不包括这一期间。"其他"项数据按照每英镑3便士的镑税征税比例估算。

资料来源：LLOYD T.H. England and the German Hanse（1157—1611）[M].New York：Cambridge University Press，1991：104.

汉萨商人主要向英格兰进口食品和蜡产品，食品包括鲱鱼、谷物等。1388—1389年，汉萨商人通过赫尔港进口价值1237英镑的鲱鱼，几乎占据当年进口总值的三分之一。[1]到14—15世纪，供应谷物的主要地区为普鲁士和波兰，商人途经旦泽，将谷物供应至整个欧洲西部地区。[2]

蜡产品的进口从14世纪开始有较多统计数据。"1303—1308年，汉萨商人平均每年进口蜡的数量为1076百磅，但是从1308年开始，进口量锐减，1308—1309年，他们通过伦敦进口蜡的数量仅为106百磅。这种减少不仅出现在伦敦，在波士顿等其他进口蜡的港口也出现类似趋势。"[3]蜂蜡，通常先由北欧商人从英格兰等国进口蜂蜜，再在本国加工制成蜂蜡，进而出口至英格兰及其他国家。虽然英格兰也自己制作蜂蜡，但是生产量无法满足当地需求量。"15世纪中叶，有531英担蜂蜡输入英国，占汉萨商人进口贸易总量的

---

[1] KERMODE J. Medieval Merchants：York，Beverley and Hull in the later Middle Ages[M]. Cambridge：Cambridge University Press，1998：181-182.

[2] DOLLINGER P，ed. The German Hansa[M]. London and New York：Routledge，1999：221.

[3] LLOYD T. H. England and the German Hanse（1157—1611）[M]. New York：Cambridge University Press，1991：39.

5%，1475—1479年，年平均进口数升至1000英担，1480—1483年，年平均进口量已经达到2750英担，总价值5200英镑。而这一势头到16世纪还有持续增加。"❶从表4-10中可以看出，汉萨商人在伦敦的贸易活动活跃，其中蜡产品始终占据重要位置。

表4-10　1474—1489年汉萨商人通过伦敦进行的贸易统计

时间	蜡(百磅)	呢布(匹)	其他商品(英镑)
1474年米迦勒—1475年6月5日	—	385	—
1475年6月5日—1475年米迦勒	294	2710*	4288
1475年米迦勒—1476年米迦勒	1159	8280*	7908
1476年米迦勒—1477年11月20日	1161	8305*	7488
1477年11月20日—1478年7月9日	821	5263*	6539
1478年7月9日—1479年米迦勒	1354	11449	16209
1479年米迦勒—1480年米迦勒	1628	10068	16701
1480年米迦勒—1481年米迦勒	2839	14079	22281
1481年米迦勒—1482年米迦勒	3561	13386	22534
1482年米迦勒—1483年7月24日	1739	7490	16246
1483年7月24日—1484年米迦勒	892	13074	20601
1484年米迦勒—1485年9月17日	1843	13756	22320
1485年9月17日—1486年12月10日	1994	14139	23911
1486年12月10日—1487年7月16日	527	3210	6632
1487年7月16日—1488年米迦勒	3492	13188	---
1488年米迦勒—1489年米迦勒	2784	13724	30160
合计	26088	127948	223818

注:*包括一定数量的科隆呢布,四年分别的数据是1472匹,2999匹,2930匹,2260匹。

资料来源:LLOYD T.H. England and the German Hanse(1157—1611)[M].New York:Cambridge University Press,1991:Appendix2.

---

❶ DOLLINGER P,ed. The German Hansa[M]. London and New York:Routledge,1999:245.

虽然汉萨也通过其他港口进行贸易活动，但是伦敦是汉萨商人活动的中心地。从表4-11中可以明显看到这种中心地位置。

表4-11　1474—1486年间汉萨商人贸易统计

地区	1474—1478年			1478—1486年		
	其他(英镑)	呢布(匹)	蜡(百磅)	其他(英镑)	呢布(匹)	蜡(百磅)
伦敦	8478	4816	1111	19705	11607	1880
地方	2641	1128	47	5006	955	34
合计	11119	5944	1158	24711	12562	1914

注：1474—1478年间统计不包括科隆商人，1478—1486年间的统计包括科隆商人。

资料来源：LLOYD T.H. England and the German Hanse（1157—1611）[M].New York：Cambridge University Press，1991：272.

二、商业资本流向

汉萨商人的资本流向，有三方面的特点：其一，商人将大量资本投入到军事装备当中，包括购买船只的费用、参与战争的军费、常规的军事维护等。其二，用于宗教事务，包括城镇中教堂、修道院等宗教组织的建设等。其三，投资手工业发展。

由于中世纪波罗的海的海盗横行，导致海上贸易充满风险，因此汉萨商团在商业活动之初就将相当一部分资本投入商船的保卫方面，便于他们能够迅速在波罗的海沿岸站稳脚跟。从表4-12统计可知，14世纪初汉萨商人已经拥有相当规模的船队。1304—1309年，共有84艘汉萨商人的船只航行至约克郡的港口。

表4-12　1304—1309年约克郡港口的汉萨船只统计

单位：艘

港口	赫尔港	拉文斯港	斯卡伯勒港	总计
斯特拉松德	27	5	2	32*

续表

港口	赫尔港	拉文斯港	斯卡伯勒港	总计
汉堡	14	9	2	25
吕贝克	3	11	0	14
罗斯托克	3	2	0	5
格拉夫斯瓦尔德	2	1	0	3
维斯马	1	1	0	2
维斯比	0	2	0	2
瑞威尔	1	0	0	1
总计	51	31	4	84

注：*有两只船从其中一个港口进入，从另一个港口离开。因此总计中除去。

资料来源：LLOYD T.H. England and the German Hanse（1157—1611）[M]. New York：Cambridge University Press，1991：42.

　　他们拥有的这些商船，大部分配备武装。在进行贸易活动的同时，也参与一些军事活动。"在需要的时候，为了维护和保障德意志城市联盟在海外的地位，他们会动用武力达到目的。"[1]1362年5月，汉萨同盟攻入哥本哈根。1368年4月，所有的汉萨船只集结，并袭击了泽兰。[2]甚至有学者认为，"在14世纪中期，汉萨是一个政治性的组织"[3]。以商团为单位进行军事组织和对外交往的，是汉萨十分典型的活动方式。"汉萨同盟拥有一只永久性的雇佣兵队伍，同时掌握舰队指挥官。"[4]虽然没有具体的关于汉萨商人在战争方面的投资数据或者投资比例，但是从中世纪以来他们参加的诸多战争来看，其规模绝对不容小觑。需要注意的是，汉萨商人的战争除了获取贸易特权，

---

[1] ZIMMERN H. The Hansa Towns[M]. London：T. Fisher Unwin，1889：32.

[2] ZIMMERN H. The Hansa Towns[M]. London：T. Fisher Unwin，1889：57，64.

[3] POWER E，POSTAN M. M，eds. Studies in English Trade in the 15th Century[M]. Manchester：Manchester University Press，1951：93.

[4] BILMANIS A. The Baltic States and the Problem of the Freedom of The Baltic Sea[M]. Washington，D. C.：The Press bureau of the Latvian legation，1943：26.

他们也抗击海上的海盗、维护波罗的海海岸的安全。

汉萨商人还将大量的资本投入到宗教事业中，其中包括一部分慈善事业。在他们看来，从圣彼得、圣詹姆斯到圣约翰、圣尼古拉斯、圣克莱门特，都是他们外出探险和经商的保护神，女性商人视圣凯瑟琳为保护神。因此，他们投资"教堂、修道院及各种让他们精神有所归宿的神圣基金会等"❶。有材料显示，几乎每一个汉萨城镇都有商人们建立的麻风病避难所。❷

在德意志，商人往往也是手工匠。由此，他们将资金投入手工业生产领域。"德意志商人中，最常见的是鞋匠，其次是烘焙师。他们比任何人都更加懂得如何腌制和保存鲱鱼。"❸这种投资不限于本国，还有低地国家："经营佛兰德的呢布生意是他们商业投资活动的重要组成部分。"❹

除此之外，汉萨商人的资本流向也有与其他商人类似的地方，例如经营借贷款，"向王室、外国人、本国人提供借款，也投资城镇、工业企业等"❺。向王室借款，通常也以获取贸易特权为目的，"1299年，爱德华从汉萨商人团体借款500英镑，这个商人团体中包括吕贝克、科隆和多特蒙德商人"❻。1317年汉萨商人支付王室至少1000英镑。❼到爱德华三世时期，随着对法战争的持续，借款逐渐增多，"1338年，他向四个多特蒙德商人借款1200英镑，作为回报给予他们出口400袋羊毛的特许。同年，向科隆商人和另外的多特蒙德商人借款750英镑和5000英镑"❽。虽然从14世纪中期开始，

❶ ZIMMERN H. The Hansa Towns［M］. London：T. Fisher Unwin，1889：106.

❷ ZIMMERN H. The Hansa Towns［M］. London：T. Fisher Unwin，1889：107.

❸ ZIMMERN H. The Hansa Towns［M］. London：T. Fisher Unwin，1889：105.

❹ DOLLINGER P，ed. The German Hansa［M］. London and New York：Routledge，1999：160.

❺ ZIMMERN H. The Hansa Towns［M］. London：T. Fisher Unwin，1889：104.

❻ DOLLINGER P，ed. The German Hansa［M］. London and New York：Routledge，1999：57.

❼ LLOYD T. H. England and the German Hanse（1157—1611）［M］. New York：Cambridge University Press，1991：27.

❽ DOLLINGER P，ed. The German Hansa［M］. London and New York：Routledge，1999：57.

英格兰王室为了扶持本国商人，逐渐缩紧了对外国商人发放特许的数量，但是直到15世纪，德意志商人为了争取贸易权利，始终与英格兰王室保持经济往来。

第三节　英格兰商人和商人公会

一、贸易活动

在罗马时代，英格兰商人已经开始参与贸易活动。英格兰商人曾经在罗马主教区缴纳过三年以上的税，其中重达50磅的纯银是最大的商品。[1]839年，有材料提到了坎特伯雷的商人。到1230年代，关于教会地主从事自产羊毛出售活动的材料也开始出现。[2]从13世纪开始，英格兰商人全面参与对外贸易。这一时期英格兰城市商业化的发展、王室和其他上层消费需求及羊毛生产的扩展等都是英格兰商人走向海外市场的推动力量。

根据1271—1274年的羊毛出口统计，仅有1/3的贸易份额由英格兰商人掌握。"相较于这一时期外国商人的参与贸易的规模，他们只是少数派。"[3]"来自南安普顿和布里斯托尔的两个商人[4]于1273年联合出口200袋羊毛。邓斯特布尔（Dunstable）的两名商人同年出口734袋羊毛，7个什鲁斯伯里商人出口493.5袋羊毛。"[5]13世纪，无论是英格兰商人还是英格兰商团的发展都

❶ LOYN H. R. Anglo Saxon England and the Norman Conquest [M]. Harlow：Longman，Routledge，1991：99.

❷ MILLER E，HATCHER J. Medieval England：Towns，Commerce，and Crafts（1086—1348）[M]. New York：Longman，1995：225.

❸ MILLER E，HATCHER J. Medieval England：Towns，Commerce，and Crafts（1086—1348）[M]. New York：Longman，1995：229.

❹ 他们分别是Bernard de Hampton和John le Long.

❺ MILLER E，HATCHER J. Medieval England：Towns，Commerce，and Crafts（1086—1348）[M].New York：Longman，1995：229.

比较有限，有学者给出了以下三方面的解释："第一，国内商人本身控制的贸易份额就远远少于外国商人。第二，1270年代，英格兰商人在面对与佛兰德贸易机遇时，反应较为迟钝。第三，1272—1307年，爱德华一世集中扩展国内市场，而忽略了对国际市场的发展，导致本国商人发展不足。"[1]

随着1303年新关税的颁布，英格兰商人开始以团体的名义向英格兰王室争取特权，进行商业扩张。"1305年，英格兰向布拉班特伯爵申请在安特卫普建立专门市场，为英格兰出口的羊毛提供市场。"[2]与王室建立密切的联系，是英格兰商人迅速走向发展的重要条件之一。从表4-13中可以看出英格兰商人从13世纪后半叶到15世纪末的迅速发展的状况。

表4-13　13—15世纪参与对外贸易的英格兰本国商人和外国商人信息统计

单位：人

时间	港口	本国商人人数	外国商人人数	从事的商业活动
1275—1276[a]年	赫尔	12	188	出口贸易，运输业[b]
1348—1349年	英格兰各港	143	31	出口贸易，运输业[c]
1349—1350年	英格兰各港	95	11	出口贸易，运输业[d]
1381–1382年	布里斯托尔	1970	606	呢布出口
1381—1382年	林恩	8	36	出口贸易，运输业
1384—1385年	伦敦	4599	781	羊毛出口[e]
1461[f]年	布里斯托尔	199	1	进出口贸易，运输业
1466—1467年	林恩	71	49	进出口贸易，运输业
1485—1486年	布里斯托尔	661	15	进出口贸易，运输业
1493—1494年	埃克塞特和达特茅斯	428	130	进出口贸易，运输业
1503—1504年	林恩	202	69	进出口贸易，运输业

a.统计1275—1276年内的十个月的数据；b.出口的商品包括羊毛、连皮毛和皮革；c.出口呢布，本国

[1] MILLER E, HATCHER J. Medieval England: Towns, Commerce, and Crafts (1086—1348) [M]. New York: Longman, 1995: 233.

[2] MILLER E, HATCHER J. Medieval England: Towns, Commerce, and Crafts (1086—1348) [M]. New York: Longman, 1995: 236.

商人出口数为3847匹，外国商人为2094.5匹；d.出口呢布，本国商人出口数为4545匹，外国商人为126匹；e.羊毛制品，本国商人出口数为146925袋，外国商人为11801袋；f.统计1461年内6个月的数据。

　　资料来源：GRAS N.S.B. The Early English Customs System[M]. London，Humphrey Milford：Oxford University Press，1918：111.

　　随着商人人数的增加，英格兰商人团体开始出现。按贸易商品区分，主要有羊毛商人公会和呢布商人公会。

　　英格兰的羊毛商人公会，其具体的成立时间上尚存异议，这里以议会档案为准，"1337年，81位王室指定的商人及城市代表，共同成立羊毛贸易的垄断性公会。"[1]公会成立后，英格兰商人在羊毛贸易领域的份额开始增加，"本国商人在1317—1336年间平均年出口14750英镑，1338—1339年平均年出口65000英镑，1345年出口50000英镑，1351—1362年平均年出口87500英镑羊毛。"[2]

　　1313年，羊毛集中地设立，"集中地羊毛商人公会"随之成立，所有的羊毛需通过规定的集中地进行出口，公会利用本地优势迅速发展。同时，王室开始成为推动英格兰羊毛商人的发展的重要动力，"国王对羊毛出口的政治性需求促进了英格兰商人的团体化"[3]。

　　从图4-1中可以明显看出，虽然14世纪初到15世纪末羊毛出口呈现下降趋势，但是本国商人所占据的贸易份额却越来越多，到15世纪末的某些年份，甚至控制全部的贸易份额。

---

[1] PHILLIPS S，ORMROD M，eds. The Parliament Rolls of Medieval England（1275—1504）[M]. Vol. 4，Woodbridge，London：Boydell Press，2005：230.

[2] MILLER E，HATCHER J. Medieval England：Towns，Commerce，and Crafts（1086—1348）[M]. New York：Longman，1995：238.

[3] MILLER E，HATCHER J. Medieval England：Towns，Commerce，and Crafts（1086—1348）[M].New York：Longman，1995：246.

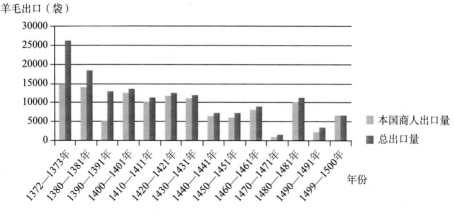

图4-1 1372—1500年英格兰商人参与羊毛出口量统计

数据来源：CARUS-WILSON E. M, COLEMAN O. England's Export Trade［M］. Oxford：Clarendon Press：1963：50-70.

虽然羊毛商人公会在中世纪英格兰扮演重要角色，但是有学者认为，他们与政府的关系过于紧密，以集中地商人为例，波斯坦对他们的评价是："面对自始至终的竞争，集中地羊毛商人总是能够获得来自政府的支持，延续他们商业和财政方面的冒险活动，在必要的时机能够与其他人合作。"[1]政治方面纷繁复杂使得商人无法健康发展，"到1460年代，虽然他们与政府之间有友好关系，但是他们同时需要花费大量的时间去协调其他权力方，如沃维克伯爵或者约克领主"[2]。

英格兰的呢布商人公会正式成立于1190年[3]，13世纪中期，他们推举出公会主席，1390年建立自己的总部并举行公会大会。1394年他们收到第一张来自理查二世的特许状，允许他们在一年内自由使用一片价值20镑的土地。[4]同

---

[1] POWER E, POSTAN M. M, eds. Studies in English Trade in the 15th Century［M］. Manchester：Manchester University Press, 1951：320.

[2] POWER E, POSTAN M. M, eds. Studies in English Trade in the 15th Century［M］. Manchester：Manchester University Press, 1951：318.

[3] 由Thomas Helles和他的妻子Agnes等人成立。

[4] LYELL L, NEWBOLD W, WATNEY F. D. Acts of Court of the Mercers' Company［M］. Cambridge：Cambridge University Press, 1936：8.

时，他们也获得在低地国家进行贸易活动的特许："所有在安特卫普的英格兰商人可以自由活动，并有法外审判权。"❶

从图4-2中可以看出，从14世纪中期开始，英格兰本国商人在呢布出口方面的数量明显增加，虽然在15世纪初的时间段中有一些停滞，但是贸易量很快就恢复甚至超过14世纪末的水平。根据劳埃德最新的统计，"1435至1436年的平均呢布出口量为25298匹，其中本国商人控制43%。到1437至1447年十年间，年平均出口量为56026匹，其中51%控制在本国商人手中。在1447—1457年、1457—1468年、1468—1474年，出口量分别为37874匹、33647匹和33338匹，其中本国商人控制的份额为55%、52%和61%。"❷

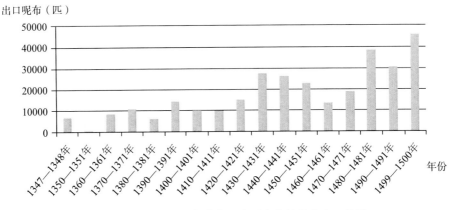

图4-2 1347—1500年英格兰本国商人的呢布出口统计

数据来源：CARUS-WILSON E.M，COLEMAN O. England's Export Trade[M].Oxford：Clarendon Press，1963：75-111.

呢布商人公会在对外扩展贸易市场的过程中获得很多来自政府的支持。

---

❶ W. E. Lingelbach，The Merchant Adventurers of England，Univ. of Pennsylvania，xiv.cit.，LYELL L，NEWBOLD W，WATNEY F. D. Acts of Court of the Mercers' Company[M]．Cambridge：Cambridge University Press，1936：13.

❷ LLOYD T. H. England and the German Hanse（1157—1611）[M]．New York：Cambridge University Press，1991：218.

在一些情况下，英格兰王室和政府甚至通过军事力量推进呢布商人的海外扩展。例如，在15世纪英格兰呢布商人向挪威、勃艮第及普鲁士等地区扩展贸易市场时，"英格兰政府与阿萨斯签订协议，利用英格兰的海军力量对佛兰德施压。爱德华四世于1463年颁布法令，禁止从佛兰德进口呢布，禁止英格兰羊毛出口，鼓励呢布出口。到1468年，英格兰为了保护本国贸易利益，甚至与汉萨同盟发生战争冲突"❶。从这一角度来讲，英格兰通过武力或者军事力量进行贸易市场的扩展，从中世纪已经存在。

以地域区别的英格兰商人公会，比较典型的是约克商人公会和伦敦商人公会。需要指出的是，这种以地域为组织形式的商人公会与上文提到的以贸易商品为组织形式的公会存在一定程度的交叉，例如有的商人可能同时属于约克商人公会和羊毛商人公会。

约克商人是以约克郡为中心组织起来的商人公会，其中包括三个重要的城镇，分别是约克、贝弗利和赫尔，三者都是英格兰东北地区重要的城镇，其腹地是重要的呢布工业生产中心。约克商人早期主要作为中间商进行活动，"他们成为乡村和城市的重要联系者。"❷1350年代开始至14世纪末，随着呢布工业的发展，越来越多的约克商人参与到对外贸易的活动中。

1348年，约克商团（Goldbeter and Co.）的年成交量达5826英镑17先令5便士。❸在14世纪后半期，通过多德雷赫特出口的羊毛中，控制份额最多是约克商人。❹1410年之后，除了1447—1448年有30袋羊毛由外国商人出口

---

❶ MYERS A, ed. English Historical Documents (1327—1485) [M]. London: Eyre and Spottiswoode, 1969:937.

❷ KERMODE J. Medieval Merchants: York, Beverley and Hull in the later Middle Ages[M]. Cambridge: Cambridge University Press, 1998:313.

❸ 统计从1348年至1349年5月的数据。FRYDE E. B. Some Business Transactions of York Merchants (1336—1349) [M]//Studies in Medieval Trade and Finance. London: The Hambledon Press, 1983.

❹ MILLER E, HATCHER J. Medieval England: Towns, Commerce, and Crafts (1086—1348) [M]. New York: Longman, 1995:244.

外，已经没有外国商人经由赫尔港出口羊毛了。❶1442 年，约克商人拿到免税由加莱出口 60 袋羊毛的特许，这项特许持续了很多年。❷到 15 世纪上半叶，约克商人已经基本上控制了大部分从约克郡产出的羊毛贸易。

半个世纪后，约克商团开始衰落，无论是总贸易量还是单一羊毛出口量，他们的份额都逐步减少，"约克商人已无法与伦敦商人竞争，在波罗的海及其他方面的贸易份额也开始下滑"❸。"到 15 世纪末，约克和贝弗利商人几乎完全退出对外贸易的舞台，只有赫尔商人参与部分贸易活动。"❹而对于约克商人及商人公会衰落的原因，有学者认为主要出于两方面的原因，其一，随着约克郡的呢布工业发展，原本掌握在约克商人手中的羊毛出口份额一大部分由本地工业消耗，另一部分贸易份额由于羊毛方面的附加税等越来越繁重，贸易越来越无法获利。其二，15 世纪的饥荒和瘟疫严重影响约克地区的商人活动。"高死亡率是影响约克商人进行商业活动的重要因素"❺。

伦敦商人公会虽然在 15 世纪中后期才正式成立，但是伦敦商人参与对外贸易活动的时间则要早很多，13 世纪已有可参考的数据，"在经由伦敦出口的羊毛贸易中，在 1297 至 1298 年伦敦本国商人的贸易份额仅占 12%，在 1303 年的 7 个月中占 14%，在 1306 年的 5 个月中占 13%，在 1312—1313 年占 41%，在 1322—1323 年的 6 个月中占 38%"❻。

---

❶ KERMODE J. Medieval Merchants：York，Beverley and Hull in the later Middle Ages［M］. Cambridge：Cambridge University Press，1998：168.

❷ CURRY A，ed. The Parliament Rolls of Medieval England（1275—1504）［M］. Woodbridge，London：Boydell Press，2005：329.

❸ N. S. B. Gras，Early England Customs，pp. 120，459，469. cit.，KERMODE J. Medieval Merchants：York，Beverley and Hull in the later Middle Ages［M］. Cambridge：Cambridge University Press，1998：308.

❹ KERMODE J. Medieval Merchants：York，Beverley and Hull in the later Middle Ages［M］. Cambridge：Cambridge University Press，1998：310-311.

❺ KERMODE J. Medieval Merchants：York，Beverley and Hull in the later Middle Ages［M］. Cambridge：Cambridge University Press，1998：311.

❻ LLOYD T. H. The English Wool Trade in Middle Age［M］. Cambridge：Cambridge University Press，1977：131.

"赫尔和波士顿13世纪曾出口大量羊毛，到15世纪，他们的出口份额很大程度转至伦敦。主要的葡萄酒贸易中心也在伦敦。15世纪，伦敦商人甚至控制着英格兰乡村的呢布生产。"❶伦敦商人一方面在东部沿海港口与汉萨商人竞争，另一方面积极扩展面向低地国家的呢布出口贸易。1420—1421年期间，汉萨商人通过伦敦商人出口约克的床单。❷

15世纪，伦敦商人的呢布出口量就已非常可观。"1446—1447年的米迦勒节之前，出口8827匹呢布，1447—1448年，出口4413匹呢布。1450—1451年出口8048匹，其后两年的平均出口量为9826匹。"❸伦敦商人的活动范围并没有限于伦敦及周边，也没有限制在呢布这一项商品，"15世纪八九十年代，伦敦商人开始控制部分南安普顿的贸易份额。"❹

伦敦商人公会在中世纪中后期的对外贸易领域迅速发展的同时，其成员也开始进入各级政府。"在14世纪早期，有记录显示，一批资深商人和领军型的商人在王室的交易所供职。1322年，两位资深的伦敦商人，一个供职王室海关，另一个参与北方王领的商业贸易。另有材料显示，在肯特、萨里和苏塞克斯均出现类似拥有官员和商人双重身份的人。"❺

除了上面的各种公会，在15世纪英格兰对外贸易的舞台上不得不提的一个公会，即"英国冒险商人"。用卡勒斯的定义，它包括所有在英格兰以外地区进行贸易活动的英格兰商人。上文所提到的来自伦敦、约克等地区的商

❶ MYERS A, ed. English Historical Documents（1327—1485）[M]. London：Eyre and Spottiswoode，1969：938-939.

❷ N. S. B. Gras, Early England Customs, pp. 120, 459, 469. cit., KERMODE J. Medieval Merchants：York，Beverley and Hull in the later Middle Ages[M]. Cambridge：Cambridge University Press，1998：308.

❸ POWER E, POSTAN M. M, eds. Studies in English Trade in the 15th Century[M]. Manchester：Manchester University Press，1951：28.

❹ MYERS A, ed. English Historical Documents（1327—1485）[M]. London：Eyre and Spottiswoode，1969：940.

❺ THRUPP S. L. The Merchant Class of Medieval London（1300—1500）[M]. Chicago：University of Chicago Press，1976：53-54.

人，在参与国内贸易的同时，也进入冒险商人队伍中，英格兰商人随着对外贸易的发展，实现了某种程度上的合流。

有学者认为，冒险商人源自坎特伯雷的圣托马斯兄弟会，他们在1216年就获得在海外进行自由贸易的特权。[1]1404年和1408年获得特许状，他们可以在挪威、瑞典和丹麦的英国商人选举自己公会领导人，以及审判相关案件的审判权。[2]1486年，冒险商人第一次以独立团体获得来自王室的特权。[3]15世纪末，由于冒险商人支持亨利七世与勃艮第之间的斗争，王室于1505年奖励给他们一个秘书团，用于经营公会，并赋予他们裁判所有公民诉状和争论的权力。[4]

"他们来自全国各地，参与大陆各处远销呢绒的活动，或派遣代理人从事欧洲各大城市的经销。在英国的一些城市，如伦敦、约克、赫尔、纽克斯尔等都成立了冒险商人协会，他们主要从事呢绒贸易，兼营酒、丝绸等的进口。他们在成功打压汉萨商人之后，成为英格兰主要的呢绒出口商。"[5]关于冒险商人的海外扩展，将在第六章做更加详细的讨论。

二、商业资本流向

英格兰商人的资本，大比例流向土地房屋等不动产的投资方面。另外也有流向与现金直接相关的借贷或者动产投资。波斯坦指出："中世纪英格兰各个时期的商人，在获利后都倾向于将资金退出活跃的贸易领域。英国很多

[1] Wheeler, Treatise of Commerce, 10. cit., LIPSON E. The Economic History of England[M]. London: A&C Black, 1929: 487.

[2] LIPSON E. The Economic History of England, London: A&C Black, 1929: 487.

[3] CARUS-WILSON E. M. Medieval Merchant Venturers[M]. London: Methuen & Co, 1954, 159.

[4] LIPSON E. The Economic History of England[M]. London: A&C Black, 1929: 489.

[5] 马克垚. 英国封建社会研究[M]. 北京: 北京大学出版社, 2005: 329.

商人通常放弃他们与城镇的关系，到农村做绅士。"❶

首先，投资不动产。商人使用相当一部分资金购买土地和城镇里的房屋，例如，1366年商人沃尔特购买了赫尔的一个庄园（Ackton），1374年购买了小斯麦顿（Little Smeaton）庄园一半的所有权。1382年，商人约翰购买了一个庄园的股份，其中包括附属于庄园的1700只绵羊和山羊。❷一个约克郡的染工1379年去世，留下的遗产包括本地的一处房屋，以及在圣海伦（St. Helen）的9处房屋和26家商铺，1428年的记录显示他拥有约克的34处房屋。❸

从表4-14的统计中可以看出，在已有的22个商人的统计数据中，土地投资超过总投资20%的商人占7个，介于10%~20%的商人占3个。另外，他们也拥有相当数额的现金，用于投资借贷领域。

表4-14　1370—1420年约克商人投资分类统计

商人	职业	集中地商人	年龄（岁）	土地	现金（英镑）	贸易
阿卡斯特里（Acastre）	商人		42 +	A		A
巴顿（Barden）	商人		49 +	A	25	dom
博尔顿（Bolton）	商人	是	42		4	A
科特布鲁克（Cottesbroke）	商人			A	141	
科里温（Craven）	商人		60 +	A	87	dom

❶ 波斯坦.剑桥欧洲经济史·中世纪的贸易和工业[M].王春法,译.北京:经济科学出版社,2004:223.

❷ Yorks Fines（1347—1377）, pp. 119, 165, 183. Hull RO, D150. cit., KERMODE J. Medieval Merchants:York,Beverley and Hull in the later Middle Ages[M].Cambridge:Cambridge University Press,1998:283-284.

❸ Yorks Deeds, Ⅱ, p.276; Yorks Fines, 1347—1377, pp. 73,129; Cal. Pat. Roll, 1377—1381, p. 375; Cal.Close Roll, 1422-1429, pp. 420-421.cit., KERMODE J. Medieval Merchants:York,Beverley and Hull in the later Middle Ages[M].Cambridge:Cambridge University Press,1998:283-284.

续表

商人	职业	集中地商人	年龄（岁）	土地	现金（英镑）	贸易
费希（Fysshe）	商人		46＋	C	97	
盖尔（Gare）	商人	是	60＋	B		A
吉斯伯恩（Gisburn）	商人	是	64		300	A
汉默顿（Hamerton）	商人		52	B	108	
罗伯霍姆（Holme Rob）	商人	是	70	A＋	2148	A
小罗伯霍姆（Holme Rob jnr）	商人	是	37		137	A
T·霍姆（Holme T）	商人	是	73	A	60	A
伊雷比（Ireby）	商人			B	110	
小罗伯劳斯（Louth Rob jnr）	商人	是	2		482	B
莫尔（More）	商人		37	D	138	
罗斯通（Ruyston）	商人		31＋	D	111	
萨里（Sallay）	商人		46＋	A	2.5	D
桑顿（Santon）	染工		71	D	96	
萨维奇（Savage）	商人	是	56	C	107	A
陶坎（Talkan）	商人				119	
维西（Vescy）	商人	是	52	D	300	A
亚荣（Yarom）	染工		47	D	390	dom

注：A代表投资比例大于20%，B代表投资比例在10%～20%，C代表投资比例在5%～10%，D代表投资比例不足5%。部分数据是估计数据。dom代表只有投资贸易一项。

资料来源：KERMODE J. Medieval Merchants：York，Beverley and Hull in the later Middle Ages［M］. Cambridge：Cambridge University Press，1998，298.

"1391年，一个伦敦杂货商人理查德（Richard Toky）的财产包括：客厅财物计3英镑2便士，卧室财物计13英镑10便士，卧室的珠宝计11英镑12

先令7便士，餐具和食物储藏室财物计58先令6便士，厨房和账房财物计4英镑12先令4便士，储藏室财物计3英镑19先令5便士，售卖拥有的房屋计322英镑8先令4便士，现金收入计12英镑11先令11便士，以上各项共计379英镑15先令9便士。另外，借出的欠款计194英镑16先令，继承的遗产计13英镑14先令4便士，葬礼费用40英镑11.5便士，风险借款126英镑6先令8便士。"❶以379英镑15先令9便士的固定资产来看，其中超过80%的资产来自售卖的房屋。"杰弗里（Geoffrey Boley）1463年去世，他每年的地产收入为115英镑，土地分别位于肯特、苏塞克斯、诺福克、伦敦，总投资超过2000英镑。"❷因此，15世纪英格兰会出现这样的状况：商人在获利后购买庄园或者牧场，在庄园或者牧场组织生产羊毛，然后再将它们出口。商人在拥有土地的基础上进行直接的羊毛出口。❸在这个过程中，商人同时掌握了羊毛的生产环节和销售环节。

其次，向王室提供借款。随着14世纪上半叶开始的意大利银行的陆续破产，王室开始向本国商人借款。"1355—1377年，每年王室收到的借款不少于1万马克来自本国商人，在加莱协议之后的1362—1370年，每年不少于31000英镑的借款来自本国商人。"❹根据1337年7月26日商人与国王的协议，赫尔商人威廉姆（William da la Pole）和伦敦商人雷金纳德（Reginald de Conduit）在1338至1339年为国王提供的借款超过10万英镑。❺"1343年，以威廉姆为首的商团，国王授予他们在三个月内垄断性地出口羊毛，作为代价，

❶ MYERS A, ed. English Historical Documents (1327—1485) [M]. London: Eyre and Spottiswoode, 1969, 1068-1072.

❷ BOLTON J. L. The Medieval English Economy (1150—1500) [M]. London: Dent, 1980: 285.

❸ LLOYD T. H. The English Wool Trade in Middle Age [M]. Cambridge: Cambridge University Press, 1977: 284.

❹ MCKISACK M. The Fourteenth Century (1307—1399) [M]. Oxford: Clarendon Press, 1959: 225.

❺ FRYDE E. B. Edward Ⅲ's Wool Monopoly of 1337 [M]//Studies in Medieval Trade and Finance. London: The Hambledon Press, 1983.

他们需每年向王室提供 1 万马克的款项。"❶

　　另外，有学者提出，当时英格兰商人还投资到一个重要的行业，即船舶业。"约翰·霍华德（John Howard）、诺福克公爵、沃里克伯爵都拥有自己的桅船，一方面作为商业投资，一方面作为贵族的象征。1450 年代的沃里克伯爵的船曾在加莱出现。另外，布里斯托尔的威廉·坎恩（William Canyneges）在 1460 年代拥有价值近 4000 英镑的船只，沃尔克的船只的价值近 3000 英镑。"❷

　　❶ SAYLES G. O. The 'English Company' of 1343 and a Merchant's Oath[J]. Speculum, 1931(6)：177-205. cit., McKisack M. The Fourteenth Century(1307—1399)[M]. Oxford：Clarendon Press, 1959：224.
　　❷ BOLTON J. L. The Medieval English Economy(1150—1500)[M]. London：Dent, 1980：275.

第 五 章

对外贸易的管理

英格兰王室从12世纪开始参与贸易相关管理活动。庞兹认为，"城镇的发展、市场的商业活动、贸易者的活动等都是政府关注的问题。政府在拥有权威地位的同时履行保护职能。换言之，政府，尤其是王室中央政府，需要保护商人，试着控制物价"❶。

"当个人意见和集体意见不一致时，为了军事政治环境，英国商人获利与否，常常由国王或议会决定。"❷摩尔指出，当时的英格兰市场"更多的是政府政策的影响。与这种变化直接联系的，不是经济规则，而是政治规则"❸。

从第四章对参与贸易的商人公会的讨论中，已经能够看出，政策性的特许是推动中世纪英格兰商业发展的重要动力。而本章将从中央政府的管理和地方政府的管理两个层面，进行更系统的论述。另外，本章虽然将议会归于"地方政府的管理"一节，但是其中讨论范围包含中央和地方两级议会。

《英国历史档案》《中世纪英格兰议会档案》中有大量材料可参考，另外

---

❶ POUNDS N. J. G. An Economic History of Medieval Europe[M]. London：Longman，1974：431.

❷ 发生15世纪中后期的这种转变，即汉萨垄断市场的衰亡，英格兰商人对北欧市场的扩展，并最终在16世纪及其更现代的时间对北欧市场的占领等变化。

❸ POWER E，POSTAN M.M，eds. Studies in English Trade in the 15th Century[M]. Manchester：Manchester University Press，1951：105.

格拉斯的《早期英格兰关税体系》中，对关税的记录、管理的沿革等方面有详细讨论。中世纪英格兰的政府，无论是中央王室还是地方议会，都或多或少地支持对外贸易，他们的很多政策直接或间接地推动了对外贸易的发展。

第一节 王室政府管理与对外贸易

一、关税

关税与对外贸易直接相关。虽然这种管理最初出于王室的借款需求，但随着中世纪对外贸易的发展，英格兰的海关关税体系也日渐成型，成为英格兰商业发展的重要组成部分。

通过税收实现对贸易的管理，可以追溯到8世纪盎格鲁撒克逊时代，商人为了获得国王的保护而缴纳"通行税"（Toll）。❶埃塞雷德四世时期，已经有关于进口税的详细规定：进入比林斯盖兹的船只，小船每艘需缴0.5便士，携带船员的大船每艘需缴1便士，大型商船每艘需缴4便士，布匹的缴税需在每周二、周四和周日进行。携带葡萄酒或鱼的鲁昂船只，每艘大船需缴税6先令和5%的鱼。来自佛兰德、诺曼底和蓬蒂的商人需根据实际携带商品进行缴税。国外皇家船在拥有与本国王室同样的特许权的前提下，才有资格通行，但是他们不能越过行政官进行贸易，他们需在圣诞节和复活节时缴纳两尺灰布和一尺棕布，以及10磅胡椒和一定量的醋。❷

1275年英格兰开始建立关税体系，到14世纪上半叶，关税体系基本成型，成为王室政府管理对外贸易活动的重要组成部分。关税主要包括羊毛出口税、呢布出口税、吨税、磅税及补助金。其中羊毛出口税及各种补

---

❶ 施诚. 中世纪英国财政史研究[M]. 北京：商务印书馆，2010：181-183.

❷ ROBERTSON A. J. The Laws of the Kings of England from Edmund to Henry[M]. Cambridge：Cambridge University Press，1925：71-73.

助金是变动较大的部分。1275年规定羊毛出口税为每袋6先令8便士，1294—1297年，加征"恶关税"（Maltolte）。1303年，开始分国别进行羊毛出口税的征收，本国商人的纳税规则不变，外国商人的出口税增加至每袋10先令。

表5-1　1275—1377年国王征收的羊毛出口关税和补助金统计

单位：英镑

时间	年平均征收金额
1275—1278年	10950
1278—1287年	8800
1290—1294年	11564
1294—1297年	29000
1297—1303年	8833
1303—1307年	18000
1327—1377年	42730

资料来源：施诚.中世纪英国财政史研究[M].北京：商务印书馆，2010：187.

从表5-1的统计中可以看出，1294—1297年羊毛关税和补助金数量可观。虽然14世纪中期的羊毛出口量，平均年出口量为27781袋，远远少于14世纪初平均每年43074袋的数量，[1]但是海关收入却有明显的增加。

呢布出口贸易从1303年开始征税，深红呢布或染色呢布，每匹2先令；半染色呢布每匹1先令6便士；粗呢每匹1先令，汉萨商人免税。英格兰本国商人从1347年开始征税，具体征税标准如表5-2所示。

---

[1] 参考第三章1303—1307年间的平均数据。

表5-2　1303年和1347年呢布的关税比较

时间	商人类别	呢布			呢布纺织品		劣质呢布	
		全染色	半染色	粗呢	单层	双层	单层	双层
1303年	本国商人	不缴纳	不缴纳	不缴纳	不缴纳	不缴纳	不缴纳	不缴纳
	外国商人	2先令	1先令6便士	1先令	每磅3便士	每磅3便士	每磅3便士	每磅3便士
1347年	本国商人	2先令4便士	1先令9便士	1先令2便士	1便士	2便士	5便士	9便士
	外国商人	3先令6便士	2先令7便士	1先令9便士	1.5便士	3便士	7.5便士	13.5便士

资料来源：GRAS N.S.B. The Early English Customs System[M].London，Humphrey Milford：Oxford University Press，1918：72.

14世纪末15世纪初，英格兰商人和汉萨商人由于免税、特权等原因，缴税总额仅占总税收的2.5%。[1]但是，也正是因为这样，他们逐渐在呢布出口贸易中占据优势。至15世纪中叶，他们约控制70%至75%的呢布贸易。[2]

吨税是针对葡萄酒进口设置的关税，以"吨"为征收单位。中世纪英格兰最早针对葡萄酒征收的关税叫做"王室衡量税"（Royal Measure），于1256年开始征收，规定每吨1便士。到1288年，葡萄酒进口税增加至每吨4先令。"爱德华一世时期，王室在加斯科逮捕了一批葡萄酒商人，逮捕原因是关于商人拒绝支付每吨4先令的附加税的内容。"

1298年，吨税正式规定为每吨2先令。[3]而1303年的《商人宪章》中重申了2先令的征税标准。"1309年这项进口税暂停收取，1322年重新开始征

---

[1] MUNRO J. Spanish Merino Wools and the Nouvelles Draperies：an Industrial Transformation in the late Medieval Low Countries[J]. Economic History Review，2005（58）：431-484.

[2] MUNRO J. Spanish Merino Wools and the Nouvelles Draperies：an Industrial Transformation in the late Medieval Low Countries[J]. Economic History Review，2005（58）：431-484.

[3] LLOYD T. H. Alien Merchants in England in the High Middle Ages[M]. Brighton，Sussex：Harvester Press，New York：St. Martin's Press，1982：86-87.

收，仅面向外国商人征收。"❶英格兰本国商人享受免税特权。

磅税是针对除了羊毛、呢布和葡萄酒以外的其他商品征收的关税，以重量计税。这种税也是从1303年开始征收，《商人宪章》具体规定为："无论进出口，蜡以每公担12先令❷征收，丝绸、谷物、动物等以每磅3便士征收，且需在进出口之日起20天内缴纳。"❸

除了以上固定的关税，税收还有"补助金"一项。这种补助金，无论是征收的种类还是征收的金额，都是中世纪英格兰变动最大的关税。补助金最早由国王征收，从14世纪上半叶开始逐渐受到来自议会的制约，从1360年代开始，征收补助金需获得议会的同意。"1362年的一项法令规定，未经议会同意，不得在羊毛上加设任何补贴或负担。1371年的法律再次规定，不得加征补助金。"❹这意味着，国王从这一时期开始已无法随意征税。补助金具体分为以下三种：

首先，羊毛补助金。"1294年、1340年的补助金标准是每袋羊毛40先令，1322年和1332年本国商人缴纳每袋6先令8便士，外国商人缴纳13先令4便士。"❺

"到1336年，爱德华三世开始加征每袋20先令的'补助金'用作支付对法战争的军费。1338年3月，王室将羊毛补助金增加至每袋33先令4便士，1341年增加至每袋40先令，从这一时期开始，羊毛的总出口税为每袋46先

❶ JAMES M. K. The Fluctuations of the Anglo-Gascon Wine Trade during the Fouteenth Century [J]. The Economic History Review, 1951(4):170-196.

❷ 公担等于100公斤。

❸ Atton and Holland, The King's Custom, I, p. 87. cit., GRAS N. S. B. The Early English Customs System [M]. London, Humphrey Milford: Oxford University Press, 1918:66-67.

❹ F. W. 梅特兰. 梅特兰专题讲义：英格兰宪政史[M]. 李红海, 译. 北京：中国政法大学出版社, 2010:117-118.

❺ GRAS N. S. B. The Early English Customs System [M]. London, Humphrey Milford: Oxford University Press, 1918:80.

令8便士，外国商人则高达每袋50先令。"❶

百年战争期间，羊毛补助金为每袋40至50先令，"15世纪大部分时间里，国内商人需缴纳每袋40先令的补助金，外国商人有时甚至需要交纳每袋5英镑的补助金。到1471年，外国商人需要缴纳的补助金固定为每袋76先令8便士。15世纪后期，国内外商人羊毛关税和补助金的税率分别占其羊毛出售价格的25%和48%左右"❷。

到15世纪末，羊毛补助金已经成为羊毛商人非常沉重的负担。面对这种负担，商人们会试图将其转嫁给羊毛生产者和最终的羊毛消费者。但是即使他们成功转嫁部分税收负担，在羊毛贸易上获利依然越来越难。羊毛集中地加莱的关税和补助金占羊毛总价的比例统计如表5-3所示。

表5-3　加莱关税和补助金占羊毛总价的比例统计

羊毛种类（来源地）	1472—1482年	1483—1497年
上等羊毛（Leominster）	7.7%	7.5%
上等羊毛（March）	10.2%	9.8%
上等羊毛（Cotswold）	13.4%	12.7%
中等羊毛（Cotswold）	19.6%	18.2%
上等羊毛（Kesteven）	20.4%	18.8%
中等羊毛（Kesteven）	29.9%	26.8%

注：1484年海关折扣的增加不计入此表。

Leominster March Cotswold Kesteven

资料来源：HANHAM A. The Celys and Their World, an English Merchant Family of the Fifteenth Century[M]. Cambridge：Cambridge University Press，1984：127.

其次，呢布补助金。"1347—1373年，呢布开始征收附加税，是'按价

---

❶ MUNRO J. Spanish Merino Wools and the Nouvelles Draperies：an Industrial Transformation in the late Medieval Low Countries[J]. Economic History Review，2005（58）：431-484.

❷ CARUS-WILSON E. M，COLEMAN O. England's Export Trade[M]. Oxford：Clarendon Press，1963：194.

值征收的补助金'，每镑6便士，即商品价值的2.5%，1373年这项税增加至每镑12便士，即总价值的5%。"❶

第三，其他商品的补助金也是从1347年开始征收。葡萄酒方面，"12世纪每吨4便士，从1288年开始每吨4先令，1303年开始，每吨经外国商人进口的葡萄酒需缴税2先令补助金，1317年涨为每吨5先令。"❷1347年，"为了维持护航船只所需修理费，对每吨酒征收2先令和对1镑货物征收6便士的附加税"。❸"在出口锡和白蜡方面，除了汉萨商人，其他外国商人需要缴纳每镑12便士的基本税外，还需缴纳每镑12便士的附加税。"❹

从表5-4的统计中可以看出，爱德华三世和理查二世时期是关税征收的高峰期，英法百年战争与关税的增加有直接关系。

表5-4 中世纪历代国王年均关税收入

单位：英镑

国王时期	年均关税收入
爱德华一世（1272—1307年）	15870
爱德华二世（1307—1327年）	12650
爱德华三世（1327—1377年）	78456
理查二世（1377—1399年）	47734
亨利四世（1399—1413年）	30000

❶ GRAS N. S. B. The Early English Customs System[M]. London, Humphrey Milford: Oxford University Press, 1918: 66-85; CARUS-WILSON E. M, COLEMAN O. England's Export Trade[M]. Oxford: Clarendon Press, 1963: 194-198. For grain-dyed cloth exports, see: Munro, 'Medieval scarlet', pp. 13-70; Munro, 'Industrial crisis', pp. 103-41. cit., MUNRO J. Spanish Merino Wools and the Nouvelles Draperies: an Industrial Transformation in the late Medieval Low Countries[J]. Economic History Review, 2005(58): 431-484.

❷ GRAS N. S. B. The Early English Customs System[M]. London, Humphrey Milford: Oxford University Press, 1918: 83.

❸ GRAS N. S. B. The Early English Customs System[M]. London, Humphrey Milford: Oxford University Press, 1918: 83-84.

❹ POWER E, POSTAN M. M, eds. Studies in English Trade in the 15th Century[M]. Manchester: Manchester University Press, 1951: 328-329.

续表

国王时期	年均关税收入
亨利五世（1413—1422年）	30000
亨利六世（1422—1461年）	25000
爱德华四世（1461—1483年）	30000

资料来源：施诚.中世纪英国财政史研究[M].北京：商务印书馆，2010：190.

王室通过对羊毛征收关税和羊毛补助金，解决了相当一部分王室的负债和对外战争的军费支出。如材料所示，"王室日益增加的财政需求能够通过两种途径来解决，其一是征收直接人头税，其二是收取英格兰对外贸易的税金"❶。"百年战争期间，王室控制羊毛出口贸易也主要出于两方面原因，其一是保证关税的征收，其二是便于通过垄断羊毛供应来影响法国市场。"❷

二、集中地制度

集中地制度是商人按照王室政府或其他权力机构的规定，将若干重要的出口商品经过统一的检查，在固定的港口或城镇进行出口的制度。中世纪主要的集中地商品有羊毛、锡、铅等，其中羊毛占据核心地位，很多集中地法令甚至直接针对羊毛出口，因此，很多学者也将集中地称为"羊毛集中地"。

英格兰设立的第一个国外集中地圣奥美尔（St.omer），依据1313年《商人宪章》的相关规定设立："将当时海外主要的羊毛出口港由安特卫普迁移至圣奥美尔，羊毛通过这里集中出口至佛兰德、布拉班特、阿图瓦。所有羊毛出口需由集中地商人或集中地长官经手。"❸在这项规定中，不仅强调羊毛

---

❶ MILLER E，HATCHER J. Medieval England：Towns，Commerce，and Crafts（1086—1348）[M]. New York：Longman，1995：417.

❷ FRYDE E. B. Financial Resources of Edward Ⅰ in the Netherlands（1294-1298）[M]//Studies in Medieval Trade and Finance. London：The Hambledon Press，1983.

❸ Cal. Pat. Rolls（1313—1317），p. 15. cit.，McKisack M. The Fourteenth Century（1307—1399）[M]. Oxford：Clarendon Press，1959：351.

出口必须集中在圣奥美尔,同时也强调羊毛必须通过"唯一的集中地"进行出口,对羊毛出口的混乱状况进行了一定程度的规范。

但是,羊毛集中地制度并没有在《商人宪章》颁布之后稳定发展,而是在海外的多个地方之间频繁变动。1315年,集中地从圣奥美尔迁至当时羊毛出口已经比较集中的安特卫普;1334年,在佛兰德等低地国家商人的干预下,羊毛集中地迁至低地国家;1343年,英格兰王室正式颁布法令,将集中地设立在布鲁日,"规定所有羊毛出口需遵循统一标准,而出口的标准和价格需通过王室、议会和商人公会共同通过"❶。

1313—1353年,是羊毛集中地的初步创立时期,王室通过集中地的设立更加便利地征税。由于羊毛出口税区分本国商人和外国商人,外国商人在支付较高关税的同时,还需支付相当数额的羊毛补助金。因此,王室出于收入的考虑,常常鼓励外国商人参与羊毛出口,而对本国商人出口羊毛进行一定程度的限制。

1353年王室颁布《集中地法令》(*Ordinance of the Staple*),规定:首先,将集中地制度以法令的形式确定下来;其次,正式将海外集中地迁入国内,设立国内集中地。❷至此,集中地制度不再是王室政令中临时性的支持外国商人出口羊毛的制度,而成为有组织规定的商业制度。法令中明确规定,羊毛、连皮毛及皮革需通过以下城镇中的一个城镇进行出口:纽卡斯特、约克、林肯、诺维奇、威斯敏斯特、坎特伯雷、柴切斯特、温彻斯特、埃克塞特、布里斯托尔,羊毛需要按照王室统一规定的打包标准进行打包称重,获得集中地通行证之后,按照规定路线进行出口。本国商人需缴纳每袋羊毛6

---

❶ POWER E. The Wool Trade in English Medieval History[M]. Oxford:Oxford University Press,1941,89.

❷ 也有学者认为,1326年已经出现国内集中地,规定"伦敦、纽卡斯特、约克、林肯、诺维奇、温彻斯特、埃克塞特、布里斯托尔、什鲁斯伯里、卡麦登及爱尔兰的三个城镇需通过其中一个城镇进行出口,并在这个城镇停留至少40天,个别特许状仅允许商人停留15天"。但是材料中同时提到,这时的法令并没有切实地贯彻到各个城镇,真正具有法令效力的国内集中地应该是1353年设立的。参考LLOYD T. H. The English Wool Trade in Middle Age[M]. Cambridge:Cambridge University Press,1977:115—116.

先令8便士、每300张羊皮毛6先令8便士、每拉斯特皮革13先令4便士的关税。外国商人需缴纳每袋羊毛10先令、每300张羊皮毛10先令、每拉斯特皮革20先令、每价值20先令的铅3便士的关税。❶

有学者认为，该法令的颁布，标志着王室不再对外国商人表现出明显的偏袒，而是针对羊毛出口进行全面管理。在本国羊毛生产已经具备一定的竞争力的背景下，新的国内集中地的设立，赋予本国商人和外国商人同等的贸易条件。❷而劳埃德也认为，新的国内集中地制度，在一定程度上打破了原有的垄断性贸易，并将"集中"的概念贯彻到全部羊毛贸易当中。制度化的羊毛出口已经在集中地制度建立的过程中逐步确立。❸

1363年，王室下令在位于法国领土、主权属于英格兰王室的加莱设立海外集中地，并规定英格兰出口羊毛，需在通过英格兰国内集中地后，运至位于欧洲大陆的海外集中地，在获得认证文书后方可出口。❹从此，英格兰开始国内集中地和海外集中地并行的时代。

14世纪，国内外集中地的范围都有一定程度的扩展。国内集中地方面，除了1353年规定的10个城镇外，1365年新增伊普斯维奇和梅尔库姆（Melcombe），1373年增加林恩❺，1390年增加赫尔❻。而国外集中地方面，1369年，由于英法战争，短暂地将加莱集中地迁回国内，但加莱的集中地地位很

❶ ORMROD M, ed. The Parliament Rolls of Medieval England（1275—1504）[M]. Woodbridge, London:Boydell Press,2005:71,79.

❷ ORMROD M, ed. The Parliament Rolls of Medieval England（1275—1504）[M]. Woodbridge, London:Boydell Press,2005:64-66.

❸ LLOYD T. H. The English Wool Trade in Middle Age[M]. Cambridge:Cambridge University Press,1977:207.

❹ ORMROD M, ed. The Parliament Rolls of Medieval England（1275—1504）[M]. Woodbridge, London:Boydell Press,2005:174-175.

❺ ORMROD M, ed. The Parliament Rolls of Medieval England（1275—1504）[M].Woodbridge,London:Boydell Press,2005:175,237.

❻ WILSON C. G, eds. The Parliament Rolls of Medieval England（1275—1504）[M]. Woodbridge, London:Boydell Press,2005:172.

快恢复。1383 年，议会决定在泽兰地区的米德尔堡设立与加莱并行的海外集中地❶，但是米德尔堡集中地存在时间较短。

由于集中地制度涉王室、外国商人、本国商人等多方面的利益，集中地设立后，屡次在英格兰国内和海外来回变动。当王室将集中地设立在海外时，英格兰本国商人马上通过议会提出海外集中地不利于关税的征收、本国商人的利益在海外难以保证等问题，而王室则会在议会和商人的压力下短暂地将集中地迁回国内。但是当王室需要依赖外国商人的经济支持时，或者鉴于其他军事和政治需要时，又会将集中地重新设立在海外，这种变动到 1391 年结束，此后，加莱成为固定的、唯一的海外羊毛集中地。

1461 年，桑维奇和南安普顿作为临时性的羊毛集中地，短暂地替代加莱，承担了不到两年的"集中地"工作。1463 年，王室和议会共同颁布的法令规定："英格兰北部诺森博兰、昆伯兰和威斯特摩兰、达拉谟主教区，阿勒顿、里士满郡（Richmond）的羊毛，经纽卡斯特出口，其他地区的羊毛需经加莱集中地出口。"❷这项羊毛出口的规定持续到 1558 年，随着加莱被法国占领，王室不再设置新的集中地，集中地制度结束。

这项制度是在英格兰本国商人的极力推动下实行的、具有重要商业倾向的制度，王室政府"贸易组织者"的角色也发挥一定的作用。有学者指出"集中地商团虽然是由商人组成的，但是王室在他们最终的联合方面起着重要作用。"❸

英格兰商人在集中地的产生、发展和管理中都充当重要的角色。这种以商人为主导，国家制度为后盾的商业政策在中世纪英格兰经济发展的重要动

❶ MARTIN G, WILSON C, ed. The Parliament Rolls of Medieval England (1275—1504) [M]. Wood-bridge, London: Boydell Press, 2005: 321.

❷ Horrox R, ed. The Parliament Rolls of Medieval England (1275—1504) [M]. Woodbridge, London: Boydell Press, 2005: 105.

❸ LLOYD T. H. The English Wool Trade in Middle Age [M]. Cambridge: Cambridge University Press, 1977: 196.

力。14世纪的普遍的商业环境是低地国家的政治动荡对佛兰德商人的活动产生极其消极的影响，汉萨商人因为缺乏国家保护而需要投入大量军事资本抗衡波罗的海和北海的海盗，意大利商人始终以城市为单位进行单独的贸易活动。而这时的英格兰商人，通过集中地制度快速发展，迅速控制羊毛出口，同时实现良好的自我发展。

从集中地制度开始，王室以国家为单位协调国际贸易问题，1348年3月，王室决定派遣使者与佛兰德商谈商业竞争的问题❶，1383年王室欲与法国达成战时通商协议❷，1442年王室为了保障英格兰商人在汉萨城镇和普鲁士城镇的利益，颁布法令保障汉萨商人和普鲁士在英格兰贸易的特权。❸

三、商贸管理的特点

王室除了通过关税和集中地制度管理对外贸易，还通过颁布具体的法令法规管理商人活动及贸易市场。而这种管理在面对外国商人和本国商人时有明显的不同。

（一）对外国商人的限制

中世纪的外国人（Alien），在身份认证上与外地人（Foreigner）有明显的区别，特指佛兰德人、汉萨人、意大利人等来自非英格兰本岛的人，而外地人是指其他地区或者其他城镇的人。❹英格兰王室政府对外国商人及商业活动的管理，除了在王室需要资金支持时予以鼓励，更多的是控制和限制。

第一，限制外国商人在英格兰停留的时间。12世纪的英格兰规定，除非

❶ PHILLIPS S，ORMROD M，eds. The Parliament Rolls of Medieval England（1275—1504）[M]. Woodbridge，London：Boydell Press，2005：455-456.

❷ MARTIN G，WILSON C，ed. The Parliament Rolls of Medieval England（1275—1504）[M]. Woodbridge，London：Boydell Press，2005：343.

❸ CURRY A，ed. The Parliament Rolls of Medieval England（1275—1504）[M]. Woodbridge，London：Boydell Press，2005：384-385.

❹ SALZMAN L. F. English Trade in the Middle Age[M]. Oxford：Oxford University Press，1931，83.

拥有特许状，外国商人在英格兰的停留时间不得超过40天。[1]这项规定持续到13世纪末，"1290年，伦敦市民抱怨外国商人居留时间仅40天，以至于他们仅有时间销售出所有商品而没有时间消费，从而带走全部财富"[2]。

1404年，新的法令规定外国商人可以在英格兰进行为期三个月的商业活动。但是这项法令损害了当时拥有特权的意大利商人的利益，在他们的干预下这项法令最终被废除。但1440年的法案规定，外国商人的居留时间为8个月，1483年，查理三世再次颁发法令强化这项规定，8个月的期限规定直到亨利七世时期才被废除。[3]

第二，限制外国商人的活动范围。外国商人必须停留在特许状当中注明的城市。在很多城市，外国商人的居留还需本地权威人士作为担保。

"1230年，国王授予南斯市民加洛（Galo）特许状，他可以世世代代不用缴纳摊位税（Stallage）及其他捐税，可以自由地在领地内贸易。但是特许状同时注明：保留伦敦城市的自由权利及其他已经颁布的特许。"[4]也就是说，虽然王室允许这些外国商人在英格兰境内自由活动，但如果他们到伦敦，需遵循伦敦对外国商人限制的条款。经营葡萄酒的外国商人也受到类似的限制。"他们大多将葡萄酒带入相应港口，在没有特许状或允许令的情况下，不得将葡萄酒装回船上或运回码头，也不得任意零售葡萄酒"[5]。

从14世纪开始，王室政府逐渐在政策上放松对外国商人的控制。1303年的《商人宪章》明确规定："一切非敌国的外国商人都应能够安全地在英格兰进行自由的贸易活动，不需要承受沉重的赋税负担，仅需缴纳法律规定的

---

[1] LOYN H. R. Anglo Saxon England and the Norman Conquest[M]. Harlow：Longman，1991：97-98.

[2] Rot. Parl.，i.55. cit.，SALZMAN L. F. English Trade in the Middle Age[M]. Oxford：Oxford University Press，1931：104.

[3] SALZMAN L. F. English Trade in the Middle Age[M]. Oxford：Oxford University Press，1931：105.

[4] Cal. Cha. Roll，i. 124. cit.，SALZMAN L. F. English Trade in the Middle Age[M]. Oxford：Oxford University Press，1931：91-92.

[5] SIMON A. L. The History of the Wine Trade in England[M]. London：Wyman & Sons Limited，1906：297.

赋税。一旦爆发战争，敌国的一切商品和商人需留在英格兰，直到看到我们在敌国的商人和商品受到如何的对待，并进行对应的处置。"❶ "1350年颁布的法令规定：伦敦和其他市镇对一切非敌国商人开放，商人可以自由在城镇买卖，无论批发还是零售。"❷但是这些法令大多是为了暂时吸引外国商人，增加王室税收。法令颁布后，各个城市纷纷采取各种措施抵制，保护本城镇商人的贸易特权。直到15世纪末，外国商人也没有实现与本国商人无差别的贸易自由。

第三，征收更高的税金。外国商人在关税方面需要额外缴纳的税金已经在上文提及，除此之外，外国商人还需缴纳其他税金。"1431年亨利六世颁布的税法规定，斯蒂尔亚德商人（即汉萨商人公会驻伦敦办事处的商人）需与其他外国商人一样，按贸易商品支付附加税，每英镑商品6便士，每桶葡萄酒3便士。"❸除了征收附加税，外国商人还需缴纳房屋税、居住税等税金。1439年法令规定，外国房屋所有者需缴纳每人16便士的房屋税（Subsidy or Poll-Tax），而没有房屋的外国人需缴纳每人6便士的人头税。1448年，外国商人需缴纳每人6先令8便士的居住税，以及每人20使用代理人的税金。5年之后这个税项分别增加到40先令和20先令。意大利商人直至1471年才获取免缴此税的特权。❶

另外，王室政府还对外国商人进行经济审判方面的管理。典型法令是1353年颁布的《贸易中心城镇法》，规定外国商人需要受到其所在地的贸易中心法院的管辖。❺

❶ SALZMAN L. F. English Trade in the Middle Age[M]. Oxford：Oxford University Press，1931：100-101.

❷ Rot. Parl.，ii. 232. cit.，SALZMAN L. F. English Trade in the Middle Age[M]. Oxford：Oxford University Press，1931：98-100.

❸ POWER E，POSTAN M. M，eds. Studies in English Trade in the 15th Century[M]. Manchester：Manchester University Press，1951：116.

❹ SALZMAN L. F. English Trade in the Middle Age[M]. Oxford：Oxford University Press，1931：104.

❺ 徐浩. 中世纪西欧工商业研究[M]. 北京：生活·读书·新知三联书店，2018：84.

（二）对本国商人的保护

从上文对关税和集中地制度的讨论中可以看出，英格兰王室政府对于英格兰商人表现出较多的保护和鼓励。不仅因为英格兰商人在当时的经济社会发展中越来越重要，也是因为他们的活动与王室的利益密切相关。

中世纪英格兰对本国商人的保护主要体现在两方面，其一，给本国商人的贸易活动提供军事方面的保护。"1338年，王室授权允许部分布里斯托尔的商人使用王室船只出海进行贸易活动，船上配备护卫人员和武器。"❶1407年，王室与荷兰、泽兰和佛兰德之间达成政府间的协议，以军事武装作为筹码，保证了英格兰冒险商人在这些地区的贸易自由权利。❷"1442年，英格兰政府颁布法令，成立英格兰商人私人武装体系。"❸其二，通过颁布进出口禁令，发展本国经济，进而间接保护本国商人。"1225年4月13日王室下令，并在10月重申，禁止任何谷物从几大港口出口。违者将予以逮捕。这种法令在13世纪常常出现。"❹"1296年国王下令，在没有安全护卫的情况下任何船只禁止出海。"❺

14世纪以后，出现更加详细的禁令。"1326年6月1日，禁止国内和国外商人出口呢布生产的原料，茜草、靛蓝和褐色染料（burs），以及其他任何用于呢布生产的原料。违者将被逮捕直到下次法令的颁布。"❻"1337年，全面

---

❶ Cal. Pat. Roll. 12Ed. Ⅲ, Part Ⅱ., m. 40. cit., SIMON A. L. The History of the Wine Trade in England [M]. Lodon: Wyman & Sons Limited, 1906: 204.

❷ MYERS A, ed. English Historical Documents (1327—1485)[M]. Lodon: Eyre and Spottiswoode, 1969: 1032.

❸ POWER E, POSTAN M. M, eds. Studies in English Trade in the 15th Century[M]. Manchester: Manchester University Press, 1951: 122.

❹ YOUNG C. R. The English Borough and Royal Administration(1130—1307)[M]. Durham, North Carolina: Duke University Press, 1961: 124.

❺ Cal. Pat. Roll. 12Ed. Ⅲ, Part Ⅱ., m.40. cit., SIMON A. L. The History of the Wine Trade in England [M]. Lodon: Wyman & Sons Limited, 1906: 151.

❻ ROTHWELL H, eds. English Historical Documents (1189—1327)[M]. Lodon: Eyre and Spottiswoode, 1975: 546–547.

禁止进口和使用外国呢布。"●爱德华四世时期，明令禁止的进口对外商品包括"呢布、丝绸或黄金，马鞍、马镫、马刺、铁格子、锁、铁锤、火钳、接油盘等铁制品，手套、鞋子、刀具、帽子等诸多羊毛制品"●。这些禁令有效地保护了英格兰的国内市场，也推动了英格兰的稳步发展。

第二节　地方管理与对外贸易

一、议会的管理

议会的发展是中世纪政治史研究的重要课题。本节主要讨论议会在对外贸易方面发挥的管理作用。这种管理作用在爱德华二世时期表现非常明显，鲍尔认为，"议会在对外贸易中的地位在爱德华二世时期逐渐稳固"。●

议会在对外贸易方面的管理主要体现在限制王权、保护中小商人。但是，由于中世纪英格兰的议会成员大部分是地方权贵或领主代表，他们在面对诸如国外商人或者商团的问题时，又常常与王室站在同一边。

首先，议会对本国商人的外贸活动持积极态度。议会材料显示，他们保护商人财产，强调商人在商业政策制定过程中的重要地位。"1305年，威斯敏斯特议会颁布保护特许状，保护王室商人泰里科（Terric le Vyleyn）及其财产，即使在财产转手到佛兰德商人手中之后也是一样。"●"如果国王想要干预羊毛贸易，需同羊毛商人进行协商。在决定赋税的过程中也需要考虑羊毛

---

❶ SALZMAN L. F. English Trade in the Middle Age[M]. Oxford：Oxford University Press，1931：322.

❷ MYERS A，ed. English Historical Documents（1327—1485）[M]. Lodon：Eyre and Spottiswoode，1969：1041-1042.

❸ POWER E. The Wool Trade in English Medieval History[M]. Oxford：Oxford University Press，1941：68-69.

❹ WILSON C. G，ed. The Parliament Rolls of Medieval England（1275—1504）[M]. Woodbridge，London：Boydell Press，2005：124.

商人的意见。"❶14世纪后，议会开始影响集中地体系的发展。王室出于征收更多关税的考虑，曾一度禁止本国商人出口羊毛。议会给出的回应是："1392年，议会废除了禁止本国商人出口羊毛的王室法令，允许一切商人自由进行羊毛出口活动。"❷

其次，议会对外国商人的活动，则会因为不同情况而表现出摇摆不定的态度。这种摇摆在对待汉萨商人时最为明显。为了方便英格兰商人在波罗的海地区的活动，14世纪，议会对汉萨商人是支持的。在1378年格洛斯特议会上，汉萨商人要求重新批准他们曾在王室那里获取的英格兰贸易特权，议会批准了汉萨商人的请求，作为交换，汉萨给予英格兰商人在普鲁士、丹麦、挪威等地同等贸易特权。❸但是到15世纪，议会颁布了新的协定，取消了汉萨商人的特权。"沃拉斯协定（Vorrath Treaty）规定，汉萨商人需在1436年11月至1437年4月与其他外国商人缴纳同等镑税。"❹

议会在控制商品价格、管理贸易市场等方面也有相关作为。"1293年，威斯敏斯特议会颁布法令，针对加斯科及其他向英格兰进口葡萄酒的酒商，规定了他们在伦敦、牛津和剑桥三地的葡萄酒的售卖价格。"❺1307年，议会颁布进口加斯科葡萄酒需要达到的要求和称量标准。❻1372年议会规定，所

---

❶ POWER E. The Wool Trade in English Medieval History[M]. Oxford：Oxford University Press，1941：66-67.

❷ LLOYD T. H. The English Wool Trade in Middle Age[M]. Cambridge：Cambridge University Press，1977：232-233.

❸ MARTIN G，WILSON C，ed. The Parliament Rolls of Medieval England（1275—1504）[M]. Woodbridge，London：Boydell Press，2005：106.

❹ LLOYD T. H. England and the German Hanse（1157—1611）[M]. New York：Cambridge University Press，1991：217.

❺ WILSON C. G，ed. The Parliament Rolls of Medieval England（1275—1504）[M]. Woodbridge，London：Boydell Press，2005：63.

❻ WILSON C. G，ed. The Parliament Rolls of Medieval England（1275—1504）[M]. Woodbridge，London：Boydell Press，2005：137.

有进口加斯科葡萄酒的英格兰商人，需至少进口100桶，否则将被处罚。●
1376年议会废除"商人不得在伦敦及其他英格兰城镇零售甜葡萄酒"的规
定，商人可以自由选择零售还是批发甜葡萄酒，只要价格在市长的监管和认
可下即可。●与下文中提到的城镇和行会不同，议会的管理虽然被归为地方
管理，但是并不具有明显的地区差异。

最后，中世纪英格兰的议会还通过给城镇颁布"自治权"来促进本地商
业发展。例如，"1327年伦敦获得城市特许，1335年约克获得城市特许，城
市拥有管理贸易活动的权利。1367年，虽然王室希望伦敦城市仅拥有城市零
售贸易的自治权利，但是直到1376年，伦敦还掌握对外国商人贸易的管理
权"●。随着他们的这种自治权的稳固，地方商人在议会中的影响力也不断
上升，他们不仅影响本城镇的经济决策，甚至影响地区性的经济决策。

二、城镇的管理

这里所说的城镇，主要是指上文提到的、在14世纪前后获得自治权的城
镇，他们在经济、贸易等方面拥有决策权。市民阶层在实现自治的过程中也
逐渐发展壮大，成为重要的基层力量。因此，有学者指出，"1381年大瘟疫
之后，地区性长官的权力开始增大"●。

有学者认为，城镇在商业领域的管理主要体现在："第一，保证城镇的
食物供应，以及这些供应的价格合理，实现市场管理。第二，强化工业生产
中的一些标准，保护消费者的利益，防止商人或者行会的过度垄断，控制佣

● ORMROD M, ed. The Parliament Rolls of Medieval England(1275—1504)[M]. Woodbridge, London:Boydell Press,2005:270.

● ORMROD M, ed. The Parliament Rolls of Medieval England(1275—1504)[M]. Woodbridge, London:Boydell Press,2005:299.

● ORMROD M, ed. The Parliament Rolls of Medieval England(1275—1504)[M]. Woodbridge, London:Boydell Press,2005:205.

● FRYDE E. B. The Financial Policies of Royal Goverments[M]//Studies in Medieval Trade and Finance. London:The Hambledon Press,1983.

金比例等。"●而在对外贸易方面，城镇的管理和控制主要表现在地方贸易税费的管理、对本城镇商人利益的保护及对本地消费市场的管理。

第一，地方贸易税费管理。根据格拉斯的总结，中世纪英格兰地方海关与中央海关长期并存，而地方海关受地方城镇或港口影响较大。通常负责征收市场税、集市进口税、葡萄酒关税及葡萄酒附加税四种。●

市场税（Lastage）在波士顿、林恩、大雅茅斯和伊普斯维奇等城市都有相关档案留下，该税从1217年开始征收，延续了一个世纪。●而从表5-5的市场税统计中可以看出，除了鲱鱼和羊毛，其他商品的市场税都与关税相同。这两项税基本上是面向外来商人征收的。

表5-5 一般城镇市场税纳税规则

商品	单位	市场税	关税
咸肉	每块	1便士	1便士
奶酪	每韦	1便士	1便士
鲱鱼	每拉斯特	1便士	4便士
皮革	每10张	2便士	2便士
羊毛	每袋	4便士	2便士.

资料来源：GRAS N.S.B. The Early English Customs System［M］. London, Humphrey Milford：Oxford University Press, 1918：32.

另外两项税收与葡萄酒进口相关。由于中世纪英格兰的葡萄酒进口的大部分份额都掌握在外国商人手中，因此英格兰各个城镇对于葡萄酒的进口都

---

❶ THRUPP S. L. The Merchant Class of Medieval London（1300—1500）［M］. Chicago：University of Chicago Press, 1948：93.

❷ GRAS N. S. B. The Early English Customs System［M］. London, Humphrey Milford：Oxford University Press, 1918：24.

❸ GRAS N. S. B. The Early English Customs System［M］. London, Humphrey Milford：Oxford University Press, 1918：29.

有较为严格的限制。格拉斯将葡萄酒的地方税分为关税和附加税，而附加税的税额由城镇决定。"葡萄酒进入布里斯托尔港，需要缴纳每吨3便士的通行税。1330年代，伦敦征收每加仑4便士的零售税。"[1]13—14世纪的伊普斯维奇，"任何进口的葡萄酒在没有专属官员的批准前不得卸载。如果商人将葡萄酒寄存在码头，需缴纳每桶2先令的费用，如果需运送至附近酒馆需再缴纳每桶2先令的费用，如果葡萄酒运送至转运的酒馆需再缴纳每桶3先令的费用。1293年，伦敦城市规定，来自洛林的商人可以以桶或半桶为单位出售葡萄酒[2]，不允许以其他单位出售葡萄酒"[3]。

除了以上讨论的四种税，各个城市还存在一些其他的收费项目。1346年兰开斯特规定：向外地商人征收每包呢布半便士的捐税。商品落地需缴纳"落地税"（Terrage），商品进入摊位需缴纳"摊位税"（Stallage），另外为了竖起摊位而在地下钻洞需缴纳"钻洞税"（Picage）。[4]1439—1440年，南安普顿规定："港口设置经纪人职位，负责向往来的商人征收关税。经纪人需向贸易商人征收三种税，分别是关税、经纪人费用和磅税。关税按照国家颁布的统一标准征收，或者按照与南安普顿的协议征收，如果是城市公会成员，缴纳的费用会减少，但不能完全免费。"[5]

第二，保护本城镇商人的利益。"外来商人通常被排除在零售贸易之外。他们不得拥有店铺，他们只允许买卖大宗商品，如羊毛、皮革、呢布等，如果他们被发现以码（零售呢布的标尺）买卖呢布或者零售其他商品，将被处

❶ JAMES M. K. The Fluctuations of the Anglo-Gascon Wine Trade during the Fouteenth Century [J]. The Economic History Review，1951（4）：170-196.

❷ 出售的主要是Moselle Wine。

❸ Cal. Pat. Roll. 12Ed.Ⅲ，Part Ⅱ.，m.40. cit.，SIMON A. L. The History of the Wine Trade in England [M]. London：Wyman & Sons Limited，1906：136.

❹ SALZMAN L. F. English Trade in the Middle Age[M]. Oxford：Oxford University Press，1931：88.

❺ MYERS A，ed. English Historical Documents（1327—1485）[M]. London：Eyre and Spottiswoode，1969：1089.

罚。"❶ "1426年诺维奇规定，任何外国商人，即使拥有城市特许，也不得收留其他外国商人及其商品。"❷在1300年前后伊普斯维奇，"只有市民拥有收容外国商人的资格。他们拥有决定外国商人交易的时间和交易对象的资格。"❸ 1439年，收容外国商人需要缴纳管理费，"外国商人需缴纳每磅商品2便士的管理费"❹。

到15世纪，坎特伯雷已拥有典型的市民法令，其中规定："首先，市民免除关税和市场税，可以在沿海各地自由地穿行和停留；其次，市民可免除在英格兰任意港口的葡萄酒附加税（Prises of Wine）；再次，如果有人误收了坎特伯雷市民的关税和市场税，被收税的市民可以在坎特伯雷向其复仇；最后，坎特伯雷市民可以在粮食和谷物进入普通市场之前，拥有和支配粮食和谷物的权利。"❺

第三，对本地消费市场的管理。1467年，莱斯特城镇对于面包、葡萄酒和麦酒市场进行规定："酿酒者需确保麦酒是熟的、无杂质的、非红色的；不得零售；上等葡萄酒售价为每加仑1.5便士，中等葡萄酒每加仑1便士，次等每加仑0.5便士；不允许向非法人员出售商品；屠宰者需同时出售生肉、肉皮和油脂；任何出售病肉的人，将被逮捕；渔夫和出售食物的商贩，需持有市长的批准；所有出售食物的商贩需保证售价公允，不得无故抬价。"❻从表5-6中也可以看出中世纪中后期城镇对消费市场的管理。

❶ SALZMAN L. F. English Trade in the Middle Age[M]. Oxford：Oxford University Press，1931：84.

❷ Recs. of Norwich，ii. 87. cit.，SALZMAN L. F. English Trade in the Middle Age[M]. Oxford：Oxford University Press，1931：106-107.

❸ Black Book of the Admiralty，ii. 147. cit.，SALZMAN L. F. English Trade in the Middle Age[M]. Oxford：Oxford University Press，1931：106-107.

❹ SALZMAN L. F. English Trade in the Middle Age[M]. Oxford：Oxford University Press，1931：106-107.

❺ MYERS A，ed. English Historical Documents（1327—1485）[M]. London：Eyre and Spottiswoode，1969：569-570.

❻ MYERS A，ed. English Historical Documents（1327—1485）[M]. London：Eyre and Spottiswoode，1969：576.

表5-6 1353—1458年发生的与贸易相关的审判案件类型统计

审判对象	事由	审判对象	事由
碾磨工	缺斤短两，多收费	杂货商	缺斤短两
面包师	违法操作	制革工	使用劣质皮革
啤酒酿造者	违法操作，按杯售卖麦酒	制鞋工	使用劣质皮革
渔夫	出售不新鲜的鱼，囤积货物破坏市场规则	裁缝	误用厄尔(尺度)，使用过多呢布
屠夫	出售变质肉类，破坏市场规则	皮革商和制鞋工	过分切割，使用劣质皮革
厨师	出售变质食物，以及出售二次加热的食物	铁匠	过多使用铁
家禽贩	破坏市场规则	香料商	缺斤短两
旅店主和投宿人	高价出售食物，烘焙低质面包	购买谷物和售卖面粉的商人	误用蒲式耳尺度，误用称量
葡萄酒贩卖者和酒馆主	破坏市场规则，缺斤短两，出售变质葡萄酒	杂货商	缺斤短两

资料来源：PRO.E101.cit., DODDS B, LIDDY C, eds. Commercial Activity, Markets and Entrepreneurs in the Middle Ages[M]. Woodbrige：Boydell Press, 2011, 92–93.

总的来说，城镇在对外贸易方面的管理和控制，相较于中央政府的管理和控制，更有针对性。而城镇对商人的保护，也更加具体、更具地方特色。

三、行会的管理

不同的学者从不同的角度定义行会。有学者认为，行会是"在某一特殊地区出现的集体性工业活动"[1]；也有学者认为，行会是"自发的本地组织，常出现在特定手工匠群体或者特殊的商业领域，用于积累和发展成员的财

---

❶ HARTE N. B, PONTING K. G. Cloth and Clothing in Medieval Europe：Essays in Memory of Professor EM Carus–Wilson[M]. London：Heinemann educational books, 1983：220.

富"❶；"行会强调对成员的协助，同时进行一定的社会救济。❷不同地区行会的偏重和影响力不同，例如伦敦最重要的行会主要进行地区分销贸易，而佛罗伦萨的著名行会从事远距离贸易和纺织工业。"❸

从商品贸易角度来看，行会与商人公会有明显的不同，行会更多地作为一个生产单位存在。虽然其中有部分工匠也从事贸易活动，但是他们的主要工作是生产，而不是商业活动。行会的管理更多地出现在对外贸易活动之前的生产领域。以呢布生产行业最为典型。

1260 年，莱斯特的行会规定："非行会成员不得在公共场合售卖商品，也不得在另外两个没有贸易关系的外地商人之间充当中间人。"❹在 13 世纪的温彻斯特行会规定，"在纺织工业比较集中的地区，规定禁止夜间工作，在节日期间的工作量需相应减少"❺。

1346 年布里斯托尔的织工行会规定："第一，染工只能对宽幅合格的呢布进行染色，即宽幅 6 股（six bondes）的呢布，否则将受到罚金处罚。第二，用弯曲织线纺织成的呢布不得生产、出售，如有发现，呢布和机器均需销毁。第三，呢布织线不充分或间隔太远的呢布和纺织该呢布的机器均需销毁。第四，织工如果进行夜间工作，需缴纳罚金。如果再次被发现进行夜间工作，则需公开声明暂停 1 年又 1 天的生产。第五，不得使用非法织机，否则将处罚金。"❻1389 年林肯郡的商人行会规定："不允许任何女性参与漂洗

---

❶ EPSTEIN S. A. An Economic and Social history of Later Medieval Europe（1000—1500）[M]. New York：Cambridge university press，2009：111.

❷ 主要是一些与基督教有关的公会或者行会，即名字里有 St. 的行会。

❸ HUNT E. S，MURRAY J. A History of Business in Medieval Europe（1200—1550）[M]. New York：Cambridge University Press，1999：37.

❹ Recs. of Leicester，i.92. cit.，SALZMAN L. F. English Trade in the Middle Age[M]. Oxford：Oxford University Press，1931：84.

❺ SALZMAN L. F. English Trade in the Middle Age[M]. Oxford：Oxford University Press，1931：149-152.

❻ MYERS A，ed. English Historical Documents（1327—1485）[M]. London：Eyre and Spottiswoode，1969：1053.

工作，除非她是主管的妻子。同时，呢布的所有者不得负责漂洗该批呢布。"❶

15世纪，工商业行会基本形成了较为完善的管理体系。"1408年，温彻斯特的行会颁布规定，严格考察织工的资质。"❷"1451年，考文垂的织工被要求不得纺织每码重量低于30磅的劣质呢布。"❸15世纪中期，"学徒参与大宗贸易时，必须由其师傅的信用作为担保，相关的法令严格禁止学徒在没有师傅授权信的情况下出国或者从事贸易活动"❹。

此外，行会对于染料的售卖也有明确的规定："在布里斯托尔，染料商人需在染料开始存放或进行检验后的40天内售卖。"❺到15世纪，在纺织工业比较发达的地区，"出现专门售卖染料的执照，当地政府对染料售卖进行专门而严格的规定和资格认可。"❻

❶ SALZMAN L. F. English Trade in the Middle Age[M]. Oxford：Oxford University Press，1931：153-156.

❷ BRITNELL R. Growth and Decline，243. cit.，R.Britnell，BRITNELL R. The Commercialisation of English Society（1000—1500）[M]. Cambridge：Cambridge University Press，2009：176.

❸ BRITNELL R. Growth and Decline，165-167，186. cit.，BRITNELL R. The Commercialisation of English Society（1000—1500）[M]. Cambridge：Cambridge University Press，2009：176.

❹ Wardens' Accounts，p. 7，p. 110. cit.，LYELL L，NEWBOLD W，WATNEY F. D. Acts of Court of the Mercers' Company[M]. Cambridge：Cambridge University Press，1936：11-13.

❺ Cf.Rec. Borough of Northampton，i. 121，the compiler has mistaken the 'wode' for wood.cit.，SALZMAN L. F. English Industries of the Middle Ages[M]. London：Constable and Company，1913：144-145.

❻ SALZMAN L. F. English Industries of the Middle Ages[M]. London：Constable and Company，1913：146-147.

第 六 章

对外贸易与英格兰

"对外贸易"这个词，无论是在现代社会还是在中世纪的英格兰，都涉及诸多经济要素，如城镇、市场、工匠、财富等，它也常常出现在外交、国家政治等领域。[1]对外贸易像是一个连接经济生活各个要素的纽带。如波斯坦所述："贸易的过程本身足够简单，可以让中世纪各个发展阶段的人们去实践。但是，贸易在他们的日常生活中的位置，取决于他们的法律和习俗，他们的财富分布，他们流通资本的路径，还有政治环境。"[2]

前面的五个章节分别从供需关系的角度讨论了对外贸易在中世纪英格兰发生的可能性，从客观存在的物质条件角度讨论了对外贸易涉及的广度，从商品和贸易数量统计中整理出了贸易发展轨迹，从商人的角度讨论了活跃在英格兰对外贸易中的不同的团体及王室和政府在对外贸易过程中充当的管理角色。这种讨论，试图将中世纪英格兰对外贸易中可能包括的重要的组成部分进行分类论述。

有学者认为："中世纪晚期的英格兰，在内外压力下进行了社会转

---

[1] 在2005年出版的《中世纪英国议会档案》中，关于"贸易"的词条共计676条，而关于"商人"的词条则多达1724条，关于"羊毛"的词条有4796条，关于"呢布"的词条有2704条，关于"集中地"的词条有3124条，关于"补助金"的词条有3155条。

[2] 波斯坦. 剑桥欧洲经济史·中世纪的贸易和工业[M]. 王春法，译. 北京:经济科学出版社,2004: 240-241.

型"❶，因此，本章试图把"对外贸易"作为一个整体，讨论它在城镇发展、商人团体发展中的意义。因此，会有前五章的材料再次被引用，以说明新的问题。13—15世纪，城镇为对外贸易提供越来越优越的贸易条件，而贸易则推动了城镇经济职能的发展演变。到中世纪末，城镇成为主要的贸易中心。这意味着资本和财富的高度集中化，也意味着中世纪英格兰贸易网络的日益成熟。"尽管远程贸易存在许多的困难，商业交换还是在中世纪逐渐形成了一个紧密而复杂的网络。"❷这一时期，对外贸易的商品能够在可控制的时间内迅速从国内各地汇集于某个中心，进而完成商品的出口；也可以通过一个城镇直接进口商品，通过发达的分销网络将进口的商品运至各地。

英格兰的商人群体由贸易不断壮大而壮大，进而开始向海外市场扩展。商人及其贸易活动开始深刻地影响欧洲经济和社会的发展。有学者认为，英格兰的特殊地理位置是他们进行海外扩展的重要推动力之一，"英格兰不受限于欧洲大陆，同时却可以植根于欧洲大陆进行文化扩展。英格兰可以不必为保护生存所需而斗争，这大大激发了其海外贸易和扩张的主动精神和动力"❸。

第一节　对外贸易与城市化

从13世纪后半叶开始，城镇的经济功能越来越凸显，城镇逐渐成为贸易港口、经济中心或者工业中心，它们逐渐替代市集，成为主要的对外贸易交换场所。例如，罗瑟认为："中世纪城镇最主要的两个特点是，大量人口和丰富多彩的经济活动。"❹伦敦、约克、波士顿等城市的国际贸易功能逐渐成熟。希尔顿也提出："中世纪的城镇包括经济发展、国际贸易和地区贸易的

❶ BRITNELL R. Markets，Trade and Economic Development in England and Europe（1050—1550）［M］. Farnham：Ashgate，2009：9.

❷ 波斯坦. 剑桥欧洲经济史·中世纪的贸易和工业［M］. 王春法，译. 北京：经济科学出版社，2004：151.

❸ MACKINDER H. J. Britain and the British Seas［M］. Oxford：Clarendon Press，1907：12.

❹ ROSSER G. Medieval Westminster（1200—1540）［M］. New York：Oxford Press，1989：325.

格局、城镇与乡村腹地之间的经济关系等。"[1]

富商和贵族越来越多地定居在以伦敦和威斯敏斯特为代表的大城市，他们的资本和消费市场也逐渐转向城市。"13世纪威斯敏斯特的发展成功地吸引了大批法国和佛兰德商人，城市开始发展贸易活动。1264至1265年，约 $\frac{1}{4}$ 供应王室的呢布、毛皮、香料需要通过伦敦进行采购。到1300年，大部分的奢侈品进口都需通过城市完成。"[2]14世纪末15世纪初，日常生活用品的集散也开始在伦敦出现。"1381年，伊利主教托马斯（Thomas Arundel）携带价值8英镑的东西来到伦敦，当时，即使是非常便宜的洋葱和大蒜，都被带至伦敦。"[3]

而港口城镇，又是与贸易关系最为密切的一种城镇。"港口城镇是英格兰与欧洲大陆沟通的桥梁。港口城镇的居民，参与贸易的商人、海员、朝圣者和海盗，无论贫富，他们连接着英格兰与欧洲大陆。港口城镇最大的商业特点是，能够聚集大量的财富。例如，1334年英格兰最富有的10个城镇中，有8个就是港口城镇。1377年最繁荣的城镇中有7个是港口城镇，1524—1525年，英格兰最富有的20个城镇中，有10个是港口城镇。"[4]从表6-1中可以看出，贸易在不同的城市此消彼长，伦敦逐渐成为对外贸易的中心，到15世纪末占据全国60.9%的贸易份额。

---

❶ Hilton R. English and French Towns in Feudal Society[M]. Cambridge：Cambridge University Press, 1992：p. xi.

❷ ROSSER G. Medieval Westminster（1200—1540）[M]. New York：Oxford University Press, 1989：17-32, 97-109.

❸ DYER C. Everyday life in medieval England[M]. Hambledon and London：Bloomsbury Publishing, 2000：261.

❹ PALLISER D. M. The Cambridge Urban History of Britain（600—1540）[M]. Cambridge：Cambridge University Press, 467.

表6-1　英格兰港口城镇参与对外贸易的份额比例统计

港口	对外贸易总值及所占比例			
	1203—1204年		1478—1482年	
纽卡斯尔	3030英镑	4.1%	2063英镑	0.1%
赫尔	11460英镑	15.4%	62567英镑	4.4%
波士顿	21555英镑	29.0%	39909英镑	2.8%
林恩	9780英镑	13.1%	10626英镑	0.7%
大雅茅斯	1005英镑	1.4%	14925英镑	1.0%
伊普斯维奇	540英镑	0.7%	29299英镑	2.1%
伦敦	12555英镑	16.9%	871158英镑	60.9%
桑维奇	720英镑	1.0%	79117英镑	5.5%
柴郡	1950英镑	2.6%	11685英镑	0.8%
南安普顿	10680英镑	14.4%	109606英镑	7.7%
梅尔库姆/韦茅斯	——	——	31089英镑	2.2%
埃克塞特/达特茅斯	255英镑	0.3%	42489英镑	3.0%
普利茅斯/福伊	840英镑	1.1%	13422英镑	0.9%
布里奇沃特	——	——	9850英镑	0.7%
布里斯托尔			103353英镑	7.2%
总计	74370英镑	100.0%	1431158英镑	100.0%

资料来源：PALLISER D. M，et al. The Cambridge Urban History of Britain（600—1540）[M].Cambridge：Cambridge University Press，2000 :477.

　　许多以纺织生产为主的乡村逐渐发展成为具有鲜明特点的小城镇，并随着工业的发展积聚了较多财富。到14世纪，英格兰已经有近400个小型市镇。❶ "出口贸易在呢布生产城镇占据特别重要的位置。有一些城镇甚至通过出口贸易获得国际声誉。萨里斯伯里以窄幅条纹呢布而闻名，科尔切斯特以一种长度仅有标准呢布一半长的黄色呢布闻名，考文垂以蓝色呢布闻名，

---

　　❶ HILTON R. English and French Towns in Feudal Society [M]. Cambridge：Cambridge University Press，1992:34.

而诺维奇、约克等城镇的呢布也逐渐走向国际化。而由于呢布的出口，这些以工业生产为主业的城镇逐渐富有，周边小村庄逐渐成长为小城镇，城镇人口不断增加，城市元素逐渐扩展至整个英格兰。"❶

城市中与"经济活动"息息相关的公会组织，随着对外贸易的发展，逐渐成为重要的城市化的标志。在一些城镇，公会甚至成为城市议会的代理。❷"从13世纪开始，公会在政治方面的重要性逐渐上升，到13世纪后半叶，其政治方面的重要性已经与其在经济方面的重要性齐头并进。"❸14世纪，"城镇中的染匠公会、皮革公会等富有的公会，都开始参与谷物、羊毛、呢布远距离贸易"❹。

第二节　对外贸易与商人

对外贸易使得英格兰与欧洲大陆以及更为广泛的地区发生联系。13—15世纪是英格兰对外贸易发展的重要时期，也是英格兰商人及商人团体对外扩展经济影响的三个世纪，商人们甚至开始参与外交活动。

早期的英格兰商人与外界的接触非常有限。13世纪的英格兰，商人大多在乡村市场附近活动。根据现存材料记录，1248年柏克斯郡的商人们住在小型乡村市场中。1276年，商人亨利住在贝德福德郡的小村庄法迪斯（Farndish）。同样根据该郡的记录，1298年，商人西蒙住在该郡的查尔格雷

---

❶ BRITNELL R. The Commercialization of English Society（1000—1500）［M］. Cambridge：Cambridge University Press，1993：170.

❷ ROSSER G. Medieval Westminster（1200—1540）［M］. Oxford：Oxford Dniversity Press，1989：289.

❸ Hilton R. English and French Towns in Feudal Society［M］. Cambridge：Cambridge University Press，1992：67.

❹ Hilton R. English and French Towns in Feudal Society［M］. Cambridge：Cambridge University Press，1992：97-98.

夫（Chalgrave）。❶他们大部分从事小规模的交换活动，他们的财富也十分有限。1295年的科尔切斯特商人古德弗雷（Godfrey）拥有少量黑麦和燕麦，以及价值4先令的纺织品。而另一个商人杰弗里（Geoffrey）仅有价值8先令的纺织品，而没有任何其他财物。❷

仅有少数几个拥有巨大财富的商人能够从事海外贸易活动。被称为"十四世纪最突出的英格兰商人"❸的威廉姆·波尔（William de la Pole），是最具代表性的大商人。关于他的身世无记录可查，1317年他第一次以"赫尔商人"出现在相关档案中，这时他已经是大地主、国家第二大资本大亨、王室的主要投资商了。他是被戴尔称为"对贸易家来说充满机会的时代"❹中崛起的大商人代表。他身兼商人和金融家身份，不仅在经济领域影响很大，在政治领域也有非常大的影响。"他是第一个获得高级军事军衔爵位的商人，其子迈克也是有记录的第一个作为商人儿子而获得爵位的人。后来波尔的子孙中有财政长官、萨福克郡的伯爵等。"❺

他广泛地参与各种经济活动。"他对任何能够获利的事情都感兴趣，他为王室和贵族提供贷款，为政府提供国外货币，在城市拥有财富和房产，拥有自己的船只，参与羊毛、金属、谷物等诸多重要的贸易活动。"❻同时，他

---

❶ BRITNELL R. Sedentary Long-distance Trade and the English Merchant Class in Thirteen-Century England[M]//COSS P. R, LLOYD S. D, ed. Thirteenth Century England V. New York：Boydell & Brener, Woodbridge, 1995.

❷ BRITNELL R. Sedentary Long-distance Trade and the English Merchant Class in Thirteen-Century England[M]//COSS P. R, LLOYD S. D, ed. Thirteenth Century England V. New York：Boydell & Brener, 1995.

❸ FRYDE E. B. The Last Trials of Sir William de la Pole[M]//Studies in Medieval Trade and Finance. London：The Hambledon Press, 1983.

❹ DYER C. Reviewed Work：William de la Pole, Merchant and King's Banker, (1366)[J]. The Economic History Review, 1989(42)：127-128.

❺ FRYDE E. B. The Wool Accounts of William de la Pole[M]//Studies in Medieval Trade and Finance. London：The Hambledon Press, 1983.

❻ FRYDE E. B. The Wool Accounts of William de la Pole[M]//Studies in Medieval Trade and Finance. London：The Hambledon Press, 1983.

还是英格兰北部重要的商人领导人，他是英格兰羊毛公会的组织者之一，1337年，以他为主导的羊毛公会300余名商人一度出口多达10000袋羊毛。1338年，2409袋羊毛由威廉姆出口。❶

但是随着爱德华三世对法战争开始，威廉姆的财富开始遇到挑战。国王为了支付军费等开支，大量向威廉姆借款。截至1340年12月，威廉姆至少借给王室超过22513英镑15先令9便士，加上其他花费，共计支出约25000英镑。❷1343年，王室授予以威廉姆为首的商团三个月内垄断性的出口羊毛的特许，代价是给王室提供10000马克。❸"从1338年至1340年，在威廉姆的努力下，仅解决了王室约77%的借款。"❹即使是威廉姆这样经济实力雄厚的商人都不能完全承担王室借款，其他商人团体可想而知。

从14世纪中期开始，商人团体逐渐替代了凤毛麟角的大商人，在经济社会发展中开始发挥重要作用，商人阶层逐渐发展起来。随着对外贸易的中心从市集转向城镇，商人的活动形式也开始改变。由随市集在全国辗转进行出口贸易的采购和进口贸易分销的"游商"，逐渐成为固定在经济功能发达的城镇"坐商"。在上文第四章有提及，以地区为单位和以贸易商品为单位的商人团体逐渐发展壮大，他们一方面能够更加快速地汇聚资本，另一方面也能有效降低贸易风险。这种贸易组织方式改变了英格兰商人较少从事对外贸易的状态，他们开始参与大宗商品贸易。到15世纪末，在羊毛等贸易领域本国商人已经占据了较大市场份额。

虽然羊毛在英格兰商人早期的海外扩展中起到非常重要作用。但是由于

---

❶ FRYDE E. B. The Wool Accounts of William de la Pole［M］//Studies in Medieval Trade and Finance. London：The Hambledon Press，1983.

❷ FRYDE E. B. The Last Trials of Sir William de la Pole［M］//Studies in Medieval Trade and Finance. London：The Hambledon Press，1983.

❸ MCKISACK M. The Fourteenth Century（1307—1399）［M］. Oxford：Clarendon Press，1959：224.

❹ FRYDE E. B. The Last Trials of Sir William de la Pole［M］//Studies in Medieval Trade and Finance. London：The Hambledon Press，1983.

中后期王室对羊毛贸易和羊毛商人的严格控管，影响了英格兰进一步的海外扩展。而从 14 世纪开始，逐渐崛起的英格兰冒险商人，则弥补了羊毛商人的不足，他们利用呢布等工业制成品对欧洲乃至更大范围内的市场进行拓展，从一定程度上来讲，英格兰冒险商人的发展轨迹，也就是中世纪英格兰海外扩张的轨迹。

冒险商人最初是指那些"在冰岛、普鲁士、西班牙和意大利活动的英格兰冒险家们"。1296 年，他们开始获得海外的贸易授权。❶他们首先将贸易市场拓展至低地国家。1359 年，在布鲁日的英格兰商人们已经形成冒险商人团体的雏形。❷1407 年，王室将"在荷兰、泽兰、布拉班特、佛兰德和其他地区进行贸易活动的英格兰商人"视为一个整体而授予特许状，王室开始保护这些商人的人身和财产安全。❸1462 年，王室授予"在布拉班特、佛兰德、荷兰等地的商人"以特权，这时已经存在名为威廉姆·奥布雷（William Obray）的团体代表。❹

从 15 世纪开始，他们扩展更远的贸易市场。1406 年，有布里斯托尔的商人曾将来自坎特伯雷主教的信件带至冰岛。❺1408 年，呢布商人将活动范围扩展到挪威、瑞典和丹麦。不久之后，法国的加斯科地区也出现英格兰商人。❻1440 年至 1448 年，英格兰出口至加斯科地区的呢布数量，达到中世纪

❶ LINGELBACH W. The Merchant Adventurcers of England：their Laws and Ordinance［M］. Philadel-phia：the Department of History of the University of Pennsylvania，1902：xxiii.

❷ LINGELBACH W. The Merchant Adventurcers of England：their Laws and Ordinance［M］. Philadel-phia：the Department of History of the University of Pennsylvania，1902：xxiv.

❸ Rymer，Foedera，iv，cit.，LINGELBACH W. The Merchant Adventurcers of England：their Laws and Ordinance［M］. Philadelphia：the Department of History of the University of Pennsylvania，1902：218.

❹ 虽然这条材料受到了一些学者的质疑，但是 W. Lingelbach 根据 1547 年的另一条材料证明这个特许是有参考价值的。Hakluyt，The Principal Navigations，Voyages，I，208. LINGELBACH W. The Mer-chant Adventurcers of England：their Laws and Ordinance［M］. Philadelphia：the Department of History of the University of Pennsylvania，1902：221.

❺ CARUS—WILSON E. M. Medieval Merchant Venturers［M］. London：Methuen，1954：14.

❻ CARUS—WILSON E. M. Medieval Merchant Venturers［M］. London：Methuen，1954：introduction.

的顶峰，年出口量一度超过7000匹。❶英格兰呢布商人在意大利拥有相当好的市场。1437年，英格兰议会颁布法令特别规定，凡是通过陆路从英格兰运至威尼斯的呢布，需符合规定的重量和标准。❷无论议会的这个规定是否出于纳税目的，都显示出当时英格兰与威尼斯之间呢布的频繁往来。

14世纪中期，冒险商人也开始从汉萨商人手中取得越来越多的波罗的海的贸易份额，他们甚至开始掌控一些原属于汉萨同盟的城镇。"14世纪末期，英格兰商人开始涉入波罗的海地区的贸易活动。约克、林恩、诺维奇、贝弗利、伦敦等都有商人参与波罗的海贸易的记录。"❸"1388年和1409年，冒险商人获得相应的协定特权，但不是永久性的，1437年他们获得法律上的认可。"❹15世纪中期，冒险商人通过汉萨商人开辟的贸易线路频繁地在北海和波罗的海航线上活动。"这时，英格兰冒险商人利用英格兰呢布在北欧的巨大市场逐渐打破汉萨实行的垄断性贸易。"❺14世纪晚期至15世纪早期，冒险商人已经对汉萨形成一定的威胁。正如英国学者波斯坦所指出的："这时英国人在波罗的海的出现使汉萨彻底明白了英国人的危险。英格兰商品开始大量地往来于东西交通线上。"❻由于英格兰本国强化了对以汉萨为主的外国商人的贸易限制，而鼓励本国商人参与对外贸易，本国商人在15世纪有明显的发展。而在呢布方面的出口数据能够较为明显地说明这种趋势（如表6-2所示）。

❶ CARUS-WILSON E. M. Medieval Merchant Venturers[M]. London：Methuen，1954：42-43.

❷ Archivio di Stato，Venice Mar，I，21. cit.，MYERS A. R，ed. English Historical Documents（1327-1485）[M]. London：Eyre and Spottiswoode，1969：1038.

❸ REYNOLDS S. An Introduction to the History of English Medieval Towns [M]. Oxford：Clarendon Press，1977：150.

❹ LLOYD T. H. England and the German Hanse（1157—1611）[M]. New York：Cambridge University Press，1991：376-377.

❺ POWER E，POSTAN M. M，eds. Studies in English Trade in the 15th Century[M]. Manchester：Manchester University Press，1951：99-100.

❻ 波斯坦. 剑桥欧洲经济史·中世纪的贸易和工业[M]. 王春法，译. 北京：经济科学出版社，2004：246.

表6-2　1435—1474年英格兰呢布出口统计

年份	出口总量（匹）	本国商人		汉萨商人		其他商人	
		出口总量（匹）	贸易份额	出口总量（匹）	贸易份额	出口总量（匹）	贸易份额
1435—1436年	25298	10929	43%	2353	9%	12016	48%
1436—1437年	39973	16437	41%	12120	30%	11416	29%
1437—1447年	56026	28683	51%	11435	20%	15908	20%
1447—1457年	37874	20848	55%	7920	21%	9106	24%
1457—1468年	33647	17667	52%	9001	24%	6979	21%
1468—1474年	33338	22000	61%	2928	8%	11400	31%

资料来源：LLOYD T.H. England and the German Hanse（1157—1611）[M]. New York：Cambridge University Press，1991：218.

这种向海外市场的扩展，让英格兰纺织工业生产力面向更广阔的消费市场，为国内工业的发展注入巨大活力。英格兰的出口份额逐步被呢布、皮革等工业制成品占据。到中世纪末，英格兰已经将消费市场扩展到北至挪威、南到意大利，西至德意志、法国、西班牙等地区。凭借着贸易优势，英格兰逐步在欧洲建立以自己为主导的供需经济网络。

冒险商人内部组织也逐渐完善。从1465年开始，冒险商人法庭开始区别于其他商人法庭，"他们讨论关于对外贸易的一切事项，运输、关税与补助金、制定法规及与海外政府建立联系等。"❶同时，商人公会能够有效地联系和沟通王室与地方政治力量。他们常常担任王室和地方市长之间的调停人，"他们在英格兰地位稳固的原因之一是他们拥有强大的沟通能力，包括国家层面的、城市层面的及个人层面的"❷。贝肯（Bacon）评价亨利七世时期的冒险商人团体："这些在佛兰德地区的冒险商人公会非常强大，他们以财富

---

❶ CARUS-WILSON E. M. Medieval Merchant Venturers[M]. London：Methuen，1954：151.

❷ CARUS-WILSON E. M. Medieval Merchant Venturers[M]. London：Methuen，1954：155.

和管理规则为基础，将英格兰国内的商品输出国外。"❶

　　根据1608年的材料显示，除了与其他公会类似的公会管理、工会法庭审判、会员申请等方面的规定外，冒险商人公会还有控制贸易量的条款。例如，对呢布的出口，规定"新加入的冒险商人，在进行贸易的前三年，每年出口呢布及相关商品总量不得超过400匹，第四年可出口450匹呢布或其他等量商品。第五年可出口500匹，其后以每年50匹的数量递增。商人在从事15年的呢布出口贸易后，允许其每年出口1000匹呢布。"❷在公会的章程上，还规定了航行时间、贸易限制、船只管理者的权限等。❸伦敦的冒险商人公会在亨利八世时期成长为重要的城市机构。"这时他们甚至可以公然挑衅市长的权威。"❹因此，有学者甚至认为："与中世纪英格兰的行会不同，公会不是为管理贸易制定规则，而是像现代的公司一样，为了经营贸易而进行活动。"❺

　　在这种势不可挡的经济扩张下，冒险商人开始在英格兰以外的地方产生重要影响。1407年亨利四世的信件显示："在荷兰、泽兰、布拉班特、佛兰德及其他海外国家和地区，英格兰商人都十分活跃，甚至有一些人进入当地政府工作。"❻1441年，勃艮第公爵在与英格兰开战时，让泽兰管理者（Stewer）逮捕米德堡所有英格兰商人，没收其财物。但是米德堡的市民在英格兰商人被转交至佛兰德之前，释放了英格兰商人，并允许英格兰商船顺利进入

　　❶ Bacon, History of the Reign of King Henry VI, 1870, Vol.vi, pp. 172, 173, 175.cit., LUCAS C. The Beginnings of English Overeas Enterprise[M]. Oxford: the Clarendon Press, 1917:67-68.

　　❷ LINGELBACH W. The Merchant Adventurcers of England: their Laws and Ordinance[M]. Pennsylvania: the Depntment of History of the University of Pennsylvania, 1902:68-69.

　　❸ LINGELBACH W. The Merchant Adventurcers of England: their Laws and Ordinance[M]. Pennsylvania: the Depntment of History of the University of Pennsylvania, 1902:53-87.

　　❹ CARUS-WILSON E. M. Medieval Merchant Venturers[M]. London: Methuen, 1954:181.

　　❺ CARUS-WILSON E. M. Medieval Merchant Venturers[M]. London: Methuen, 1954:164.

　　❻ Foedera, 1709, VIII, 464.cit., CARUS-WILSON E. M. Medieval Merchant Venturers[M]. London: Methuen, 1954:introduction.

米德堡，并向他们提供食物。❶由此可见，英格兰商人在15世纪上半叶已经在米德堡等地建立了较好的群众基础。"为了更好地与低地国家进行贸易，大量的冒险商人在海外停留。到1550年，冒险商人公会有至少20000名的成员居住在安特卫普。而另外还有超过30000名的成员分布在低地国家的其他地区。"❷

在外部贸易迅速扩张和内部管理日益完善下，冒险商人发展繁荣。"在本国纺织工业发展的带动下，冒险商人在15世纪迅速发展，羊毛公会商人已远不能及。亨利八世早期，包括14名集中地市长在内的73名集中地商人加入了冒险商人公会。"❸到16世纪末，冒险商人公会据说拥有3500多名成员。❶

与羊毛商人与王室存在紧密关系不同，冒险商人迅速的海外扩展较少得到来自王室的保护或支持，在一些时候，甚至需要承受来自王室及其他权力派的压力。亨利八世时，冒险商人希望在议会授权之前就得以免税，但是王室在教会的支持下驳回了这个请求。❺而议会方面对于冒险商人的支持也微乎其微。❻因此，商人们更容易从市场需求出发，在欧洲甚至更远的北美殖民地进行资源的调配和市场的控制。如学者的分析："在中世纪封建经济体制下，生产的推动力被无效的机构所束缚，导致缺乏足够和适当的动机，经

❶ H. J. Smit, Bronnen, Vol. 2, 751, No.1213. cit., MYERS A. R, ed. English Historical Documents(1327—1485)[M]. Pensylvnia: the Department of History of the University of Pennsylvania, 1902: 1038.

❷ LINGELBACH W. The Merchant Adventurcers of England: their Laws and Ordinance[M]. Pennsylvania: the Depntment of History of the University of Pennsylvania, 1902: 214.

❸ LINGELBACH W. The Merchant Adventurcers of England: their Laws and Ordinance[M]. Pennsylvania: the Depntment of History of the University of Pennsylvania, 1902: xxviii.

❶ LIPSON E. The Economic History of England[M]. London: A&C Black, 1929: 489.

❺ Calendar of Patent Rolls, 1480, 349. cit., LYELL L, NEWBOLD W, WATNEY F.D. Acts of Court of the Mercers' Company[M]. Cambridge: Cambridge University Press, 1936, 14-20.

❻ Calendar of Patent Rolls, 1480, 347. cit., LYELL L, NEWBOLD W, WATNEY F. D. Acts of Court of the Mercers' Company[M]. Cambridge: Cambridge University Press, 1936: 14-20.

济无法快速增长。这种经济无法增长的循环性，只有英格兰有效地避免了。"❶
"冒险商人公会推动了英格兰商人的发展，他们从汉萨同盟那里学习相关经验，并进一步完善其体系。他们找到了适应英格兰发展的有效结构，并通过这种结构为英格兰带来了成功。"❷

虽然波斯坦认为："在对普鲁士的贸易中，英格兰冒险商人公司不符合之前商人留下的传统。他们在英格兰贸易短暂收缩时期开始发展，他们的活动并没有为英格兰贸易打开任何商业活动的新领域。"❸但也有学者认为，冒险商人公会"汇集了大量的财富，他们居住在不同的大城市、港口城镇等商业繁荣之地，他们出口呢布等纺织品，并带回英格兰需要的海外商品"❹。"冒险商人公会与汉萨同盟之间的往来，不仅代表着两个商业组织的利益，也代表着国家的利益、两个文明的竞争、国家政治和工业化的竞争。"❺个人认为，冒险商人与中世纪其他商人不同，他们的主要贸易市场不是本土，而是西欧甚至更大范围。他们试图融入当时的"国际贸易"的氛围中，在传统经济体制中找到折中的突破口，积极向海外寻求发展。

第三节　余论

诺曼征服之后，王权开始"统治"英格兰国家、而其中的"统"和"治"意味着不同的王权职能，且对外贸易绝对是国王"治"的内容之一。中世纪的对外贸易与土地、人民、财富息息相关，而三个对象无一不是"国

❶ EPSTEIN S. R Regional Fairs, Institutional Innovation, and Economic Growth in late Medieval Europe[J]. Economic History Review, 1994(47): 459-482.

❷ LUCAS C. The Beginnings of English Overeas Enterprise[M]. Oxford: the Clarendon Press, 1917, 146.

❸ POWER E, POSTAN M. M, eds. Studies in English Trade in the 15th Century[M]. Manchester: Manchester University Press, 1951: 153.

❹ LINGELBACH W. The Merchant Adventurcers of England: their Laws and Ordinance[M]. Philadelphia: the Department of History of the University of Pennsylvania, 1902: 213.

❺ LINGELBACH W. The Merchant Adventurcers of England: their Laws and Ordinance[M]. Philadelphia: the Department of History of the University of Pennsylvania, 1902: xxviii.

家"的重要组成。对外贸易在政治经济生活中，虽然常常被看作证明经济发展的结果，但在一些时候也成为解决问题的条件。例如，对敌国的对外贸易，常常被作为英格兰王室与敌国的谈判条件或筹码，尤其当这个"敌国"无比需要英格兰的羊毛作为生产原料的时候。

这种与国家紧密联系的特点，使得对外贸易常常出现在国家级的各种档案材料中，如国家海关档案、议会档案、特许权档案等。在中世纪英格兰经历的很多大事件中，都可以看到对外贸易的相关条款，例如《大宪章》中的一系列商业条款、百年战争中的贸易特许、休战协议中的通商条款等。

14世纪中期，随着黑死病暴发，英格兰的发展出现转折。对外贸易数额下降明显，但是一个世纪之后，贸易活动在15世纪最后25年呈现出明显的复兴。这种螺旋式上升，显示出对外贸易在中世纪英格兰的发展中的积极作用。

上至国王，下至地方港口的办事员，他们都间接甚至直接地参与贸易活动。国王以王室的名义从加斯科地区进口葡萄酒，地方办事员同时兼职当地商人公会的重要职务。对外贸易对于他们的意义是用最实际的财富堆积的安全感。贸易"告诉"他们，可以跨越海洋获取更多财富。国家获得了更多的财富，国王就可以获得更多的财富，城镇的管理者就可以获得更多的财富，这种简单的事实将个人利益和国家利益非常紧密地联系在一起。

这种紧密的联系如果走向极端，那国家距离大危机也不远了。从另一端将国王和办事员甚至商人们拉回理智的是底层的劳动者们。牧羊人生产出口所需的羊毛，城市和乡村的纺织工人生产出口所需的呢布，他们的生产奠定了出口贸易的可能性。相较于同一时期的其他国家和地区，法国的葡萄酒生产，意大利的高级呢布加工、北欧的鱼类捕捞，英格兰出口的羊毛和呢布是距离基层生产者最近的商品，这种生产与需求的互动关系使得商人与底层生产者之间的联系非常紧密。

英格兰社会在这种大的贸易圈、小的供需圈相互交错的情况下，实现多方面利益联系的同时也实现了多方力量的制衡。因此，我们可以看到，某年国王因为战争军需向外国商人借款，并给予外国商人贸易特权，第二年本国商人因为利益受损而提出不满，这种不满可能来自商人，也可能来自与供需紧密连接的消费方或者生产方，接着这项有利于外国商人的特权就被取消了。

　　而作为对外贸易最重要的活动者——商人在中世纪大部分的时间里都承受着来自宗教的质疑。例如，勒高夫说："商人被质疑最大的问题是，他们用时间来盈利。"而奥古斯都说："时间是所有生灵共同的东西。"中世纪教会说："商人盈利意味着一种对时间的借贷，而时间只属于上帝。"❶但当商人用贸易达成了国家间的协议，使得国王无需负担沉重的军费时，国王认为商人是功臣。当商人用呢布为教会带来葡萄酒或者教堂的烛台时，修士们会用真诚的心帮助商人祈求上帝的宽恕，质疑声在经济活动逐渐发展的社会中开始弱化。同时，很多商人有时也是生产者或消费者。有的商人拥有庄园、土地，也组织生产羊毛，染工参与进口染料的贸易。修道院的修士们消费很多葡萄酒，他们也从事葡萄酒的进口贸易。人们在多种角色中的转换，很大程度上弱化了"商人"这个角色所承受的精神压力。

---

　　❶雅克·勒高夫.试谈另一个中世纪:西方的时间、劳动和文化[M].周莽,译.北京:商务印书馆,2014:53.

参 考 文 献

一、中文类

（一）中文译著

1.汤普逊.中世纪晚期欧洲经济社会史[M].徐家玲,译.北京:商务印书馆,1992.

2.亨利·皮朗.中世纪欧洲经济社会史[M].乐文,译.上海:上海人民出版社,2001.

3.波斯坦.剑桥欧洲经济史.中世纪的贸易和工业[M].王春法,译.北京:经济科学出版社, 2004.

4.亨利·皮朗.中世纪的城市[M].陈国樑,译.北京:商务印书馆,2009.

5.怀特·洛克.盎格鲁撒克逊编年史[M].寿纪瑜,译.北京:商务印书馆,2011.

6.梅特兰.梅特兰专题讲义:英格兰宪政史[M].李红海,译.北京:中国政法大学出版社,2010.

7.雅克·勒高夫.试谈另一个中世纪:西方的时间、劳动和文化[M].周莽,译.北京:商务印书 馆,2014.

（二）中文著作

1.耿淡如,黄瑞章.世界中世纪史原始资料选辑[M].天津:天津人民出版社,1959.

2.曾尊固.英国农业地理[M].北京:商务印书馆,1990.

3.马克垚.英国封建社会研究[M].北京:北京大学出版社,2005.

4.张卫良.英国社会的商业化历史进程[M].北京:人民出版社,2004.

5.赵立行.商人阶层的形成与西欧社会转型[M].北京:中国社会科学出版社,2004.

6.刘景华.外来因素与英国的崛起——转型时期英国的外国商人和外国资本[M].北京:人民出版社,2010.

7.施诚.中世纪英国财政史研究[M].北京:商务印书馆,2010.

8.北京大学历史学系世界古代史教研室.多元视角下的封建社会[M].北京:社会科学文献出版社,2013.

9.徐浩.中世纪西欧工商业研究[M].北京:生活·读书·新知三联书店,2018.

二、英文类

（一）档案文献

1.DOUGLAS,D.C. ed.,English Historical Documents(1042—1189)[M]. London:Eyer Methuen, New York:Oxford University Press,1981.

2.LYTE,H.M. ed. Great Britain.Public Record Office:Patent Rolls of the Reign of Henry Ⅲ(1247—1258)[M]. London:Majesty's Stationery Office,1908.

3.MYERS,A.R. ed.,English Historical Documents(1327—1485)[M]. London:Eyer and Spottiswoode,1969.

4.ROTHWELL,H. ed.,English Historical Documents(1189—1327)[M]. London:Eyer and Spottiswoode,1975.

5.WILSON,C.G. ed.,The Parliament Rolls of Medieval England(1275—1504)[M]. Woodbridge:Boydell Press,2005.

（二）外文论著

1.ARMSTRONG,L.,Elbl,I.,Elbl,M.M. eds. Money,Market and Trade in Late Medieval Europe [M].Leiden and Boston:Ma:Brill,2007.

2.AMOR,N. R. Late Medieval Ipswich[M]. Woodbridge:Boydell Press,2011.

3.BRIDBURY,A. R. England and the Salt Trade in the Later Middle Ages[M]. Oxford:Clarendon Press,1955.

4.BERESFORD,M. W. New Towns of the Middle Ages[M].New York:Frederick A.Praeger,1967.

5. BOLTON, J. L. The Medieval English Economy (1150—1500) [M]. London: Dent; Totowa, N.J.: Rowman and Littlefield, 1980.

6. BRENNER, R. Merchants and Revolution: Commercial Change, Political Conflict, and London's Oversea Traders (1550—1653) [M]. New Jersey: Princeton University Press, 1993.

7. BRITNELL, R. The Commercialization of English Society (1000—1500) [M]. Cambridge: Cambridge University Press, 1993.

8. BRITNELL, R., Hatcher, J. eds., Progress and Problems in Medieval England: Essays in Honor of Edward Miller [M]. Cambridge: Cambridge University Press, 1996.

9. BERGGREN, L., Hybel, N., Landen, A. eds., Cogs, Cargoes and Commerce: Maritime Bulk Trade in Northern Europe (1150—1400) [M]. Toronto: Pontifical Institute of Medieval Studies, 2002.

10. BRITNELL, R. Britain and Ireland (1050—1530) [M]. New York: Oxford University Press, 2004.

11. BRITNELL, R. The commercialisation of English society (1000—1500) [M]. Cambridge: Cambridge University Press, 2009.

12. BRITNELL, R. Market, Trade and Economic Development in England and Europe (1050—1550) [M]. Farnham: Ashgate, 2009.

13. CARUS-WILSON, E. M., Coleman, O., England's Export Trade (1257—1547) [M]. London: Oxford University Press, 1963.

14. CARUS-WILSON, E. M., The Oversea Trade of Bristol in the Later Middle Ages [M]. London: The Merlin Press, 1967.

15. CHILD, W. R. Anglo-Castilian Trade in the Later Middle Ages [M]. Manchester: Manchester University Press, Totowa, N.J.: Rowman and Littlefield, 1987.

16. COBB, H. S. ed., The Oversea Trade of London: Exchequer Customs Accounts [M]. London: London Record Sociey, 1990.

17. CRAWFORD, S. Daily Life in Anglo-Saxon England [M]. Oxford: Greenwood World Publishing, 2009.

18. DAVIS, R. English Overseas Trade (1500—1700) [M]. London: Macmillan for the Economic

History Society, 1973.

19.DOLLINGER, P. ed., The German Hansa[M]. London and New York: Routledge, 1999.

20.DAVIS, J. Medieval Market Morality[M].Cambridge: Cambridge University Press, 2012.

21.GRAS, N.S.B. The Early English Customs System[M]. London, Humphrey Milford: Oxford University Press, 1918.

22.HALL, H. A History of the Custom-Revenue in England[M]. London: Paternoster Row, 1885.

23.HATCHER, J. English Tin Production and Trade before 1550[M]. New York: Oxford University Press, 1973.

24.HUNT, E. S. J.Murray, A History of Business in Medieval Europe (1200—1500) [M]. New York: Cambridge University Press, 1999.

25.HATCHER, J., Baily, M. Modelling the Middle Ages: The History and Theory of England's Economic Development[M].Oxford and New York: Oxford University Press, 2001.

26.JAMES, M.K. Studies in the Medieval Wine Trade, Oxford: Clarendon Press[M]. New York: Oxford University Press, 1971.

27.JACK, S.M. Trade and Industry in Tudor and Stuart England[M].Cambridge: Cambridge University Press, 1977.

28.LINGELBACH, W. The Merchant Adventurers of England: their Laws and Ordinance[M]. Philadelphia: the Department of History of the University of Pennsylvania, 1902.

29.LUCAS, C. The Beginnings of English Overeas Enterprise[M]. Oxford: the Clarendon Press, 1917.

30.LEIGHTON, A. Transport and Communication in Early Medieval Europe (500—1100) [M]. New York: Barnes and Noble, 1972.

31.LLOYD, T. H. The English Wool Trade in Middle Age[M]. Cambridge: Cambridge University Press, 1977.

32.LLOYD, T. H. Alien Merchants in England in the High Middle Ages[M]. Brighton: Harvester Press, 1982.

33.LLOYD, T. H. England and the German Hanse (1157—1611) [M]. New York: Cambridge University Press, 1991.

34. LOYN, H. R. Anglo-Saxon England and the Norman Conquest [M]. London and New York: Longman, 1991.

35. LLOYD, T. H. England and the German Hanse(1157—1611)[M]. Cambridge: Cambridge University Press, 1992.

36. LOPEZ, R., Raymond, I. Medieval Trade in the Mediterranean World[M]. New York: Columbia University Press, 2001.

37. MUNRO, J. H. Wool, Cloth, and Gold: the Struggle for Bullion in Anglo-Burgundian Trade (1340—1478)[M]. Toronto: University of Toronto, 1973.

38. MILLER, E., Hatcher, J. Medieval England: Towns, Commerce and Craft(1086—1345)[M]. London and New York: Longman, 1995.

39. MOORE, E. W. The Fair of Medieval England [M]. Toronto: Pontifical Institute of Medieval Studies, 1985.

40. NIGHTINGALE, P. Trade, Money and Power in Medieval England[M]. Oxford: Oxford University Press, 2007.

41. OGILVIE, S. Institutions and European Trade(1000—1800)[M]. New York: Cambridge University Press, 2011.

42. POWER, E. The Wool Trade in English Medieval History [M]. Oxford: Oxford University Press, 1941.

43. POWER, E., Postan, M. eds., Studies in English Trade in the Fifteenth Century[M]. Manchester: Manchester University Press, 1951.

44. POOLE, A. From Domesday Book to Magna Carta(1087—1216)[M]. Oxford: Clarendon Press, 1955.

45. POLANYI, K. ed., Trade and Market in the Early Empires, Glencoe [M]. Illinois: The Free Press, 1957.

46. POSTAN, M. M. The Medieval Economy and Society[M]. London: Weidenfeld and Nicolson, 1972.

47. PLATT, C. Medieval Southampton: The Port and Trading Community(1000—1600)[M]. Boston: Routledge and Kegan Paul, 1973.

48. POSTAN, M. M. Medieval Trade and Finance［M］. Cambridge：Cambridge University Press, 1973.

49. POUNDS, N.J.G. An economic history of medieval Europe［M］. London：Longman, 1974.

50. PALLISER, D. ed., The Cambridge Urban History of Britain, V. 1 (600—1540)［M］. Cambridge：Cambridge University Press, 2000.

51. POSTAN, M.M. Mediaeval Trade and Finance［M］. Cambridge：Cambridge University Press, 2002.

52. ROSSER, G. Medieval Westminster(1200—1540)［M］.Oxford：Clarendon Press, 1989.

53. RIGBY, S. H. The Oversea Trade of Boston in the Reign of Richard Ⅱ［M］.Woodbridge：Boydell Press, 2005.

54. ROSE, S. The Wine Trade in Medieval Europe(1000—1500)［M］.London and New York：Continuum, 2011.

55. SALZMAN, L. F. English Trade in the Middle Age［M］. Oxford：Oxford University Press, 1931.

56. SUSAN, R. An Introduction to the History of English Medieval Towns［M］.Oxford：Clarendon Press, 1977.

57. THRUPP, S.L. The Merchant Class of Medieval London［M］. Chicago：University of Chicago Press, 1948.

58. UNWIN, G. Finance and Trade under Edward Ⅲ［M］. Manchester：Manchester University Press, 1918.

59. VEALE, E. M. The English Fur Trade in the Later Middle Ages［M］. Oxford：Clarendon Press, New York：Oxford University Press, 1966.

60. WILLAN, N. J. The Maritime Trade of the East Anglian Ports(1550—1590)［M］.New York：Oxford University Press, 1988.

61. WOOD, D. ed., Medieval Money Matters［M］. Oxford：Oxbow Books, 2004.

62. ZIMMERN, H. The Hansa towns［M］.London：T. Fisher Unwin, 1889.

（三）外文论文

1. BAKER R. The Establish of the English Wool Staple in 1313［J］.Speculum, 1956(31)：444-

453.

2.COLE M. The Investment of Wealth in Thirteenth-Century Genoa[J]. The Economic History Review,1938(8):185-187.

3.CARUS-WILSON E. M. The English Cloth Industry in the Late Twelfth and Early Thirteenth Centuries[J]. The Economic History Review,1944(14):32-50.

4.COBB H.S. Cloth Exports from London and Southampton in the Later Fifteenth and Early Sixteenth Centuries:A Revision[J]. The Economic History Review,1978(31):601 - 609.

5.EPSTEIN S.R. Regional Fairs,Institutional Innovation,and Economic Growth in late Medieval Europe[J]. Economic History Review,1994(47):459-482.

6.GRAY H.L. The Production and Exportation of English Woollens in the Fourteenth Century[J]. The English Historical Review,1924(39):13-35.

7.HYBEL N. The Grain Trade in Northern Europe before 1350[J]. The Economic History Review,2002(55):219-247.

8.JAMES M.K. The Fluctuations of the Anglo-gascon Wine Trade during the Fouteenth Century [J]. The Economic History Review,1951(4):170-196.

9.LUCAS H. Activities of a Mediaeval Merchant Family:The Van Arteveldes of Ghent[J]. Pacific Historical Review,1940(9):1-18.

10.LUCAS H.John Crabbe:Flemish.Pirate,Merchant,and Adventurer[J].Medieval Academy of America,1945(20):334-350.

11.MILLER F. The Middleburgh Staple,1383-188[J]. Cambridge Historical Journal,1926(2):63-65.

12.MILLER E. The Fortunes of the English Textile Industry during the Thirteenth Century[J]. The Economic History Review,1965(18):64-82.

13.MERCIER S. The Evolution of World Grain Trade[J]. Review of Agricultural Economics,1999(21):225-236.

14.MIDDLETON N. Early Medieval Port Customs,Tolls and Controls on Foreign Trade[J]. Early Medieval Europe,2005(13):313-358.

15.MUNRO J. Spanish Merino Wools and the Nouvelles Draperies:an Industrial Transformation in the late Medieval Low Countries[J]. Economic History Review,2005(58):431-484.

16.NIGHTINGALE P. Monetary Contraction and Mercantile Credit in Later Medieval England[J]. The Economic History Review,1990(43):560-575.

17.POWER E. The English Wool Trade in the Reign of Edward IV[J]. Cambridge Historical Journal,1926(2):17-35.

18.RORKE M. English and Scottish Overseas Trade(1300—1600)[J]. Economic History Review, 2006(59):265-288.

19.RAMSEY P. Overseas Trade in the Reign of Henry VII:The Evidence of Customs account[J]. The Economic History Review,1953(6):173-182.

20.STENTON F. M. The Road System of Medieval England[J].The Economic History Review, 1936(7):1-21.

21.WERVEKE H. V. Industrial Growth in the Middle Ages:The Cloth Industry in Flanders[J]. The Economic History Review,New Series,1954(6):237-245.

22.WRIGHT C. Florentine Alum Mining in the Hospitaller Islands:the Appalto of 1442[J].Journal of Medieval History,2010(36):175-191.

23.ZELL M. Credit in the Pre-Industrial English Woollen Industry[J]. The Economic History Review,1996(49):667-691.